Thomas Hering, Christian Toll
BWL-Klausuren

Lehr- und Handbücher der Wirtschaftswissenschaft

——

herausgegeben von
Univ.-Prof. Dr. habil. Thomas Hering und
Prof. Dr. Heiko Burchert

Bisher erschienene Titel:

Brösel, Zwirner (Hrsg.): IFRS-Rechnungslegung, 2. A. (2009)

Burchert, Razik, Schneider, Vorfeld: Externes und internes Rechnungswesen (2014)

Burchert, Vorfeld, Schneider: Investition und Finanzierung, 2. A. (2013)

Hering: Unternehmensbewertung, 3. A. (2014)

Hering, Toll: BWL-Klausuren, 4. A. (2015)

Rollberg, Hering, Burchert (Hrsg.): Produktionswirtschaft, 2. A. (2010)

Thomas Hering, Christian Toll

BWL-Klausuren

Aufgaben und Lösungen für Studienanfänger

4., vollständig überarbeitete und erweiterte Auflage

DE GRUYTER
OLDENBOURG

ISBN 978-3-11-040197-4

Library of Congress Cataloging-in-Publication Data
A CIP catalogue record for this book has been applied for at the Library of Congress.

Bibliografische Information der Deutschen Nationalbibliothek
Die Deutsche Nationalbibliothek verzeichnet diese Publikation in der Deutschen National-
bibliografie; detaillierte bibliografische Daten sind im Internet über
http://dnb.dnb.de abrufbar.

© 2015 Walter de Gruyter GmbH, Berlin/Boston
Coverabbildung: Klemmer/Getty Images
Druck und Bindung: Hubert & Co. GmbH & Co. KG, Göttingen
♾ Gedruckt auf säurefreiem Papier
Printed in Germany

www.degruyter.com

Vorwort zur vierten Auflage

Auch die dritte Auflage mußte nachgedruckt werden, so daß sich die Frage der Neuauflage stellte. Wir haben sie erneut mit einer Erweiterung des Werkes beantwortet, diesmal um mehr als ein Dutzend neuer Aufgaben oder Aufgabenteile, allesamt im Grundlagenteil oder im Kapitel zum Leistungsprozeß. Die 30 zusätzlichen Seiten erhöhen das Übungsangebot auf nunmehr fast 80 Aufgaben zu beinahe allen Grundthemen der Betriebswirtschaftslehre.

Hagen (Westf.), im Februar 2015
THOMAS HERING
CHRISTIAN TOLL

Vorwort zur dritten Auflage

Unser Klausurübungsbuch hat sich mittlerweile am Markt gut etabliert und zählt zu den beliebtesten seines Segments. Dafür und natürlich für einzelne (leider immer noch notwendig gewesene) Fehlerkorrekturhinweise danken wir unseren Lesern sehr. Nachdem auch die zweite Auflage zunächst im Wege des Nachdrucks lieferbar gehalten wurde, haben wir uns erneut für eine maßvolle Erweiterung des Werks entschieden und legen nunmehr die dritte Auflage vor. Sie bietet fünf zusätzliche Aufgaben und mehrere neue Aufgabenteile. Im bewährten Aufgabenstamm sollten jetzt auch die letzten Tippfehler korrigiert sein.

Hagen (Westf.), im April 2012
THOMAS HERING
CHRISTIAN TOLL

Vorwort zur zweiten Auflage

Betriebswirtschaftliche Basiskenntnisse sind in vielen beruflichen Tätigkeitsfeldern unabdingbar und deshalb Gegenstand von einführenden Veranstaltungen etlicher Studiengänge. Dies erklärt wohl auch, daß unser Klausurübungsbuch vom Markt gut aufgenommen wurde und innerhalb eines Jahres zunächst nachgedruckt und jetzt neu aufgelegt werden konnte. Wir haben sowohl die (wenigen) Fehler der Erstauflage korrigiert als auch vier neue Aufgaben hinzugefügt.

Hagen (Westf.), im Juli 2010   THOMAS HERING
                                                               CHRISTIAN TOLL

Aus dem Vorwort zur ersten Auflage

Dieses Klausurübungsbuch soll Haupt- und Nebenfachstudenten der unteren Semester Betriebswirtschaftslehre die Möglichkeit bieten, sich Grundwissen anzueignen sowie betriebswirtschaftliche Methoden kennenzulernen, sie zu verstehen und anzuwenden. Dazu wird mittels einer Vielzahl von Übungsaufgaben ein Überblick über die gesamte Breite des Faches geliefert. Als Vorwissen genügen Teile der Schulmathematik. Das Buch eignet sich besonders zur Klausurvorbereitung im Selbststudium. Dies gilt nicht nur mit Blick auf den Erstsemesterkurs „Einführung in die Betriebswirtschaftslehre" an der Fern-Universität in Hagen, für den es etliche tatsächlich gestellte Klausuraufgaben der vergangenen Semester mit kompletten Lösungen dokumentiert. Darüber hinaus sind unsere Übungsaufgaben auch überall dort einsetzbar, wo ganz oder in Teilaspekten vergleichbare Einführungen in den anerkannten Kanon des Fachs gelesen werden. Unseren studentischen Hilfskräften am Lehrstuhl danken wir für abschließende Korrekturhinweise.

Hagen (Westf.), im Juli 2009   THOMAS HERING
                                                               CHRISTIAN TOLL

Inhaltsverzeichnis

1   Was ist und welchen Zielen dient Betriebswirtschaft?

1.1   Wirtschaften und ökonomisches Prinzip

Aufgabe 1:   Betriebswirtschaftslehre und Wirtschaften

    a)   Was ist unter Betriebswirtschaftslehre zu verstehen?
    b)   Führen Sie unter Bezugnahme auf Teilaufgabe a) aus, wodurch sich eine vernünftige Unternehmensführung auszeichnet!
    c)   Unter welcher Bedingung ist wirtschaftliches Verhalten vernünftig?

Lösung zu Aufgabe 1 a)
Betriebswirtschaftslehre ist cum grano salis nichts anderes als die Lehre vom „gesunden Menschenverstand", angewandt auf den Lebensausschnitt der Unternehmensführung. Sie läßt sich damit als *Vernunftlehre der Unternehmensführung* interpretieren.

Lösung zu Aufgabe 1 b)
Ausgehend von der Begriffsbestimmung der Betriebswirtschaftslehre als Vernunftlehre der Unternehmensführung stellt sich die Frage, was vernünftige Unternehmensführung bedeutet. Unternehmen oder Betriebe sind in einem weiten Sinne als wirtschaftende Einheiten definiert. Wirtschaften heißt *rationales Disponieren über knappe Ressourcen zur Bedürfnisbefriedigung,* oder zu deutsch: vernünftiges Haushalten mit begrenzt verfügbaren Hilfsquellen.

Lösung zu Aufgabe 1 c)
Unter *Knappheit* ist wirtschaftliches Verhalten vernünftig. Nur im Paradies oder Schlaraffenland werden alle menschlichen Bedürfnisse auch ohne wirtschaftliche

Führung bestmöglich erfüllt, da per Definition alle Güter und Annehmlichkeiten schrankenlos vorhanden sind. Entscheidend für die Notwendigkeit des Wirtschaftens ist also die *prinzipielle Knappheit oder Endlichkeit der zu bewirtschaftenden Ressourcen*. Unter der Annahme der Knappheit ist es aber vernünftig, die begrenzten Ressourcen nicht zu vergeuden, da anderenfalls die vom Menschen schon an sich als nachteilig empfundene Knappheit ohne Not und ohne Nutzen verschärft würde.

Aufgabe 2:   Wirtschaftlichkeitsprinzip

a) Welches Prinzip liegt wirtschaftlichem Verhalten zugrunde? Nennen und erläutern Sie kurz die Ihnen bekannten Ausprägungen dieses Prinzips!

b) Was halten Sie von der Zielvorgabe, mit minimalem Einsatz einen maximalen Erfolg zu erzielen?

c) Nennen Sie je zwei absolute und relative Maximierungsziele als Konkretisierung des Wirtschaftlichkeitsprinzips!

Lösung zu Aufgabe 2 a)

Jedem Wirtschaften liegt das Prinzip der Nichtvergeudung (= Wirtschaftlichkeitsprinzip = ökonomisches Prinzip = Rationalprinzip) zugrunde.

Maximumvariante: Mit den gegebenen Mitteln die größtmögliche Wirkung erzielen.

Minimumvariante: Die angestrebte Wirkung mit dem geringstmöglichen Mitteleinsatz erreichen.

Lösung zu Aufgabe 2 b)

Nichts. Die Vorgabe ist widersprüchlich, da nicht in beiden Richtungen gleichzeitig optimiert werden kann. Bei einem minimalen Einsatz (von null) ist keinerlei Erfolg zu erwarten, während ein größtmöglicher Erfolg nicht ohne einen beachtlichen Mitteleinsatz zu haben sein wird. Man muß sich also entscheiden, welche der beiden Varianten des Wirtschaftlichkeitsprinzips verfolgt werden soll und was konkret unter Mitteleinsatz und Erfolg zu verstehen ist.

Lösung zu Aufgabe 2 c)

Je nach betriebswirtschaftlicher Fragestellung zeigt sich die Maximumvariante mit absoluter Zielgröße z.B. als

- Gewinn-, Deckungsbeitrags-, Nutzen-, Vermögens-, Einkommens-, Umsatz-, Absatzmaximierung oder mit relativer Zielgröße beispielsweise als

* Marktanteils- oder Rentabilitätsmaximierung.

Aufgabe 3: Abgrenzung der Betriebswirtschaftslehre von der Volkswirtschaftslehre und Managementlehre

a) Grenzen Sie die Betriebswirtschaftslehre von der Volkswirtschaftslehre ab!
b) Worin unterscheiden sich Betriebswirtschaftslehre und empirische Managementlehre?

Lösung zu Aufgabe 3 a)

Auch die *Volkswirtschaftslehre* gründet auf dem Rationalprinzip; lediglich ihr Erkenntnisobjekt ist ein anderes: Sie untersucht auf hohem Aggregations- und Abstraktionsgrad makroökonomisch die Wohlfahrt ganzer Nationen (daher das Synonym Nationalökonomie) oder aber auch mikroökonomisch die Nutzenmaximierung von Haushalten und Unternehmen. Aus letzterem Erkenntnisobjekt hat sich die *Betriebswirtschaftslehre* entwickelt und spätestens seit dem Beginn des 20. Jahrhunderts wissenschaftlich verselbständigt. Bemühungen um eine verstärkte mikroökonomische Fundierung makroökonomischer Modelle deuten auf eine Wiederannäherung beider Zweige der Wirtschaftswissenschaft hin, der freilich die immer weiter fortschreitende Spezialisierung in den Teildisziplinen entgegenwirkt.

Lösung zu Aufgabe 3 b)

Das Rationalprinzip erweist sich als die durch Vernunft gebotene grundlegende Handlungsrichtschnur (Maxime) der theoretischen Wirtschaftswissenschaft. Es spielt dafür keine Rolle, ob Unternehmer empirisch, d.h. in der Wirklichkeit, tatsächlich dem Wirtschaftlichkeitsprinzip folgen und als homines oeconomici handeln. Die *Betriebswirtschaftslehre* unterscheidet sich von einer lediglich *empirischen* „*Managementwissenschaft*" vor allem dadurch, daß sie definitorisch und normativ von diesem geradezu naturwissenschaftlich strengen, mathematisch als Maximierungs- oder Minimierungsaufgabe formulierten Rationalprinzip als ihrem Wesenskern ausgeht. Somit ist nicht jeder beliebige Text zum Erkenntnisobjekt „Unternehmen" der Betriebswirtschaftslehre zu subsumieren. Nur dort, wo ein betriebliches Optimierungsbemühen im Sinne einer der beiden Ausprägungen des ökonomischen Prinzips deutlich wird, wirkt betriebswirtschaftliches Erkenntnisinteresse.

Aufgabe 4: Relative Gewinnziele

Was könnten Sie einem sich selbst in einer „lockeren Runde" als rentabilitätsmaximierend preisenden Praktiker entgegnen?

Lösung zu Aufgabe 4

Relative Gewinnziele klingen oft trügerisch plausibel. Wer hört es nicht gerne, wenn beispielsweise eine maximale Rendite als Quotient von Gewinn zu eingesetztem Kapital versprochen wird? Es gehört daher zu den *elementarsten ökonomischen Grundkenntnissen*, den Unterschied zwischen Gewinn und Rentabilität zu kennen und insbesondere zu wissen, daß beide Größen, als *Extremalziele* verstanden, im allgemeinen *nicht äquivalent* sind. Man kann i.d.R. den – für Konsumzwecke relevanten – Gewinn noch steigern, auch wenn die Rentabilität bereits wieder fällt.

Sollte der Praktiker dies nicht verstehen, versuchen Sie es ihm mit folgendem *Beispiel* plausibel zu machen: Ein Buchhändler ersteht zu Jahresbeginn für 1 € ein altes Buch, das sich bei genauerer Untersuchung als wertvolles Unikat herausstellt und noch am selben Tag für 1.500 € an ein Antiquariat verkauft wird. Die Rendite dieses Geschäfts beträgt 149.900%. Bei konsequenter Verfolgung des Ziels Rentabilitätsmaximierung dürfte der Händler im ganzen Jahr kein einziges Buch mehr verkaufen und müßte seinen Laden sofort für den Rest des Jahres schließen, denn jedes weitere Geschäft würde vermutlich die bisher erzielte Rendite verschlechtern. Die Unsinnigkeit dieser Schlußfolgerung dürfte einleuchten: Was nützt die hohe Rentabilität, wenn der absolute Jahresgewinn von nur 1.499 € nicht genügt, um die Konsumentnahmewünsche des Unternehmenseigners zu befriedigen? Es wird also notwendig sein, die Geschäftstätigkeit über das Rentabilitätsmaximum hinaus auszudehnen.

Für den Fall, daß der Praktiker einwendet, Sie würden kasuistisch, d.h. an Zahlenbeispielen und Einzelfällen argumentieren, weshalb man „das alles so nicht verallgemeinern dürfe", könnten Sie sich der logischen Sprache der Mathematik bedienen und das bisher kasuistisch diskutierte *Verhältnis von Gewinn und Rentabilität betriebswirtschaftlich modellieren* (vgl. Aufgabe 5 sowie Teilaufgabe 6 e)).

Aufgabe 5:   Rentabilitätsmaximierung

Gegeben sei die Rentabilitätsfunktion $R(x) = G(x)/K(x)$ mit x als Produktions- bzw. Absatzmenge, $G(x)$ als Gewinnfunktion und $K(x)$ als Kapitalbedarfsfunktion.

a) Leiten Sie ab, welche notwendige Bedingung im Rentabilitätsmaximum gilt!

b) Interpretieren Sie die Bedingung ökonomisch!

c) Der maximale Gewinn sei positiv. Warum kann dann die rentabilitätsmaximale Menge x nicht zugleich gewinnmaximal sein?

Lösung zu Aufgabe 5 a)

$R(x) := G(x)/K(x)$.

Dann gilt aufgrund der Differentialrechnung (Quotientenregel!) folgende notwendige Bedingung für ein (relatives) Rentabilitätsmaximum:

$$R'(x) = \frac{G'(x) \cdot K(x) - G(x) \cdot K'(x)}{\left[K(x)\right]^2} = 0.$$

$$\Leftrightarrow G'(x) \cdot K(x) - K'(x) \cdot G(x) = 0.$$

$$\Leftrightarrow G'(x) \cdot K(x) = K'(x) \cdot G(x).$$

$$\Rightarrow \frac{G'(x)}{K'(x)} = \frac{G(x)}{K(x)}.$$

Lösung zu Aufgabe 5 b)

Die letzte Gleichung besagt, daß im Rentabilitätsmaximum der Grenzgewinn des Kapitals gleich dem Durchschnittsgewinn ist.

Lösung zu Aufgabe 5 c)

Im Gewinnmaximum gilt: $G'(x) = 0$. Demnach kann wegen $G(x) > 0$ nicht zugleich die in a) hergeleitete notwendige Bedingung für ein (relatives) Rentabilitätsmaximum

$$\frac{G'(x)}{K'(x)} = \frac{G(x)}{K(x)}.$$

erfüllt sein. Wenn $G(x) > 0$ und $G'(x) = 0$, folgt:

$$\frac{G'(x)}{K'(x)} \neq \frac{G(x)}{K(x)}.$$

Die rentabilitätsmaximale Menge x kann also nicht zugleich gewinnmaximal sein.

Aufgabe 6:   Gewinn- vs. Rentabilitätsmaximierung

Gegeben seien die Gewinnfunktion $G(x) = -2/3 \cdot x^2 + 27 \cdot x - 80$ und die Kapitalbedarfsfunktion $K(x) = 1/2 \cdot x$ in Abhängigkeit von der Produktions- bzw. Absatzmenge x.

a) Stellen Sie die Rentabilitätsfunktion auf!
b) Ermitteln Sie die gewinnmaximale Menge, den maximalen Gewinn, den gewinnmaximalen Kapitaleinsatz sowie die gewinnmaximale Rentabilität!
c) Ermitteln Sie die rentabilitätsmaximale Menge, die maximale Rentabilität, den rentabilitätsmaximalen Kapitaleinsatz sowie den Gewinn im Rentabilitätsmaximum!
d) Führen Sie unter Bezugnahme der Ergebnisse aus b) und c) einem sich selbst als „Renditemaximierer" bezeichnenden Praktiker die Fragwürdigkeit seiner Aussage vor Augen! Welche Maßnahmen schlagen Sie ihm vor?
e) Stellen Sie die in b) und c) analysierte Situation graphisch dar, und führen Sie anhand dieser Graphik aus, warum es ökonomisch sinnvoll ist, die Geschäftstätigkeit über das Rentabilitätsmaximum hinaus auszudehnen!

Lösung zu Aufgabe 6 a)
Die Rentabilitätsfunktion lautet:

$$R(x) := \frac{G(x)}{K(x)} = \frac{-\dfrac{2}{3} \cdot x^2 + 27 \cdot x - 80}{\dfrac{1}{2} \cdot x}.$$

Lösung zu Aufgabe 6 b)

Zur Gewinnmaximierung ist die Gewinnfunktion G(x) nach der Absatzmenge x zu differenzieren und gleich null zu setzen:

$$G(x) = -\frac{2}{3} \cdot x^2 + 27 \cdot x - 80.$$

$$G'(x) = -\frac{4}{3} \cdot x + 27 = 0 \Leftrightarrow x = 27 \cdot \frac{3}{4} = 20,25.$$

Die gewinnmaximale Menge beträgt: x* = 20,25 Mengeneinheiten (ME).

Zur Ermittlung des maximalen Gewinns ist x* in die Gewinnfunktion einzusetzen:

$$G(x) = -\frac{2}{3} \cdot x^2 + 27 \cdot x - 80 = -\frac{2}{3} \cdot 20,25^2 + 27 \cdot 20,25 - 80$$

$$= 193,375 \text{ GE.}$$

Die Erzeugung der gewinnmaximalen Menge bedingt nachstehenden Kapitaleinsatz:

K(x) = 1/2 · x = 1/2 · 20,25 = 10,125 Geldeinheiten (GE).

Das Verhältnis des maximalen Gewinns zum gewinnmaximalen Kapitaleinsatz ist als gewinnmaximale Rentabilität definiert:

$$R(x) := \frac{G(x)}{K(x)} = \frac{193,375}{10,125} = 19,09876543 \approx 1.909,88\%.$$

Lösung zu Aufgabe 6 c)

Eine Rentabilitätsmaximierung bedingt die Differentiation der Rentabilitätsfunktion R(x) nach der Absatzmenge x:

$$R'(x) = \frac{G'(x) \cdot K(x) - G(x) \cdot K'(x)}{[K(x)]^2} = 0$$

$$\Leftrightarrow \frac{\left(-\frac{4}{3}\cdot x + 27\right)\cdot \frac{1}{2}\cdot x - \left(-\frac{2}{3}\cdot x^2 + 27\cdot x - 80\right)\cdot \frac{1}{2}}{\left[\frac{1}{2}\cdot x\right]^2} = 0$$

$$\Leftrightarrow \left(-\frac{4}{3}\cdot x + 27\right)\cdot \frac{1}{2}\cdot x - \left(-\frac{2}{3}\cdot x^2 + 27\cdot x - 80\right)\cdot \frac{1}{2} = 0.$$

$$\Leftrightarrow -\frac{2}{3}\cdot x^2 + \frac{27}{2}\cdot x - \left(-\frac{1}{3}\cdot x^2 + \frac{27}{2}\cdot x - 40\right) = 0$$

$$\Leftrightarrow -\frac{2}{3}\cdot x^2 + \frac{27}{2}\cdot x + \frac{1}{3}\cdot x^2 - \frac{27}{2}\cdot x + 40 = 0$$

$$\Leftrightarrow -\frac{1}{3}\cdot x^2 + 40 = 0.$$

$$\Leftrightarrow x^2 = -40\cdot(-3).$$

$$\Leftrightarrow x = \pm\sqrt{120}.$$

$$\Rightarrow x_1 = 10{,}95445115 \text{ ME} \quad = \quad \text{rentabilitätsmaximale Menge!}$$

$$\Rightarrow x_2 = -10{,}95445115 \text{ ME} \quad \Rightarrow \quad \text{ökonomisch nicht relevant!}$$

Das Einsetzen der rentabilitätsmaximalen Menge $x = 10{,}95445115$ ME in die Kapitaleinsatzfunktion $K(x)$ führt zum rentabilitätsmaximalen Kapitaleinsatz:

$$K(x) = 1/2 \cdot x = 1/2 \cdot 10{,}95445115 = 5{,}477225575 \text{ GE}.$$

Der Gewinn im Rentabilitätsmaximum beträgt:

$$G(x) = -\frac{2}{3}\cdot x^2 + 27\cdot x - 80 = -\frac{2}{3}\cdot 10{,}95445115^2 + 27\cdot 10{,}95445115 - 80$$

$$= 135{,}7701811 \text{ GE}.$$

Schließlich ist die maximale Rentabilität wie folgt definiert:

$$R(x) := \frac{G(x)}{K(x)} = \frac{135{,}7701811}{5{,}477225575} = 24{,}78813027 \approx 2.478{,}81\%.$$

Lösung zu Aufgabe 6 d)

Bei konsequenter Verfolgung des Ziels Rentabilitätsmaximierung dürfte der „Renditemaximierer" nicht mehr als 10,95445115 ME seines Gutes produzieren bzw. absetzen, denn jedes weitere Geschäft würde die bisher erzielte Rendite verschlechtern. Die Fragwürdigkeit dieser Schlußfolgerung dürfte einleuchten: Was nützt die hohe Rentabilität, wenn der zum Konsum entnehmbare Gewinn im Rentabilitätsmaximum deutlich kleiner ist als derjenige Gewinn, welcher bei Gewinnmaximierung erzielbar wäre. Letztlich können nur ausschüttungsfähige Gewinne und nicht Renditen die Konsumentnahmewünsche des Unternehmenseigners befriedigen. Es wird also notwendig sein, die Geschäftstätigkeit über das Rentabilitätsmaximum hinaus auszudehnen und das Ziel Gewinnmaximierung zu verfolgen.

Lösung zu Aufgabe 6 e)
Die Funktion der Grenzrendite

$$\frac{G'(x)}{K'(x)} = \frac{dG}{dx} \cdot \frac{dx}{dK} = \frac{dG}{dK}$$

schneidet die Funktion der Durchschnittsrendite (Rentabilität) in ihrem Maximum (vgl. Abbildung 1.1). Die Grenzrendite ist bei maximaler Rentabilität positiv, aber abnehmend. Dies bedeutet, daß sich der Gewinn durch Einsatz zusätzlichen Kapitals bei gleichzeitig sinkender Rentabilität noch steigern läßt, bis er sein Maximum bei einer Grenzrendite von null erreicht. Im Gewinnmaximum des Betriebes wird also mehr Kapital eingesetzt als im Rentabilitätsmaximum.

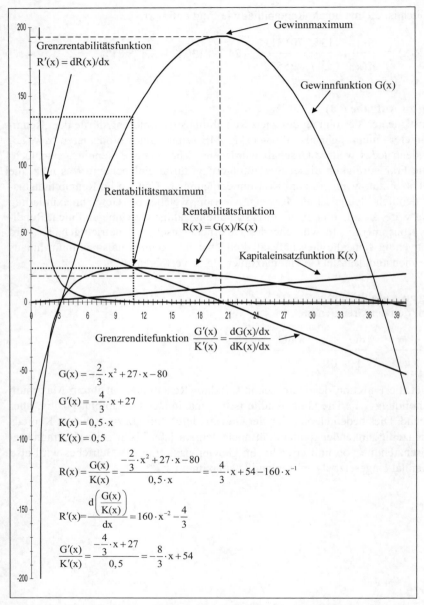

Abb. 1.1:   Zum Verhältnis von maximalem Gewinn und maximaler Rentabilität

1.2 Unternehmensgründung und Unternehmertum

Aufgabe 1: Begriff des Unternehmens und der Unternehmensgründung

Erläutern Sie kurz, was *Gutenberg* unter einem Unternehmen versteht, und definieren Sie den Begriff der Unternehmensgründung aus formal-juristischer sowie ökonomischer Perspektive!

Lösung zu Aufgabe 1

Ein *Unternehmen* stellt nach *Gutenberg* ein System von Produktionsfaktoren dar, welches auf den Prinzipien der Wirtschaftlichkeit, des finanziellen Gleichgewichts, der erwerbswirtschaftlichen Tätigkeit sowie der inneren und äußeren Autonomie beruht. Es handelt sich demgemäß um ein offenes, aber zugleich eigenständiges wirtschaftliches und soziales System, welches produktive Aufgaben übernimmt.

Die Bezeichnung Unternehmensgründung bezieht sich auf die erste Phase im Lebenszyklus eines Unternehmens. In einer herkömmlichen, engeren und vor allem *formal-juristischen Sichtweise* wird damit allein der förmliche Gründungsakt oder auch der finanzielle Akt der Bereitstellung von Eigenkapital gesehen. In einer zweiten, umfassenderen Sichtweise, welcher im Rahmen einer *ökonomischen Perspektive* eindeutig der Vorzug zu geben ist, faßt man Gründung hingegen als kreativen Vorgang auf, bei dem eine gegenüber ihrer Umwelt abgrenzbare eigenständige Institution „Unternehmen" gebildet wird, welche in dieser Form vorher nicht vorhanden gewesen ist. Gleichzeitig kommt es zu einer betrieblichen Neukombination von Produktionsfaktoren.

Aufgabe 2: Existenzgründung

Wodurch ist eine Existenzgründung charakterisiert? Grenzen Sie sie zudem von einer Unternehmensgründung ab!

Lösung zu Aufgabe 2

Dem Grundsatz nach handelt es sich bei einer *Existenzgründung* um einen Prozeß, in dessen Verlauf eine natürliche Person berufliche Selbständigkeit erlangt. Charakteristischerweise bildet die Ausübung einer solchen Tätigkeit zugleich die finanzielle und wirtschaftliche Lebensgrundlage dieser Person, so daß man auch von einer wirtschaftlichen Selbständigkeit sprechen kann. Häufig wird eine derartige Existenzgründung durchaus auch mit einer gleichzeitigen Unternehmensgründung einhergehen. Trotzdem sind beide Begriffe gegeneinander *abzugrenzen*. Einerseits muß nicht jede Unternehmensgründung zugleich die wirtschaftliche Existenzgrundlage für ihren Gründer und Eigentümer darstellen. Andererseits ist es ebenso unzweckmäßig, bei manchen Formen eindeutiger beruflicher sowie wirtschaftlicher Unabhängigkeit – in diesem Zusammenhang denke man beispielsweise an eine Tätigkeit als Heilpraktiker, Psychotherapeut oder auch Künstler – von einer Unternehmensgründung zu sprechen.

Aufgabe 3:　　Gründungsformen

a) Definieren Sie, was unter einer Aufbaugründung zu verstehen ist und wodurch sich eine selbständige Unternehmensgründung auszeichnet!

b) Wie unterscheidet sich eine Übernahmegründung von einer Aufbaugründung?

c) Wodurch ist eine unselbständige Unternehmensgründung gekennzeichnet?

Lösung zu Aufgabe 3 a)
Eine *Aufbaugründung* liegt dann vor, wenn die Unternehmensgründung weitgehend ohne Verwendung bereits vorhandener Unternehmensstrukturen durchgeführt wird. Es kommt also stets zu einer Neuerstellung wesentlicher Unternehmensbestandteile. Wegen der fehlenden Notwendigkeit, bereits bestehende Strukturkomponenten berücksichtigen zu müssen, bietet diese Gründungsform erhebliche Freiräume in der Gestaltung des Unternehmens.

Eine *selbständige Unternehmensgründung* bezeichnet eine spezielle Form der Unternehmensgründung, bei welcher das neu gegründete Unternehmen rechtlich unabhängig von bereits existierenden Unternehmen und damit in dieser Hinsicht selbständig ist.

Lösung zu Aufgabe 3 b)
Im Gegensatz zur Aufbaugründung findet bei einer *Übernahmegründung* stets ein Rückgriff, etwa durch Kauf, auf eine bestehende Wirtschaftseinheit statt. Zwar werden auch hier wichtige, bereits vorhandene Strukturmerkmale dieser Wirtschaftseinheit im Rahmen des Gründungsprozesses verändert, dennoch ist die Übernahmegründung gerade wegen der bestehenden Strukturkomponenten im Vergleich zur Aufbaugründung vielfach mit einem geringeren Risiko verbunden. Einem solchen

Vorteil steht indes der Nachteil gegenüber, daß die notwendige Eingliederung dieser gegebenen „alten" Unternehmensstrukturen die Gestaltungsspielräume für das neue Unternehmen merklich verringert.

Lösung zu Aufgabe 3 c)

Das Ergebnis einer *unselbständigen Unternehmensgründung* ist eine neue Wirtschaftseinheit, die entweder nur rechtlich, beispielsweise als Tochtergesellschaft, oder rechtlich und zugleich wirtschaftlich, etwa als Betriebsgründung, von einem bestehenden Unternehmen abhängig ist.

Aufgabe 4:   Rechtsformwahl im Rahmen der Aufbaugründung

Unterteilen Sie die folgenden Rechtsformen in Einzelunternehmen, Personen- und Kapitalgesellschaften sowie nach der Existenz/Nichtexistenz persönlich voll haftender Gesellschafter!

Freiberufler, Offene Handelsgesellschaft, Gesellschaft mit beschränkter Haftung, Kommanditgesellschaft, Einzelkaufmann, Kommanditgesellschaft auf Aktien, Aktiengesellschaft.

Lösung zu Aufgabe 4

Tab. 1.1: Rechtsformwahl

Einzelunternehmen	Freiberufler, Einzelkaufmann
Personengesellschaft	Offene Handelsgesellschaft, Kommanditgesellschaft
Kapitalgesellschaft	Aktiengesellschaft, Gesellschaft mit beschränkter Haftung, Kommanditgesellschaft auf Aktien
Existenz persönlich voll haftender Gesellschafter	Freiberufler, Einzelkaufmann, Offene Handelsgesellschaft, Kommanditgesellschaft, Kommanditgesellschaft auf Aktien
Nichtexistenz persönlich voll haftender Gesellschafter	Aktiengesellschaft, Gesellschaft mit beschränkter Haftung

Aufgabe 5:   Merkmale wichtiger Rechtsformen privater Unternehmen

Worin unterscheiden sich Einzelkaufmann, Offene Handelsgesellschaft, Gesellschaft bürgerlichen Rechts, Kommanditgesellschaft, Kommanditgesellschaft auf Aktien und Aktiengesellschaft hinsichtlich der Bezeichnung der (Mit-)Eigentümer, der

Leitungsbefugnis, der Höhe des vorgeschriebenen Haftungskapitals bei Gründung sowie der Haftungsregelung?

Lösung zu Aufgabe 5

Tab. 1.2: Merkmale wichtiger Rechtsformen privater Unternehmen

Merkmale / Rechtsform	Bezeichnung der (Mit-)Eigentümer	Leitungsbefugnis	Vorgeschriebenes Haftungskapital bei Gründung	Regelung der Haftung
Einzelkaufmann	Inhaber	Inhaber	kein Haftungskapital bei Gründung vorgeschrieben	persönlich und unbeschränkt mit Geschäfts- und Privatvermögen
OHG	Gesellschafter	liegt je nach Gesellschaftsvertrag bei allen oder einzelnen Gesellschaftern		unmittelbar, unbeschränkt und gesamtschuldnerisch
GbR	Gesellschafter	liegt je nach Gesellschaftsvertrag bei allen oder einzelnen Gesellschaftern		grundsätzlich unmittelbar, unbeschränkt und gesamtschuldnerisch
KG	Komplementäre, Kommanditisten	liegt beim Komplementär		
KGaA	Komplementäre, Kommanditaktionäre	Vorstand (Komplementäre), Aufsichtsrat (Kommanditaktionäre), Hauptversammlung (Kommanditaktionäre, Komplementäre die zugleich Kommanditaktionäre sind)		Komplementäre: unmittelbar, unbeschränkt und gesamtschuldnerisch Kommanditisten: beschränkt auf Kapitaleinlage
AG	Aktionäre	Vorstand, Aufsichtsrat, Hauptversammlung	50.000 € Grundkapital	beschränkt auf Kapitaleinlage

Aufgabe 6: Unternehmerfunktionen

Hinsichtlich der funktionalen Charakteristika unternehmerischen Handelns kann man grundsätzlich zwischen statischen und dynamischen Theoriekonzepten der Unternehmertätigkeit unterscheiden. Nennen Sie Ausprägungen statischer und dynamischer Unternehmerfunktionen!

Lösung zu Aufgabe 6

Tab. 1.3: Statische und dynamische Unternehmerfunktionen

Statische Unternehmerfunktionen	Dynamische Unternehmerfunktionen
Kapitalgeber/Kapitalnutzer	Träger wirtschaftlicher Unsicherheit
Oberaufseher/Kontrolleur	Durchsetzer von Innovationen
Unternehmenseigentümer/-inhaber	Wirtschaftlicher Entscheidungsträger
Arbeitgeber/Auslaster der Produktionsfaktoren	Vertragsschließender/Gründer von Institutionen
Empfänger des unternehmerischen Gewinns	Verteiler ökonomischer Ressourcen auf alternative Verwendungszwecke
Träger religiös bzw. ethisch begründeter Wertvorstellungen	Wirtschaftlicher Führer/Industrie- bzw. Wirtschaftskapitän
	Organisator, Planer und Koordinator
	Arbitrageur/Informationsverwerter

2 Der güterwirtschaftliche Leistungs-prozeß

2.1 Beschaffung

Aufgabe 1: Grundbegriffe

a) Definieren Sie den Begriff Beschaffung sowohl im weiteren als auch im engeren Sinn!

b) Welche Produktionsfaktoren werden nach *Gutenberg* unterschieden?

c) Erläutern Sie kurz, was man unter Repetier- bzw. Verbrauchsfaktoren und Potential- bzw. Gebrauchsfaktoren versteht!

d) Der Verwirklichung des materialwirtschaftlichen Optimums steht eine Reihe von Problemen entgegen. Nennen Sie diese Probleme, und gehen Sie kurz darauf ein, welche Fragestellungen dabei jeweils im Mittelpunkt des Interesses stehen!

Lösung zu Aufgabe 1 a)

Im weiteren Sinn wird die Versorgung eines Unternehmens mit sämtlichen Produktionsfaktoren unter Beschaffung verstanden. Sie umfaßt somit beispielsweise die Bereitstellung von Betriebsmitteln und Werkstoffen, aber auch von Personal. Unter *Beschaffung im engeren Sinn* versteht man die Versorgung eines Unternehmens mit Werkstoffen, welche von anderen Wirtschaftseinheiten bezogen werden.

Lösung zu Aufgabe 1 b)

Nach dem von *Erich Gutenberg* entwickelten *System der Produktionsfaktoren* wird zwischen den Elementarfaktoren (objektbezogene Arbeit, Betriebsmittel, Werkstoffe) und den dispositiven Faktoren (Geschäfts- und Betriebsleitung, Organisation, Planung) unterschieden.

Tab. 2.1: Produktionsfaktorsystem

Planung	Organi-sation	Geschäfts- und Betriebsleitung	Objekt-bezogene Arbeit	Betriebs-mittel	Werkstoffe
Derivative Faktoren		Originäre Faktoren			
Dispositive Faktoren			Elementarfaktoren		
Gebrauchsfaktoren					Verbrauchs-faktoren

Lösung zu Aufgabe 1 c)

Repetierfaktoren gehen beim erstmaligen Einsatz im Produktionsprozeß unter, d.h., sie werden entweder vollständig verbraucht (Betriebsstoffe), oder sie erfahren durch die Kombination eine chemische oder physikalische Umwandlung und gehen so als Hauptbestandteile (z.B. Rohstoffe wie Holz und Glas) oder Nebenbestandteile (z.B. Hilfsstoffe wie Schrauben und Farben) in die Produkte ein. Sie müssen in relativ kurzen Zeitabständen neu beschafft werden und sind weitgehend teilbar. Hingegen verkörpern *Potentialfaktoren* Nutzenpotentiale, die nicht durch einen einmaligen, sondern aufgrund des mehrmaligen Einsatzes im Produktionsprozeß aufgezehrt werden. Sie geben Leistungen in den Produktionsprozeß ab und sind in der Regel nicht beliebig teilbar (z.B. Betriebsmittel).

Lösung zu Aufgabe 1 d)

Bei bestmöglicher Erfüllung der Gesamtaufgabe der Beschaffung wird vom materialwirtschaftlichen Optimum gesprochen. Der Verwirklichung dieses materialwirtschaftlichen Optimums stehen u.a. die folgenden wichtigsten Teilprobleme entgegen:

- *Das Sortiments- und Qualitätsproblem.*
  Welche Materialien sind in welcher Güte zu beschaffen, damit sie den Anforderungen des Produktionsprogramms möglichst gut entsprechen?

- *Das Mengenproblem.*
  Welche Mengen sollen beschafft werden, damit die benötigten Materialbedarfsmengen gedeckt sind und der kontinuierliche Vollzug der Produktion gewährleistet ist?

- *Das Zeitproblem.*
  Wie häufig sollen die Materialien beschafft werden?
- *Das Raumüberbrückungsproblem.*
  Wie soll der Materialtransport vom Lieferanten zum Betrieb sowie der innerbetriebliche Transport organisiert werden?
- *Das Kapital- und Kostenproblem.*
  Es werden Fragen angesprochen, die im Zusammenhang mit der sogenannten Kapitalbindung sowie den Kosten von Lagerhaltung und Beschaffung stehen.

Aufgabe 2: **Programmgebundene Bedarfsplanung mittels Stücklisten**

Ihnen wird von der Geschäftsführung die folgende Produktionsstruktur zur Erzeugung einer Mengeneinheit des Endproduktes P vorgelegt. Darüber hinaus gibt man Ihnen die Information, daß die Zahlen an den Verbindungslinien bzw. Kanten des Erzeugnisbaumes Produktionskoeffizienten darstellen.

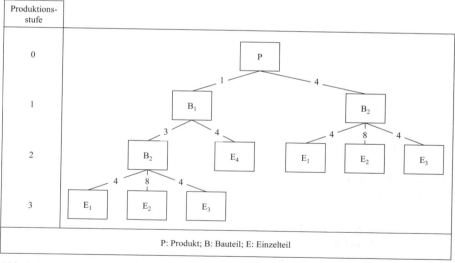

Abb. 2.1: Beispiel einer Produktionsstruktur (Erzeugnisbaum)

Sie sollen nun diese Daten aufbereiten und sie für die Beschaffungs- und Controllingabteilung in eine Mengenübersichts-, Struktur- und Baukastenstückliste überführen! Erläutern Sie den Aussagegehalt der unterschiedlichen Stücklisten!

Lösung zu Aufgabe 2

Zur Datenaufbereitung wird der Ihnen vorliegende Erzeugnisbaum um die jeweils neben der Teileart in Klammern stehenden produktionsstufenspezifischen Bedarfsmengen ergänzt.

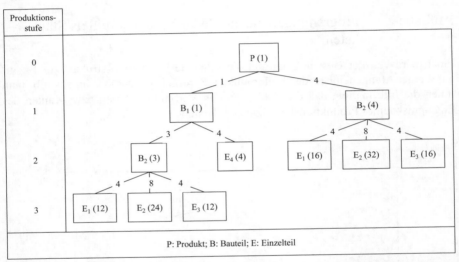

Abb. 2.2:   Beispiel einer Produktionsstruktur, ergänzt um die produktionsstufenspezifischen Bedarfsmengen

In untenstehender Abbildung 2.3 sind die von der Beschaffungsabteilung nachgefragten Stücklisten dargestellt.

Die *Mengenübersichtsstückliste* gibt Aufschluß über die Gesamtmengen aller in ein Erzeugnis einfließenden Komponenten, ohne dabei Informationen über die Produktionsstruktur und damit den Bedarfsort der Komponenten zu geben. So werden beispielsweise vom Einzelteil E_1 unter Berücksichtigung beider Äste des Ihnen von der Geschäftsführung vorgelegten Erzeugnisbaumes 28 Mengeneinheiten benötigt. Aus der Mengenübersichtsstückliste ist jedoch nicht ersichtlich, für welche Baugruppen dieser Bedarf besteht. Derartige Informationen sind der Strukturstückliste zu entnehmen.

In der *Strukturstückliste* wird die Zusammensetzung eines Erzeugnisses über alle Produktionsstufen unter Berücksichtigung sämtlicher Baugruppen und Einzelteile angezeigt. Aus ihr ist demzufolge zu erkennen, wie viele Mengeneinheiten an Einzelteilen und Baugruppen für eine Mengeneinheit des direkt übergeordneten Produkts in Form einer Baugruppe oder eines Enderzeugnisses erforderlich sind. Die Auflösung der Strukturstückliste erfolgt nach Maßgabe der Produktionsstufen. Wird der linke Ast des Erzeugnisbaumes betrachtet, so ist zunächst der Bedarf der Baugruppe B_1 (1. Stufe) zu ermitteln. Dessen Kenntnis ermöglicht anschließend die Bedarfsbestimmung der Baugruppe B_2 sowie des Einzelteils E_4 (2. Stufe). Auf der dritten Stufe sind letztlich die Bedarfe der Einzelteile E_1, E_2 und E_3 zu berechnen. Der rechte Ast besteht lediglich aus zwei Stufen und ist analog aufzulösen. Die erste Zahl in der Mengenspalte der Strukturstückliste entspricht dem Produktionskoeffizienten, während der zweite Wert die Bedarfsmenge widerspiegelt, die über den betrachteten Ast in das Erzeugnis eingeht.

Anders als die Strukturstückliste ist die *Baukastenstückliste* eine einstufige Stückliste, die alle direkt in eine Baugruppe bzw. ein Enderzeugnis eingehenden Komponenten aufführt, wobei sich die Mengenangaben auf die Stufe beziehen, auf der die betrachtete Baugruppe gefertigt wird. Um auf die Stückliste des Enderzeugnisses schließen zu können, sind daher die entsprechenden Baugruppenstücklisten nach dem Prinzip der Adreßverkettung miteinander zu verbinden. In der in Abbildung 2.3 dargestellten Baukastenstückliste ist die Produktionsstruktur in drei Baugruppen zerlegt. Die Baukastenstückliste weist gegenüber der Strukturstückliste den Vorteil auf, daß die Baugruppe B_2, welche sowohl über die Baugruppe B_1 als auch direkt in das Enderzeugnis P eingeht, nur einmal aufgelöst werden muß. Daneben ist bei der Änderung der Zusammensetzung der Baugruppe B_2 diese Änderung nur an einer Stelle vorzunehmen. Insgesamt geht demnach mit der Verwendung von Baukastenstücklisten ein erheblicher Minderaufwand bei Erfassung, Pflege und Speicherung einher.

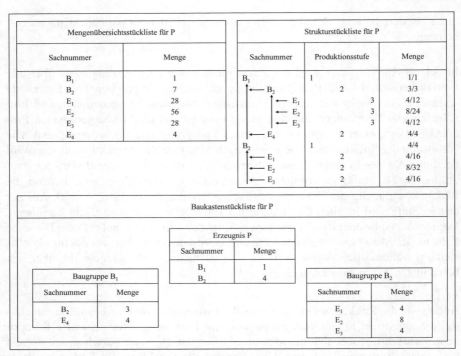

Abb. 2.3:   Mengenübersichts-, Struktur- und Baukastenstückliste

Aufgabe 3:   Programmgebundene Bedarfsplanung mittels Gozinto-Graphen

a)   Der am Stettiner Haff ansässige Unternehmer Hermann Mietzner muß jeden Monat 50 Mengeneinheiten [ME] des Endprodukts F ausliefern. Die Herstellung einer ME des Endprodukts F erfordert zwei ME des Zwischenprodukts D und eine ME des Zwischenprodukts E. Das Zwischenprodukt D greift auf vier Faktoreinheiten [FE] des Rohstoffs A und zwei FE des Rohstoffs B zurück. Pro ME des Zwischenprodukts E sind eine ME des Zwischenprodukts D, drei FE von Rohstoff B sowie eine FE von Rohstoff C erforderlich. Veranschaulichen Sie diese Produktionsbeziehungen mit Hilfe eines Gozinto-Graphen, und leiten Sie aus diesem durch retrograde Berechnung die Gesamtbedarfe M_j (j = A, B, C, D, E, F) ab!

b) Ein Betrieb muß jeden Monat 50 ME des Endprodukts P ausliefern. Die Herstellung einer ME des Endprodukts P erfordert zwei ME der Baugruppe B und fünf Einheiten des Einzelteils E_1. Die zu erzeugende Baugruppe B greift ebenfalls auf neun Einheiten des Einzelteils E_1 zurück und verlangt ferner eine Einheit des Einzelteils E_2 sowie vier Einheiten des Einzelteils E_3. Stellen Sie diese Produktionsbeziehungen mit Hilfe eines Gozinto-Graphen dar, und leiten Sie die Gesamtbedarfe M_j ($j = E_1, E_2, E_3, B, P$) ab!

Lösung zu Aufgabe 3 a)

Nachstehende Abbildung zeigt den Gozinto-Graphen, dessen Elemente sich wie folgt interpretieren lassen: Der Graph besteht aus Knoten, die durch Pfeile (auch gerichtete Kanten genannt) miteinander verbunden sind. Während die fremdbezogenen Rohstoffe A, B und C mit Hilfe von Knoten dargestellt werden, von denen Pfeile ausschließlich ausgehen, kennzeichnen in den Knoten lediglich einmündende Pfeile das Endprodukt F. Zur Illustration der Zwischenprodukte D und E werden Knoten verwendet, in die Pfeile ein- und von denen Pfeile ausgehen. Die Mengenbeziehungen zwischen den Komponenten (Direktbeziehungen) sind durch die Zahlen (Produktionskoeffizienten) an den Pfeilen angegeben. Sie offenbaren demzufolge die Menge eines Rohstoffs oder Zwischenprodukts, die für die Herstellung einer ME eines Zwischenprodukts oder des Endprodukts notwendig ist.

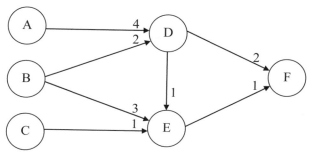

Abb. 2.4: Gozinto-Graph

Aus dem Gozinto-Graphen lassen sich durch retrograde Auswertung die Gesamtbedarfe M_j ($j = A, B, C, D, E, F$) wie folgt ableiten:

$$M_F = 50, \ M_E = 1 \cdot M_F = 50, \ M_D = 2 \cdot M_F + 1 \cdot M_E = 2 \cdot 50 + 1 \cdot 50 = 150,$$

$$M_A = 4 \cdot M_D = 4 \cdot 150 = 600, \ M_B = 2 \cdot M_D + 3 \cdot M_E = 2 \cdot 150 + 3 \cdot 50 = 450,$$

$$M_C = 1 \cdot M_E = 1 \cdot 50 = 50.$$

Lösung zu Aufgabe 3 b)

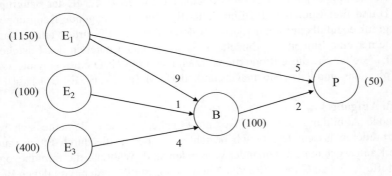

Abb. 2.5:   Gozinto-Graph

Aus dem Gozinto-Graphen lassen sich durch retrograde Berechnung per Gleichungssystem die Gesamtbedarfe M_j (j = E_1, ..., E_4, B_1, B_2, P) wie folgt ableiten:

$$M_P = 50 , \ M_B = 2 \cdot M_P = 2 \cdot 50 = 100 ,$$

$$M_{E_1} = 5 \cdot M_P + 9 \cdot M_B = 5 \cdot 50 + 9 \cdot 100 = 1.150 ,$$

$$M_{E_2} = 1 \cdot M_B = 1 \cdot 100 = 100 , \ M_{E_3} = 4 \cdot M_B = 4 \cdot 100 = 400 .$$

Aufgabe 4:   Verbrauchsgebundene Bedarfsplanung

Ihnen werden folgende Daten zur Bestimmung des künftigen Materialbedarfs gegeben:

Tab. 2.2: Daten zur Bestimmung des künftigen Materialbedarfs

Periode t	1	2	3	4	5
Materialverbrauch in Tonnen	191	200	194	197	193

a)   Prognostizieren Sie den zukünftigen Materialbedarf mit Hilfe des arithmetischen Mittelwerts!

b) Prognostizieren Sie den zukünftigen Materialbedarf mit Hilfe des gleitenden Mittelwerts, wobei für den Prognosewert P^{gm}_6 lediglich die letzten vier (m = 4) Vergangenheitswerte der Zeitreihe in die Bedarfsprognose einzubeziehen sind!

c) Unter der Annahme, daß der in b) ermittelte Prognosewert P^{gm}_6 tatsächlich eingetreten ist, sollen Sie nun den Bedarf für die siebente Periode mit Hilfe des gleitenden Mittelwerts prognostizieren, wobei für den Prognosewert P^{gm}_7 wiederum lediglich die letzten vier (m = 4) Vergangenheitswerte der Zeitreihe in die Bedarfsprognose einzubeziehen sind! Für den Fall, daß Sie die Teilaufgabe b) nicht lösen konnten, unterstellen Sie folgendes: P^{gm}_6 = 196!

d) Um jüngeren Verbrauchswerten entsprechend ihrer Aktualität ein größeres Gewicht beizumessen, ist nun der Prognosewert P^{ggm}_6 als gewogener gleitender Mittelwert zu bestimmen! Für die in obiger Tabelle dargestellten Daten gilt dabei folgendes: Es gehen lediglich die Verbrauchswerte der Perioden drei, vier und fünf in die Prognose ein. Die Verbrauchswerte werden mit den Gewichtungsfaktoren $w_5 = 0,5$, $w_4 = 0,3$ und $w_3 = 0,2$ belegt.

e) Ermitteln Sie den Prognosewert P^{eg}_6 mit Hilfe des Verfahrens der exponentiellen Glättung erster Ordnung! Nehmen Sie hierzu an, daß der Glättungsfaktor $\alpha = 0,2$ beträgt!

Lösung zu Aufgabe 4 a)

Als Prognosewert für die Periode T+1 wird das arithmetische Mittel über alle T Verbrauchswerte (V_t) angesetzt. Der für den Zeitpunkt T berechnete Mittelwert ist der Prognosewert (P^{am}_{T+1}) für die nächste Periode.

$$P^{am}_{T+1} = \frac{1}{T} \cdot \sum_{t=1}^{T} V_t = \frac{V_T + (T-1) \cdot P^{am}_T}{T} = P^{am}_T + \frac{1}{T} \cdot (V_T - P^{am}_T).$$

$$P^{am}_6 = \frac{1}{5} \cdot (191 + 200 + 194 + 197 + 193) = 195 \qquad \text{oder}$$

$$P^{am}_6 = \frac{193 + (5-1) \cdot 195,5}{5} = 195 \qquad \text{oder}$$

$$P_6^{am} = 195,5 + \frac{1}{5} \cdot (193 - 195,5) = 195.$$

Lösung zu Aufgabe 4 b)
Der Prognosewert (P^{gm}_{T+1}) ergibt sich als arithmetischer Mittelwert der letzten m Vergangenheitswerte der Zeitreihe.

$$P_{T+1}^{gm} = \frac{1}{m} \cdot \sum_{i=1}^{m} V_{T-m+i} = \frac{V_T + m \cdot P_T^{gm} - V_{T-m}}{m} = P_T^{gm} + \frac{1}{m} \cdot (V_T - V_{T-m}).$$

$$P_6^{gm} = \frac{1}{4} \cdot (200 + 194 + 197 + 193) = 196.$$

Lösung zu Aufgabe 4 c)
Der Prognosewert (P^{gm}_{T+1}) ergibt sich als arithmetischer Mittelwert der letzten m Vergangenheitswerte der Zeitreihe.

$$P_{T+1}^{gm} = \frac{1}{m} \cdot \sum_{i=1}^{m} V_{T-m+i} = \frac{V_T + m \cdot P_T^{gm} - V_{T-m}}{m} = P_T^{gm} + \frac{1}{m} \cdot (V_T - V_{T-m}).$$

$$P_7^{gm} = \frac{1}{4} \cdot (194 + 197 + 193 + 196) = 195 \qquad \text{oder}$$

$$P_7^{gm} = \frac{196 + 4 \cdot 196 - 200}{4} = 195 \qquad \text{oder}$$

$$P_7^{gm} = 196 + \frac{1}{4} \cdot (196 - 200) = 195.$$

Lösung zu Aufgabe 4 d)
Durch die Einführung der Gewichte (w_t), die jedem der in die Prognose einfließenden Verbrauchswerte zuzuweisen sind, gelangt man zu einem gewogenen gleitenden Mittelwert.

$$P_{T+1}^{ggm} = \sum_{t=1}^{T} V_t \cdot w_t; \qquad \text{mit} \qquad \sum_{t=1}^{T} w_t = 1$$

$$P_6^{ggm} = 0,5 \cdot 193 + 0,3 \cdot 197 + 0,2 \cdot 194 = 194,4.$$

Lösung zu Aufgabe 4 e)

Die dem Verfahren der exponentiellen Glättung erster Ordnung zugrundeliegende Hypothese besagt, daß in die Prognose alle Verbrauchswerte der Vergangenheit einbezogen werden sollen, wobei diese aber ihrem zunehmenden Alter entsprechend eine immer geringere Gewichtung erfahren. Der Prognosewert für die Periode T+1 (P_{T+1}^{eg}) wird dabei aus dem Prognosewert der Periode T (P_T^{eg}) abgeleitet, und zwar indem man den alten Prognosewert um den mit einem Glättungsfaktor α gewichteten Prognosefehler korrigiert. Zur Feststellung des Prognosefehlers bedarf es daher eines Vergleichs des alten Prognosewerts mit dem tatsächlich eingetretenen Verbrauch in der Periode T (V_T).

$$P_{T+1}^{eg} = P_T^{eg} + \alpha \cdot (V_T - P_T^{eg}) = \alpha \cdot V_T + (1-\alpha) \cdot P_T^{eg}; \quad \text{mit } 0 \le \alpha \le 1.$$

Die Tabelle verdeutlicht die Prognose des zukünftigen Materialbedarfs:

Tab. 2.3: Materialbedarfsprognose mit Hilfe der exponentiellen Glättung erster Ordnung

Periode t	Verbrauch V_T	Prognosewerte P_T^{eg} für $\alpha = 0,2$	Prognosefehler $V_T - P_T^{eg}$
1	191	-	-
2	200	191	9
3	194	192,8[1]	1,2
4	197	193,04	3,96
5	193	193,832	−0,832
6	Prognose	193,6656	MAA = 3,748[2]

1) $192,8 = 191 + 0,2 \cdot 9 = 0,2 \cdot 200 + 0,8 \cdot 191$
2) MAA = Mittlere Absolute Abweichung = 3,748 = (9 + 1,2 + 3,96 + 0,832)/4

Aufgabe 5:   Grundmodell der optimalen Bestellmenge

a) Die im Rahmen der optimalen Bestellmengenplanung zu minimierenden Gesamtkosten der Beschaffung können in eigentliche Beschaffungskosten, Lagerkosten und Fehlmengenkosten unterschieden werden. Erläutern Sie diese Kostengruppen!

b) Erläutern Sie das mit dem Grundmodell der optimalen Bestellmenge zu lösende Problem der Bestellmengenplanung sowie die sich daraus ergebende Zielsetzung des Modells!

c) Welchen Prämissen unterliegt das Grundmodell der optimalen Bestellmenge?

d) Leiten Sie die optimale bzw. klassische Bestellmengenformel analytisch her!

e) Führen Sie unter Bezugnahme auf Teilaufgabe d) aus, wie sich die optimale Bestellhäufigkeit und die optimale Lagerzykluszeit ermitteln lassen!

f) Bestimmen Sie die optimale Bestellmenge graphisch! Begründen Sie Ihr Vorgehen!

Lösung zu Aufgabe 5 a)

Die *eigentlichen Beschaffungskosten* können in unmittelbare und mittelbare Beschaffungskosten unterteilt werden. Während die unmittelbaren Beschaffungskosten von der Menge und dem Einstandspreis der zu beschaffenden Materialien abhängen, sind die mittelbaren Beschaffungskosten von der Bestellhäufigkeit bzw. Bestellanzahl abhängig. Letztere werden auch als bestellfixe Kosten oder Bestellkosten bezeichnet. Diese resultieren aus den Kosten innerbetrieblicher Vorgänge wie etwa der Angebotseinholung, Angebotsprüfung, Bestellungsbearbeitung, Überwachung der Liefertermine, Warenannahme und Überprüfung der Warenqualität. Diese Kosten fallen bei jeder Bestellung unabhängig von der Höhe der Bestellmenge an.

Die *Lagerkosten* werden insbesondere durch den durchschnittlichen Lagerbestandswert, die Lagerdauer und den Lagerkostensatz bestimmt. Der Lagerkostensatz umfaßt dabei die Zinskosten für das im Lager gebundene Kapital (Wert des Lagerbestands) sowie die bestandsabhängigen Kosten für Wartung und Pflege der Lagerbestände.

Fehlmengenkosten entstehen, wenn der Materialbedarf gar nicht oder nicht zum erforderlichen Zeitpunkt gedeckt werden kann. Sind die Fehlmengen durch höherwertige Materialien ersetzbar, resultieren Fehlmengenkosten in Höhe der Preisdifferenz. Andere Fehlmengenkosten ergeben sich beispielsweise aus Stillstandskosten infolge von Produktionsunterbrechungen, Konventionalstrafen bei Nichteinhalten von Lieferterminen oder entgangenen Gewinnen aufgrund von Absatzeinbußen.

Lösung zu Aufgabe 5 b)

Das Grundmodell der optimalen Bestellmenge wurde von *Harris* (1915) entwickelt und von *Stefanick-Allmayer* (1927) sowie *Andler* (1929) in Deutschland eingeführt. Das mit diesem Modell zu lösende *Problem* resultiert aus der gegenläufigen Entwicklung der Lager- und Bestellkosten bei abnehmender (zunehmender) Bestellmenge. Da die bestellfixen Kosten im Planungszeitraum von der Bestellhäufigkeit abhängig sind, wachsen sie mit abnehmender Bestellmenge. Kleine Bestellmengen führen zu geringen Lagerbeständen, welche niedrige Lagerkosten in der Planungsperiode zur Folge haben. Umgekehrt sinken die Bestellkosten mit wachsender Bestellmenge, während die vom durchschnittlichen Lagerbestand und von der Lagerdauer abhängigen Lagerkosten steigen. Diese gegenläufigen Kostengrößen sind zum Ausgleich zu bringen. Ziel der Ermittlung der optimalen Bestellmenge ist es daher, einen im Planungszeitraum vorgegebenen Gesamtbedarf an Materialien so in Bestellmengen aufzuspalten, daß die Summe der Bestell- und Lagerkosten minimiert wird.

Lösung zu Aufgabe 5 c)

Die zugrunde gelegten *Prämissen* lauten wie folgt:

- Es wird nur die Bestellmengenplanung einer Materialart betrachtet.

- Der Lagerabgang (Verbrauch) pro Zeiteinheit V erfolgt kontinuierlich und linear im Zeitablauf, d.h., der Bedarf pro Zeiteinheit (ZE) ist konstant. Damit ist auch der Gesamtbedarf im Planungszeitraum konstant.

- Der auftretende Bedarf muß jeweils zum Zeitpunkt seines Auftretens vollständig befriedigt werden (keine Verzugs- oder Fehlmengen).

- Aus den letzten beiden Prämissen folgt, daß stets nach y/V ZE eine neue Bestellung auf Lager geht.

- Die bestellte Menge wird zu einem einzigen Zeitpunkt eingelagert (unendlich hohe Lagerzugangsgeschwindigkeit).

- Lieferfristen finden keine Berücksichtigung, so daß nicht gesagt wird, wann eine Bestellung aufzugeben ist.

- Die Lager- und Bestellkapazität ist nicht knapp, d.h., es existieren keine Lager- und Bestellmengenbeschränkungen. Zudem gibt es von seiten des Lieferanten keine vorgeschriebenen Mindestabnahmemengen. ($\rightarrow 0 \leq y^{opt} < \infty$.)

- Die Beschaffungspreise sind im Zeitablauf konstant, d.h., sie sind keine Funktion der Bestellmenge (keine Mengenrabatte).

- Bei jeder Bestellung fallen bestellfixe Kosten unabhängig von der Höhe der Bestellmenge an, so daß etwa die Transportkosten vom Lieferanten zum Unternehmen unabhängig von der gelieferten Menge immer gleich sind.

- Alle Daten sind im Zeitablauf konstant.

Lösung zu Aufgabe 5 d)

Das Grundmodell zur Bestimmung der optimalen Bestellmenge (klassische Bestellmengenformel) verwendet folgende *Symbole*:

- y [ME]   unbekannte Bestellmenge (Entscheidungsvariable)
- K_B [GE]   bestellfixe Kosten (Bestellkosten)
- K_L [GE]   Lagerkosten
- K_M [GE]   Materialkosten
- K_T [GE]   (relevante) Gesamtkosten
- Cr [GE]   bestellfixe Kosten pro Bestellung
- Cl [GE/(ME·ZE)]   Lagerkostensatz pro ME und ZE
- Cl_m [GE/(ME·ZE)]   bestandsabhängige Kosten der Lagerung pro ME und ZE
- i [100%/ZE]   Kapitalbindungskostensatz pro ZE (Zinssatz)
- b [GE/ME]   Beschaffungskosten pro ME (Einstandspreis)
- V [ME/ZE]   Lagerabgang pro ZE (Verbrauchs- bzw. Bedarfsrate)
- T [ZE]   Länge des Planungszeitraums
- R [ME] = V·T   Lagerabgang in T (Gesamtverbrauch bzw. -bedarf)
- n [1] = (V·T)/y   Zahl der Bestellungen in T (Bestellhäufigkeit)

Zu Beginn der *analytischen Herleitung* der optimalen bzw. klassischen Bestellmengenformel sollen die Lagerbestandsverläufe und die sich daraus ergebenden Lagerkosten in Abhängigkeit von Bestellmenge und Bestellhäufigkeit betrachtet werden. Der Gesamtbedarf R im Planungszeitraum T ist durch n Bestellungen in konstanter Höhe y zu decken. Daher gilt die Beziehung:

$$V \cdot T = R = y \cdot n.$$

Bei einmaliger Bestellung im Planungszeitraum entspricht die Bestellmenge y somit dem Gesamtbedarf R; bei viermaliger (n-maliger) Bestellung beträgt sie 1/4 (1/n) von R. Aufgrund des unterstellten kontinuierlichen Lagerabgangs beläuft sich der durchschnittliche Lagerbestand L_d auf die Hälfte der Bestellmenge y (vgl. nachstehende Abbildung).

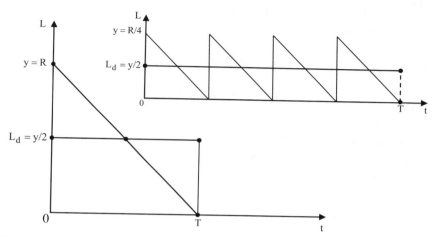

Abb. 2.6:   Lagerbestandsverlauf bei ein- und viermaliger Bestellung in T

Die *Lagerkosten* ergeben sich demnach als Produkt aus dem durchschnittlichen Lagerbestand und dem Lagerkostensatz bezogen auf den Planungszeitraum:

$$K_L(y) = L_d \cdot Cl \cdot T = \frac{y}{2} \cdot Cl \cdot T \qquad \text{mit } Cl = b \cdot i + Cl_m$$

$\rightarrow$ steigend in Abhängigkeit von y.

Für die von der Bestellhäufigkeit bzw. Bestellanzahl abhängigen *Bestellkosten* gilt:

$$K_B(y) = n \cdot Cr = \frac{R}{y} \cdot Cr$$

$\rightarrow$ fallend in Abhängigkeit von y.

Eine große Bedeutung für die Wirtschaftlichkeit einer Bestell- und Einkaufspolitik haben die für die jeweiligen Materialien zu zahlenden Preise. Im Grundmodell der optimalen Bestellmenge wird angenommen, daß der zu zahlende Einstandspreis pro ME konstant ist. Die *Materialkosten* im Planungszeitraum belaufen sich damit auf:

$$K_M = b \cdot R = \text{konstant} \quad \rightarrow \text{nicht entscheidungsrelevant.}$$

Da die Materialkosten nicht von der Bestellmenge y, sondern vom vorgegebenen Gesamtbedarf R abhängig sind, können sie bei der Optimierung der Bestellmenge vernachlässigt werden.

Damit lautet die zu minimierende (relevante) *Gesamtkostenfunktion*:

$$K_T(y) = K_L(y) + K_B(y) = \frac{y}{2} \cdot Cl \cdot T + \frac{R}{y} \cdot Cr \quad \rightarrow \quad \min.$$

Durch Ableiten dieser Zielfunktion nach y und anschließendes Nullsetzen ergibt sich die notwendige Bedingung für das Kostenoptimum, so daß die optimale Bestellmenge bestimmt werden kann:

$$\frac{dK_T(y)}{dy} = K_T'(y) = \frac{1}{2} \cdot Cl \cdot T - \frac{R}{y^2} \cdot Cr \overset{!}{=} 0$$

$$\Leftrightarrow \frac{1}{2} \cdot Cl \cdot T = \frac{R}{y^2} \cdot Cr$$

$$\Rightarrow y^{opt} = \sqrt{\frac{2 \cdot R \cdot Cr}{Cl \cdot T}} = \sqrt{\frac{2 \cdot V \cdot Cr}{Cl}}.$$

Die Überprüfung der hinreichenden Bedingung ergibt, daß ein Minimum vorliegt:

$$\frac{d^2 K_T(y)}{dy^2} = K_T''(y) = 2 \cdot \frac{R}{y^3} \cdot Cr > 0 \quad , \quad \text{da } R, y^3, Cr > 0.$$

Lösung zu Aufgabe 5 e)

Mit der optimalen Bestellmenge y^{opt} sind gleichzeitig festgelegt:

- die optimale Bestellhäufigkeit $n^{opt} = R/y^{opt} = V \cdot T/y^{opt}$ und

- die optimale Lagerzykluszeit (Zeit zwischen zwei aufeinanderfolgenden Bestellungen bzw. Lieferungen) $t^{opt} = T/n^{opt} = y^{opt}/V$.

Lösung zu Aufgabe 5 f)

Graphisch kann die optimale Bestellmenge als Schnittpunkt der Lager- und Bestellkosten bestimmt werden (vgl. Abbildung 2.7). In diesem Punkt entspricht der Zuwachs der Lagerkosten gerade dem negativen Zuwachs der Bestellkosten, d.h., im Optimum herrscht betragsmäßige Gleichheit der Grenzlager- und Grenzbestellkosten:

$$K_T'(y) = \frac{1}{2} \cdot Cl \cdot T - \frac{R}{y^2} \cdot Cr = 0$$

$$K_L' = \frac{1}{2} \cdot Cl \cdot T = \frac{R}{y^2} \cdot Cr = -K_B'$$

$$\Rightarrow \left| K_L'(y^{opt}) \right| = \left| K_B'(y^{opt}) \right|.$$

Im Optimum sind daneben auch die Lager- und Bestellkosten gleich hoch, so daß sich die optimale Bestellmenge als Schnittpunkt der Lager- und Bestellkosten ergibt. Dies läßt sich zeigen, indem die Optimalitätsbedingung (Gleichheit der betragsmäßigen Steigung der Funktionen) mit y erweitert wird:

$$\frac{1}{2} \cdot Cl \cdot T = \frac{R}{y^2} \cdot Cr \quad | \cdot y$$

$$\Rightarrow \frac{y}{2} \cdot Cl \cdot T = \frac{R}{y} \cdot Cr$$

$$\Rightarrow K_L(y^{opt}) = K_B(y^{opt}).$$

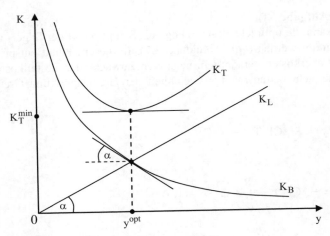

Abb. 2.7:   Graphische Darstellung der optimalen Bestellmenge

Aufgabe 6:   Beispiel zur Bestimmung der optimalen Bestellmenge

Der am Greifswalder Bodden ansässige Anglerausrüster „Rute und Rolle" hat einen Jahresbedarf von 640 Angelstühlen. Aufgrund der guten Geschäftsbeziehung zu dem in Ueckermünde produzierenden Hersteller beträgt der Einstandspreis lediglich 40 € pro Stuhl. Bei jeder Bestellung fallen bestellfixe Kosten in Höhe von 5 € an. Der Anglerausrüster „Rute und Rolle" kalkuliert mit einem Zinssatz von 10% p.a., weitere Lagerkosten fallen nicht an. Ermitteln Sie die optimale Bestellmenge an Angelstühlen sowie die optimale Bestellhäufigkeit! Wie hoch sind die zugehörigen Lager-, Bestell- und Gesamtkosten?

Lösung zu Aufgabe 6
Optimale Bestellmenge:

$$y^{opt} = \sqrt{\frac{2 \cdot R \cdot Cr}{Cl \cdot T}} = \sqrt{\frac{2 \cdot R \cdot Cr}{b \cdot i \cdot T}} = \sqrt{\frac{2 \cdot 640 \cdot 5}{40 \cdot 0,1 \cdot 1}} = 40 \text{ Stück}$$

$$\text{mit } Cl = b \cdot i + Cl_m.$$

Optimale Bestellhäufigkeit:

$$n^{opt} = R/y^{opt} = 640/40 = 16.$$

Lagerkosten:

$$K_L(y) = L_d \cdot Cl \cdot T = \frac{y}{2} \cdot Cl \cdot T = \frac{40}{2} \cdot 40 \cdot 0{,}1 \cdot 1 = 80 \text{ €.}$$

Bestellkosten:

$$K_B(y) = n \cdot Cr = \frac{R}{y} \cdot Cr = \frac{640}{40} \cdot 5 = 80 \text{ €.}$$

Nicht entscheidungsrelevante Materialkosten:

$$K_M = b \cdot R = 40 \cdot 640 = 25.600 \text{ €.}$$

Gesamtkosten:

$$K_T(y) = K_L(y) + K_B(y) + K_M = \frac{y}{2} \cdot Cl \cdot T + \frac{R}{y} \cdot Cr + b \cdot R$$

$$= 80 + 80 + 25.600 = 25.760 \text{ €.}$$

2.2   Produktion

Aufgabe 1:   Grundbegriffe

    a)   Was wird nach *Gutenberg* unter Produktion verstanden?
    b)   Definieren Sie den Begriff Produktionsfunktion!
    c)   Erläutern Sie kurz, was ein Produktionskoeffizient angibt!
    d)   Was versteht *Gutenberg* unter der sogenannten z-Situation?
    e)   Führen Sie kurz aus, was ein Expansionspfad anzeigt!

Lösung zu Aufgabe 1 a)
Unter *Produktion* ist nach *Gutenberg* die Kombination der Elementarfaktoren objektbezogene Arbeit, Betriebsmittel und Werkstoffe durch die dispositiven Faktoren Betriebs- und Geschäftsleitung, Planung und Organisation zum Zwecke der Leistungserstellung zu verstehen.

Lösung zu Aufgabe 1 b)
Eine *Produktionsfunktion* gibt den quantitativen Zusammenhang zwischen den zur
Leistungserstellung einzusetzenden Produktionsfaktormengen und der Ausbringung
wieder. Für ein Einproduktunternehmen, welches zur Erstellung der Ausbringungsmenge M seines Erzeugnisses die Produktionsfaktoren r_h (h = 1, 2, …, H) einsetzt,
lautet die Produktionsfunktion allgemein:

$$M = f(r_1, r_2, …, r_H).$$

Lösung zu Aufgabe 1 c)
Der *Produktionskoeffizient* gibt die im Rahmen der gesamten produktiven Kombination zur Produktion einer Mengeneinheit der Ausbringung erforderliche Einsatzmenge des Faktors h an.

Lösung zu Aufgabe 1 d)
Die Kernaussage *Gutenbergs* ist, daß man für eine Beschreibung der Beziehungen
zwischen Faktoreinsatz- und Ausbringungsmengen die Bedingungen für den Einsatz
der Betriebsmittel kennen muß. Diese Bedingungen werden bei *Gutenberg* als
z-Situation bezeichnet, welche alle technisch-konstruktiven Eigenschaften eines
Betriebsmittels beinhaltet. Die z-Situation umfaßt z.B. für einen Verbrennungsmotor
den Hubraum, die Anzahl der Ventile, das Verdichtungsverhältnis, das Drehmoment
etc. Die technisch-konstruktiven Eigenschaften werden von *Gutenberg* als konstant
angenommen, weshalb seine Betrachtung auch eher kurzfristig und statisch ist.

Lösung zu Aufgabe 1 e)
Der *Expansionspfad* ist der geometrische Ort aller Minimalkostenkombinationen,
die sich bei konstanten Faktorpreisen und sukzessiver Variation der Ausbringungsmenge M ergeben. Er gibt daher das optimale Faktoreinsatzverhältnis bei variabler
Beschäftigung M an.

Aufgabe 2:   Gegenstand der Produktions- und Kostentheorie

Erläutern Sie den Gegenstand der Produktions- und Kostentheorie!

Lösung zu Aufgabe 2
Die Aufgabe der *Produktionstheorie* ist es, das Mengengerüst des Faktoreinsatzes
im Produktionsprozeß zu erforschen, mit dem Ziel, funktionale Zusammenhänge
zwischen Faktoreinsatzmengen und Ausbringungsmenge aufzudecken, in Modellen

darzustellen und das Fundament der Kostentheorie zu legen. Zudem arbeitet sie die Einflußgrößen des Faktorverbrauchs heraus und verdeutlicht, durch welche Entscheidungen er verändert werden kann. Die zentrale Zielsetzung der Produktionstheorie liegt somit in der Ableitung von Produktionsfunktionen. Sie ist mithin eine reine Erklärungstheorie für die Mengenzusammenhänge der Produktion, so daß auf ihrer Basis lediglich „technische" Effizienzentscheidungen getroffen werden können.

Die Fragestellungen, mit denen sich die *Kostentheorie* befaßt, gehen über die rein mengenmäßige Betrachtung der Produktionstheorie hinaus, da die hergeleiteten technischen Relationen für weitere ökonomische Zwecke genutzt werden. Im Rahmen der Kostentheorie erfolgt eine Bewertung der Einsatzmengen an Produktionsfaktoren mit ihren Faktorpreisen, so daß der mengenmäßigen Ausbringung ein bewerteter Faktoreinsatz (Kosten) gegenübergestellt wird. Das produktionstheoretische Mengengerüst wird also über die Einführung von Faktorpreisen durch ein Wertgerüst ergänzt, um mit Hilfe der aus der Bewertung des Faktorverbrauchs abgeleiteten Kosten eine der Minimumvariante des Rationalprinzips folgende Wirtschaftlichkeitsbetrachtung zur Beurteilung alternativer Produktionen durchführen zu können. Kurz gesagt, ist mit Hilfe der Kostentheorie derjenige Produktionsprozeß auszuwählen, der zu minimalen Kosten führt und damit den ökonomisch effizienten Prozeß darstellt. Die Kostentheorie hat somit im Gegensatz zur Produktionstheorie neben der Erklärungs- auch eine Gestaltungsaufgabe zu bewältigen. Ziel der *Erklärungsaufgabe* ist das Erkennen und Systematisieren von Kosteneinflußgrößen sowie das Aufzeigen von Wirkungen der Kosteneinflußgrößen auf die Höhe der Kosten. Die Erklärungsaufgabe gipfelt in der Formulierung und Analyse von Kostenfunktionen, welche die Höhe der Kosten in Abhängigkeit von möglichen Ausprägungen der Kosteneinflußgrößen zeigen. Die *Gestaltungsaufgabe* besteht darin, die durch das Unternehmen beeinflußbaren Kosteneinflußgrößen so festzulegen, daß eine kostenminimale Lösung einer bestimmten Produktionsaufgabe erreicht wird. So geht es typischerweise darum, wie eine vorgegebene Ausbringungsmenge mit minimalen Kosten erstellt werden kann.

Aufgabe 3:   Isoquanten

a)   Was ist unter einer Isoquante zu verstehen?

b)   Bestimmen Sie die Isoquantengleichung für die folgenden Produktionsfunktionen!

$$M = 4r_1^2 \cdot r_2 \, , \; M = 3r_1 + 2r_2 \, , \; M = r_1^{\frac{1}{2}} \cdot r_2^{\frac{1}{2}} \, , \; M = 4 \cdot \sqrt{2r_1 \cdot r_2} \; .$$

c) Führen Sie aus, welche Abschnitte der in nachstehender Abbildung dargestellten Isoquante hinsichtlich der Faktoreinsatzmengenkombination technisch effizient oder ineffizient sind!

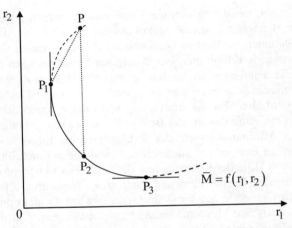

Abb. 2.8: Isoquante mit technisch effizienten und ineffizienten Faktoreinsatzmengenkombinationen

Lösung zu Aufgabe 3 a)
Isoquanten sind Linien gleicher Ausbringungsmenge, die durch unterschiedliche Faktoreinsatzmengenkombinationen erreicht werden.

Lösung zu Aufgabe 3 b)

$$M = 4r_1^2 \cdot r_2 \qquad \rightarrow \text{Isoquantengleichung: } r_2 = \frac{M}{4r_1^2} = \frac{M}{4} \cdot r_1^{-2} \; .$$

$$M = 3r_1 + 2r_2 \qquad \rightarrow \text{Isoquantengleichung: } r_2 = \frac{M - 3r_1}{2} = \frac{1}{2} \cdot (M - 3r_1) \; .$$

$$M = r_1^{\frac{1}{2}} \cdot r_2^{\frac{1}{2}} \quad \rightarrow M = \sqrt{r_1 \cdot r_2} \quad \rightarrow M^2 = r_1 \cdot r_2.$$

$$\rightarrow \text{Isoquantengleichung: } r_2 = \frac{M^2}{r_1} = M^2 \cdot r_1^{-1}.$$

$$M = 4 \cdot \sqrt{2r_1 \cdot r_2} \quad \rightarrow \frac{M}{4} = \sqrt{2r_1 \cdot r_2} \quad \rightarrow \frac{M^2}{16} = 2r_1 \cdot r_2.$$

$$\rightarrow \text{Isoquantengleichung: } r_2 = \frac{M^2}{16 \cdot 2r_1} = \frac{M^2}{32r_1} = \frac{M^2}{32} \cdot r_1^{-1}.$$

Lösung zu Aufgabe 3 c)

Die in der gegebenen Abbildung gestrichelten Isoquantenabschnitte zeigen ineffiziente Faktoreinsatzmengenkombinationen zur Produktion der Ausbringung $\overline{M}$, da diese Menge statt mit der Faktormengenkombination in Punkt P z.B. mit allen auf der Kurve zwischen P_1 und P_2 liegenden Kombinationen erzeugt werden könnte. Alle Kombinationen dieses Bereichs, mit Ausnahme des Punktes P_2, ermöglichen den Einsatz geringerer Mengen beider Einsatzfaktoren. Punkt P_2 würde einen geringeren Einsatz des Faktors 2 zulassen. Eine Substitution ist demnach nur dann technisch sinnvoll, wenn der steigende Einsatz eines Faktors von einer verminderten Einsatzmenge des anderen Faktors begleitet wird. Technisch effiziente Faktoreinsatzmengenkombinationen für gegebene Ausbringungsniveaus können sich nur im fallenden Bereich der Isoquante (Kurvenverlauf von P_1 bis P_3) befinden. Dieser durch eine waage- und senkrechte Tangente abgrenzbare Bereich wird als *Substitutionsgebiet* bezeichnet. Welche der effizienten Faktoreinsatzmengenkombinationen am zweckmäßigsten ist, hängt von den Preisen der Faktoren ab. Dieser Frage ist im Rahmen der Kostentheorie nachzugehen.

Aufgabe 4:   Klassifizierung von Produktionsfunktionen

Worin besteht der Unterschied zwischen limitationalen und substitutionalen Produktionsfunktionen? Gehen Sie dabei auch auf die unterschiedlichen Arten von Substitutionalität und Limitationalität ein!

Lösung zu Aufgabe 4

Produktionsfunktionen, bei denen die eingesetzten Faktoren gegeneinander ersetzt werden können, besitzen die Eigenschaft der *Substitutionalität*. Die zum Einsatz gelangenden Produktionsfaktoren stehen in keiner festen Relation zur Ausbringung, so daß sich die Wirkung einer Faktoreinsatzmengenverminderung auf die Ausbringung durch die Erhöhung der Einsatzmenge eines anderen Faktors ausgleichen läßt.

In nachstehender Abbildung ist die durch die Isoquante $\overline{M}$ repräsentierte gleiche Ausbringungsmenge beispielsweise sowohl durch die Kombination der Einsatzfaktoren r_{21} und r_{11} als auch durch die Kombination von r_{22} und r_{12} erzeugbar.

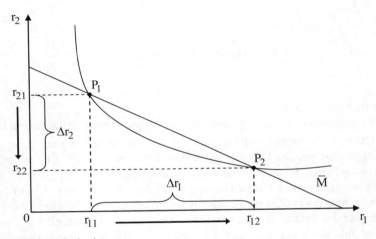

Abb. 2.9:   Faktorsubstitution

Ein weiteres Kennzeichen der Substitutionalität ist, daß die Ausbringungsmenge durch veränderte Einsatzmengen nur eines Faktors bei Konstanz der übrigen Faktormengen beeinflußt werden kann.

Hinsichtlich der Art der Substitutionalität ist zwischen totaler und peripherer Substitutionalität zu unterscheiden. *Totale Substitution* liegt vor, wenn ein Faktor vollständig durch einen anderen ersetzt werden kann. Die Einsatzmenge eines Faktors wäre mithin auch bis auf null reduzierbar. Dieser Fall liegt z.B. bei additiv verknüpften Produktionsfaktoren vor. *Periphere Substitution* ist dadurch gekennzeichnet, daß der Austausch der Produktionsfaktoren nur innerhalb bestimmter Grenzen möglich ist. Die Einsatzmengen aller beteiligten Faktoren müssen also grundsätzlich positiv sein.

Periphere Substitutionalität liegt etwa bei multiplikativ verknüpften Produktionsfaktoren vor.

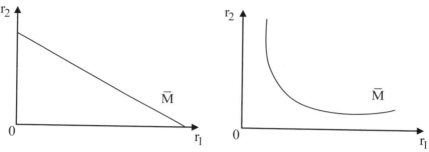

Abb. 2.10: Totale und periphere Substitutionalität

Lassen sich die Faktoren hingegen nicht gegenseitig ersetzen, liegt *Limitationalität* vor. Die effizienten Faktoreinsatzmengen stehen in einer technisch eindeutig determinierten Beziehung zueinander und zur geplanten Ausbringungsmenge, so daß einerseits die Verminderung eines Faktors nicht durch eine Erhöhung eines anderen Faktors ausgeglichen werden kann und andererseits der vermehrte Einsatz nur eines Faktors über das technisch effiziente Faktoreinsatzverhältnis hinaus die Ausbringungsmenge nicht erhöht. Soll eine höhere Ausbringung erzielt werden, so ist das nur möglich, wenn ein nach Maßgabe der vorliegenden technischen Beziehungen vermehrter Einsatz aller Produktionsfaktoren erfolgt. Ein solches konstantes Faktoreinsatzverhältnis zur Erzeugung einer bestimmten Produktionsmenge bedeutet jedoch nicht, daß für limitationale Produktionsfunktionen konstante Produktionskoeffizienten vorliegen müssen, sondern es sind weiterhin auch variable Produktionskoeffizienten möglich. Je nach Art des technischen Kopplungsverhältnisses kann zwischen linearer und nichtlinearer Limitationalität unterschieden werden. Sind das technisch effiziente Faktoreinsatzverhältnis und die Produktionskoeffizienten unabhängig von der Ausbringungsmenge und der Arbeitsgeschwindigkeit (Intensität), liegt eine *linear-limitationale Produktionsfunktion* vor. Eine Verdopplung der Einsatzmengen führt dann zu einer Verdopplung der Ausbringungsmenge. Zu dieser Art von Limitationalität gehört die unten dargestellte *Leontief*-Produktionsfunktion. Dabei wird die Produktion von Tischen betrachtet. Es sind eine Tischplatte und vier Tischbeine zur Fertigung eines Tisches notwendig. Sollen nun zwei Tische produziert werden, sind zwei Tischplatten und acht Tischbeine erforderlich.

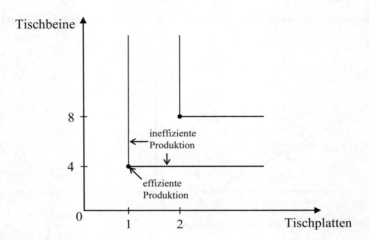

Abb. 2.11: Linear-limitationale Produktionsfunktion

Sind hingegen das technisch effiziente Faktoreinsatzverhältnis und die Produktionskoeffizienten nicht konstant, sondern lassen sich durch Entscheidungen über die
Arbeitsgeschwindigkeit (Intensität), mit der eine Maschine arbeitet, beeinflussen,
liegt eine *nichtlinear-limitationale Produktionsfunktion* vor. Diese Situation trifft für
die später noch zu behandelnde *Gutenberg*-Produktionsfunktion zu.

Aufgabe 5:   Homogenität

a) Wann ist eine Produktionsfunktion homogen vom Grade t?
b) Beschreiben Sie kurz anhand einer Skizze, wodurch eine linear-, überline-
    ar- oder unterlinearhomogene Produktionsfunktion gekennzeichnet ist!
c) Untersuchen Sie, ob die folgenden Produktionsfunktionen homogen sind!

$$M = r_1^{\frac{1}{4}} \cdot r_2^{\frac{3}{4}}, \ M = r_1^{\frac{1}{2}} \cdot r_2^{\frac{1}{3}}, \ M = 4r_1^2 \cdot r_2, \ M = 3r_1 \cdot 2r_2,$$

$$M = 3r_1 + 2r_2, \ M = r_1^3 + r_2^2.$$

Treffen Sie auch eine Aussage über die Art der eventuell vorliegenden
Homogenität!

Lösung zu Aufgabe 5 a)

Eine Produktionsfunktion ist homogen vom Grade t, wenn bei einer Änderung des Prozeßniveaus für $\lambda > 0$ die Ausbringung das λ^t-fache der Einheitsausbringung $\tilde{M}$ beträgt. Oder:

Ein λ-facher Einsatz aller Produktionsfaktoren führt zu einer λ^t-fachen Ausbringungsmenge. Oder:

$$M(\lambda) = f(\lambda \tilde{r}_1, \lambda \tilde{r}_2, ..., \lambda \tilde{r}_H) = \lambda^t \cdot f(\tilde{r}_1, \tilde{r}_2, ..., \tilde{r}_H) = \lambda^t \cdot \tilde{M} \, .$$

Lösung zu Aufgabe 5 b)

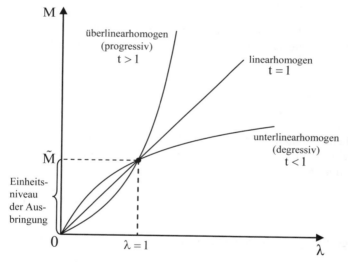

Abb. 2.12: Verläufe von Niveauproduktionsfunktionen

Eine *linearhomogene Produktionsfunktion* liegt bei einem Homogenitätsgrad von $t = 1$ vor. Eine Verdopplung der Faktoreinsatzmenge führt dann zu einer Verdopplung der Ausbringungsmenge, d.h., die Skalenerträge sind konstant.

Überlinearhomogene Produktionsfunktionen weisen einen Homogenitätsgrad von $t > 1$ auf. In diesem Fall bewirkt eine Faktoreinsatzmengenverdopplung eine Erhöhung der Ausbringung um mehr als das Doppelte. Derartige Funktionen weisen demzufolge steigende Skalenerträge auf.

Führt eine Verdopplung der Faktoreinsatzmenge zu einer Steigerung der Ausbringung um weniger als das Doppelte, so liegt eine durch sinkende Skalenerträge gekennzeichnete *unterlinearhomogene Produktionsfunktion* mit einem Homogenitätsgrad von t < 1 vor.

Lösung zu Aufgabe 5 c)
Der Homogenitätsgrad der Produktionsfunktionen kann wie folgt ermittelt werden:

$$M = r_1^{\frac{1}{4}} \cdot r_2^{\frac{3}{4}} : \quad M(\lambda) = (\lambda \cdot \tilde{r}_1)^{\frac{1}{4}} \cdot (\lambda \cdot \tilde{r}_2)^{\frac{3}{4}} = \lambda^{\left(\frac{1}{4}+\frac{3}{4}\right)} \cdot \left(\tilde{r}_1^{\frac{1}{4}} \cdot \tilde{r}_2^{\frac{3}{4}}\right) = \lambda^1 \cdot \tilde{M}.$$

Die gegebene Produktionsfunktion ist mithin homogen vom Grade t = 1, so daß eine durch konstante Skalenerträge gekennzeichnete linearhomogene Produktionsfunktion vorliegt.

$$M = r_1^{\frac{1}{2}} \cdot r_2^{\frac{1}{3}} : \quad M(\lambda) = (\lambda \cdot \tilde{r}_1)^{\frac{1}{2}} \cdot (\lambda \cdot \tilde{r}_2)^{\frac{1}{3}} = \lambda^{\left(\frac{1}{2}+\frac{1}{3}\right)} \cdot \left(\tilde{r}_1^{\frac{1}{2}} \cdot \tilde{r}_2^{\frac{1}{3}}\right) = \lambda^{\frac{5}{6}} \cdot \tilde{M}.$$

Obige Produktionsfunktion ist homogen. Da der Homogenitätsgrad t = 5/6 < 1 beträgt, liegt eine durch sinkende Skalenerträge gekennzeichnete unterlinearhomogene Produktionsfunktion vor.

$$M = 4r_1^2 \cdot r_2 : \quad M(\lambda) = 4 \cdot (\lambda \cdot \tilde{r}_1)^2 \cdot (\lambda \cdot \tilde{r}_2)^1 = \lambda^{(2+1)} \cdot (4\tilde{r}_1^2 \cdot \tilde{r}_2) = \lambda^3 \cdot \tilde{M}.$$

Der Homogenitätsgrad der Produktionsfunktion $M = 4r_1^2 \cdot r_2$ beträgt t = 3 > 1, so daß eine durch steigende Skalenerträge gekennzeichnete überlinearhomogene Produktionsfunktion vorliegt.

$$M = 3r_1 \cdot 2r_2 : \quad M(\lambda) = (\lambda \cdot 3\tilde{r}_1)^1 \cdot (\lambda \cdot 2\tilde{r}_2)^1 = \lambda^{(1+1)} \cdot (3\tilde{r}_1 \cdot 2\tilde{r}_2) = \lambda^2 \cdot \tilde{M}.$$

Da der Homogenitätsgrad t = 2 beträgt, liegt eine durch steigende Skalenerträge gekennzeichnete überlinearhomogene Produktionsfunktion vor.

$$M = 3r_1 + 2r_2 : \quad M(\lambda) = (\lambda \cdot 3\tilde{r}_1)^1 + (\lambda \cdot 2\tilde{r}_2)^1 = \lambda \cdot 3\tilde{r}_1 + \lambda \cdot 2\tilde{r}_2 .$$

$$= \lambda \cdot (3\tilde{r}_1 + 2\tilde{r}_2) = \lambda^1 \cdot \tilde{M} .$$

Die betrachtete Produktionsfunktion ist homogen. Da der Homogenitätsgrad $t = 1$ beträgt, liegt eine durch konstante Skalenerträge gekennzeichnete linearhomogene Produktionsfunktion vor.

$$M = r_1^3 + r_2^2 :$$

$$M(\lambda) = (\lambda \cdot \tilde{r}_1)^3 + (\lambda \cdot \tilde{r}_2)^2 = \lambda^3 \cdot \tilde{r}_1^3 + \lambda^2 \cdot \tilde{r}_2^2 = \lambda^2 \cdot (\lambda \cdot \tilde{r}_1^3 + \tilde{r}_2^2) .$$

Die analytische Definition $M(\lambda) = f(\lambda\tilde{r}_1, \lambda\tilde{r}_2, ..., \lambda\tilde{r}_H) = \lambda^t \cdot f(\tilde{r}_1, \tilde{r}_2, ..., \tilde{r}_H) = \lambda^t \cdot \tilde{M}$ gilt für die Produktionsfunktion $M = r_1^3 + r_2^2$ nicht, weshalb sie nichthomogen ist.

Aufgabe 6:   Kostenbegriffe

a) Definieren Sie den Begriff Kosten, und erläutern Sie, was man in diesem Zusammenhang unter dem pagatorischen und wertmäßigen Kostenbegriff versteht!

b) Welche Kosteneinflußgrößen unterscheidet *Gutenberg*? Führen Sie aus, was bei der Analyse der Auswirkungen der Kosteneinflußgrößen auf die Höhe der Kosten im Rahmen einer kurzfristigen Kostenpolitik zu beachten ist!

c) Erläutern Sie, was unter Gesamtkosten, variablen Gesamtkosten und fixen Kosten zu verstehen ist, und stellen Sie die zwischen diesen speziellen Kostenbegriffen bestehenden Zusammenhänge mathematisch und graphisch dar. Nehmen Sie hierzu einen linearen Gesamtkostenverlauf an, welcher ausschließlich die Beschäftigung, gemessen an der Ausbringungsmenge, als Kosteneinflußgröße betrachtet!

d) Zur Kostenumlegung auf eine hergestellte Mengeneinheit des Produkts bezieht man die Kostengrößen aus Teilaufgabe c) auf die dazugehörige Ausbringungsmenge und erhält die totalen, variablen und fixen Stückkosten!

Stellen Sie die Stückkostenbegriffe und die zwischen ihnen bestehenden Zusammenhänge mathematisch und graphisch dar!

e) Führen Sie abschließend aus, wie man ausgehend von der Gesamtkosten-funktion aus Teilaufgabe c) die Grenzkostenfunktion bestimmt, und was die Grenzkosten ökonomisch und graphisch anzeigen!

Lösung zu Aufgabe 6 a)

Kosten sind die bewerteten Verbrauchsmengen der zur Leistungserstellung einge-setzten Produktionsfaktoren. Der Kostenbegriff besitzt somit ein Wert- und ein Mengengerüst. Für die Verknüpfung von Wert- und Mengengerüst sind verschie-dene Modelle entwickelt worden, welche die Grundlage einer eigenständigen Ko-stenwerttheorie liefern. Die einfachste Hypothese der Kostenbestimmung lautet, den Faktorverbrauch nur dann mit Geldeinheiten zu bewerten, wenn mit ihm ursächlich Geldauszahlungen verbunden sind. Der produktionsbezogene Faktorverbrauch wird demzufolge mit den Preisen des Beschaffungsmarktes bewertet. Folglich dienen diesem *pagatorischen Kostenbegriff* grundsätzlich die Anschaffungspreise als Be-wertungsmaßstab. Im Gegensatz zur pagatorischen Kostenbewertung geht der *wert-mäßige Kostenbegriff* von individuellen, subjektiven Nutzenvorstellungen bei der Bewertung aus. Die Bewertung des Güterverzehrs baut nicht allein auf den Gege-benheiten des Beschaffungsmarktes auf, sondern bezieht die gesamte Unterneh-menssituation und die Zielsetzung des Wirtschaftens ein. Der wertmäßige Kosten-begriff versucht also den Faktorverbrauch im Rahmen des allgemeinen betrieblichen Entscheidungsfeldes zu betrachten und die alternative Verwendungsmöglichkeit der Produktionsfaktoren (Opportunitätskosten) im Bewertungsansatz zu berücksichti-gen. Demnach wird der Wert eines Produktionsfaktors nicht nur durch dessen Be-schaffungspreis, sondern ferner durch den Knappheitsgrad des betreffenden Faktors bestimmt. Zur Wertermittlung werden die verbrauchten Faktoren mit ihrem Grenz-nutzen, d.h. dem Nutzenbeitrag der letzten von diesem Faktor eingesetzten Mengen-einheit, bewertet.

Lösung zu Aufgabe 6 b)

Nach der Einführung des Kostenbegriffs ist der Frage nachzugehen, welche Größen für die Höhe der in einer Unternehmung auftretenden Kosten bestimmend sind. Diese Größen werden in der Literatur als *Kosteneinflußgrößen* bezeichnet. Formal stellen sie die unabhängigen Variablen einer Kostenfunktion dar. Nach *Gutenberg* ist die Höhe der Kosten vor allem von der Beschäftigung (z.B. Ausbringung M im Ein-Produkt-Fall), der Qualität der Produktionsfaktoren, dem Preis der Einsatzfakto-ren, der Betriebsgröße und dem Produktionsprogramm abhängig. Bei der *Analyse* der Auswirkungen der Kosteneinflußgrößen auf die Höhe der Kosten im Rahmen

einer kurzfristigen Kostenpolitik ist zu beachten, daß die grundsätzlich als Aktions-
parameter der Unternehmung anzusehenden Kosteneinflußgrößen Produktionsprogramm, Betriebsgröße und Faktorqualität sowie der von der Unternehmung durch
Entscheidungen nicht unmittelbar beeinflußbare Faktorpreis als Daten anzusehen
sind. Die Planungssituation ist folglich bereits durch in der Vergangenheit getroffene
und realisierte Entscheidungen restringiert. Damit ist lediglich die Beschäftigung
kurzfristig variierbar, weshalb zumeist auch nur sie als unabhängige Variable einer
Kostenfunktion zugrunde gelegt wird.

Lösung zu Aufgabe 6 c)
Wird ausschließlich die Beschäftigung, gemessen an der Ausbringungsmenge, als
Kosteneinflußgröße betrachtet, dann stellt sich im Rahmen der Analyse von Kostenverläufen die Frage, wie sich Veränderungen in den Ausbringungsmengen der Produkte auf das Kostenniveau der Unternehmung auswirken. Unter der Annahme, daß
die Unternehmung nur eine Produktart mit der Menge M in einem einstufigen Produktionsprozeß herstellt, kann die Abhängigkeit der gesamten Produktionskosten K_T
von den Ausbringungen M eines Produktes durch die funktionale Beziehung
$K_T = K_T(M)$ dargestellt werden. Zur Charakterisierung von Kostenverläufen bedient
man sich verschiedener mathematischer Begriffe, welche die Eigenschaften von
Kostenfunktionen unter bestimmten Aspekten in einzelnen Kostenbeziehungen zum
Ausdruck bringen sollen. Die dazu typischerweise verwendeten speziellen Kosten-
begriffe und die ihnen entsprechenden funktionalen Beziehungen sollen im folgenden besprochen werden. Dabei wird zunächst beispielhaft ein linearer Gesamtkostenverlauf unterstellt.

Gesamtkosten K_T – Dimension [GE]:

Unter Gesamtkosten versteht man den gesamten Kostenbetrag, der bei der Herstellung der Ausbringungsmenge M in der betrachteten Planungs-Totalperiode (T) anfällt.

$$K_T = K_T(M).$$

Die Gesamtkosten setzen sich aus variablen und fixen Kosten zusammen.

Variable Gesamtkosten K_v – Dimension [GE]:

Als variable Gesamtkosten wird der Teil der Gesamtkosten K_T bezeichnet, dessen
Höhe mit Änderungen der Ausbringungsmenge M variiert.

$$K_v = K_v(M).$$

Typische Beispiele für variable Kosten sind Akkordlöhne, Energiekosten eines zur Produktion eingesetzten Betriebsmittels und der bewertete Rohstoffverbrauch.

Fixe Kosten K_f – Dimension [GE]:

Fixe Kosten sind diejenigen Kosten, die sich nicht mit der Beschäftigung ändern, d.h., auch wenn die Ausbringungsmenge in einer Periode gleich null ist, fallen fixe Kosten an. Sie werden durch die Aufrechterhaltung der Betriebsbereitschaft verursacht, weshalb man diese Kosten auch Bereitschaftskosten nennt. Beispiele für fixe Kosten hinsichtlich eines Betriebsmittels sind etwa die Zeitabschreibungen oder Versicherungskosten, sofern speziell für das Betriebsmittel eine Versicherung abgeschlossen wurde.

Wie oben bereits angedeutet, ergeben sich die *Gesamtkosten* aus der Addition der fixen und variablen (Gesamt-)Kosten.

$$K_T(M) = K_f + K_v(M).$$

Graphisch ergibt sich der unten dargestellte *Kostenverlauf*, wenn sich die variablen Kosten proportional zur Beschäftigung M verhalten.

$$K_T(M) = K_f + k_v \cdot M.$$

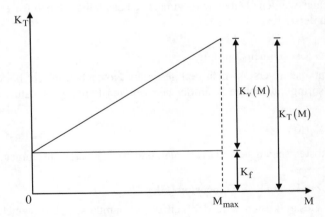

Abb. 2.13: Linearer Gesamtkostenverlauf

Lösung zu Aufgabe 6 d)
Bezieht man die bisher dargestellten Kostengrößen auf die dazugehörige Ausbringungsmenge, so erhält man die folgenden Stückkostenbegriffe, welche der Kostenumlegung auf die hergestellten Mengeneinheiten dienen.

Gesamtkosten pro Stück $k_T(M)$ – Dimension [GE/ME]:
Die Gesamtkosten pro Stück (auch totale Stückkosten) ergeben sich als Quotient aus den Gesamtkosten und der Ausbringungsmenge.

$$k_T(M) = \frac{K_T(M)}{M}.$$

Die totalen Stückkosten zeigen also an, was eine Erzeugniseinheit kostet.

Variable Kosten pro Stück $k_v(M)$ – Dimension [GE/ME]:
Die variablen Stückkosten ergeben sich aus der Division der variablen Gesamtkosten durch die Ausbringungsmenge.

$$k_v(M) = \frac{K_v(M)}{M}.$$

Für $K_v(M) = k_v \cdot M$ gilt: $k_v(M) = k_v = $ konstant.

Fixe Kosten pro Stück $k_f(M)$ – Dimension [GE/ME]:
Der Quotient aus den fixen Kosten und der Ausbringungsmenge stellt die fixen Stückkosten dar.

$$k_f(M) = \frac{K_f}{M}.$$

Wie zu erkennen ist, sind die fixen Kosten pro Stück von der Ausbringungsmenge abhängig. Sie sinken mit steigender Beschäftigung (Fixkostendegression).

Gemäß der Beziehung für die *Gesamtkosten*

$$K_T(M) = K_f + K_v(M)$$

ergeben sich die *totalen Stückkosten* aus der Addition der fixen und der variablen Stückkosten.

$$k_T(M) = \frac{K_T(M)}{M} = k_f(M) + k_v(M) = \frac{K_f}{M} + \frac{K_v(M)}{M}.$$

Bei linearen variablen Kosten gilt:

$$k_T(M) = \frac{K_f}{M} + k_v.$$

Graphisch lassen sich diese Zusammenhänge wie folgt darstellen.

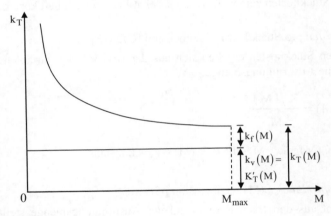

Abb. 2.14: Stückkosten

Lösung zu Aufgabe 6 e)

Grenzkosten $K_T'(M)$ – Dimension [GE/ME]:

Unter der Voraussetzung einer differenzierbaren Gesamtkostenfunktion werden die Grenzkosten durch die erste Ableitung dieser Funktion nach der Ausbringungsmenge bestimmt.

$$K_T'(M) = \frac{dK_T(M)}{dM} = \frac{dK_f}{dM} + \frac{dK_v(M)}{dM} = \frac{dK_v(M)}{dM} = K_v'(M).$$

Im linearen Fall resultiert speziell $K'_T(M) = k_v$.

Die Grenzkosten geben mithin Auskunft darüber, wie sich die Gesamtkosten bei einer marginalen Variation der Ausbringungsmenge verhalten, d.h., sie geben die Steigung der Gesamtkostenfunktion an dem Punkt einer bestimmten Ausbringungsmenge M an. Diese stimmt mit der Steigung der variablen Kostenfunktion überein, da die Ableitung der fixen Kosten nach der Ausbringungsmenge gleich null ist ($K'_f = 0$). Bei dem unterstellten linearen Gesamtkostenverlauf sind daher sowohl die variablen Stückkosten als auch die Grenzkosten konstant und entsprechen sich gegenseitig, wie Abbildung 2.14 zeigt.

Aufgabe 7: Minimalkostenkombination

Gegeben sei die folgende substitutionale Produktionsfunktion: $M = f(r_1, r_2)$.

a) Was versteht man unter der Grenzrate der Substitution des Faktors 2 durch den Faktor 1 ($GRS_{2,1}$)?

b) Leiten Sie die Grenzrate der Substitution ($GRS_{2,1}$) aus dem totalen Differential her!

c) Die Einsatzfaktoren mögen zum Preis von q_1 bzw. q_2 pro Einheit am Markt erhältlich sein. Formulieren Sie die Lagrange-Funktion zur Ermittlung der kostenminimalen Faktoreinsatzmengenkombination für die Produktion der gegebenen Ausbringungsmenge $\overline{M} = f(r_1, r_2)$!

d) Leiten Sie durch Differentiation der Lagrange-Funktion her, welche Beziehung zwischen den Faktorpreisen und der Grenzrate der Substitution ($GRS_{2,1}$) im Kostenminimum gelten muß!

Lösung zu Aufgabe 7 a)

Die *Grenzrate der Substitution* (GRS) gibt das marginale Faktoraustauschverhältnis an, d.h. die Einsatzmenge eines Produktionsfaktors, welche bei konstanter Ausbringungsmenge notwendig ist, um eine infinitesimal kleine Einheit eines anderen Faktors zu ersetzen. Mathematisch wird die Grenzrate der Substitution des Faktors r_2 durch den Faktor r_1 ($GRS_{2,1}$) durch den Differentialquotienten dr_2/dr_1 ausgedrückt:

$$GRS_{2,1} = \frac{dr_2}{dr_1}.$$

Die Grenzrate der Substitution entspricht der Steigung der Tangente am Punkt P:

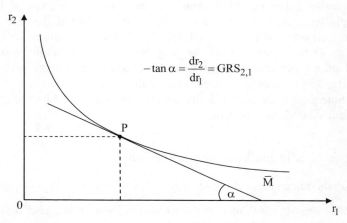

Abb. 2.15: Grenzrate der Substitution

Lösung zu Aufgabe 7 b)
Die isolierte Wirkung einer infinitesimal kleinen Änderung eines Faktors bezeichnet man als partielles Differential: $\partial M / \partial r_h \cdot dr_h$. Ist nun gefragt, wie sich die Ausbringungsmenge bei einer infinitesimal kleinen Einsatzmengenvariation aller Faktoren ändert, dann muß die Summe der partiellen Differentiale gebildet werden, welche man das *totale Grenzprodukt* bzw. das *totale Differential* nennt. Bei einer Beschränkung der Analyse auf zwei Faktoren lautet das totale Differential:

$$dM = \frac{\partial M}{\partial r_1} \cdot dr_1 + \frac{\partial M}{\partial r_2} \cdot dr_2 \, .$$

Da auf einer Isoquante definitionsgemäß eine Variation der Faktoreinsatzmengen zu keiner Veränderung der Ausbringungsmenge führt, muß das totale Differential oder Grenzprodukt bei Bewegungen auf der Isoquante gleich null sein (dM = 0).

$$dM = \frac{\partial M}{\partial r_1} \cdot dr_1 + \frac{\partial M}{\partial r_2} \cdot dr_2 = 0 \quad \Leftrightarrow \quad \frac{\partial M}{\partial r_1} \cdot dr_1 = -\frac{\partial M}{\partial r_2} \cdot dr_2 \, .$$

Die ausbringungssteigernde Wirkung der Erhöhung eines Produktionsfaktors wird durch die produktionsvermindernde Wirkung der Verringerung des anderen Faktors auf der Isoquante genau ausgeglichen.

Obige Gleichung läßt sich auch schreiben als:

$$\Leftrightarrow \quad GRS_{2,1} = \frac{dr_2}{dr_1} = -\frac{\dfrac{\partial M}{\partial r_1}}{\dfrac{\partial M}{\partial r_2}}.$$

Die Grenzrate der Substitution entspricht bei einer Bewegung auf der Isoquante folglich dem negativen reziproken Verhältnis der Grenzproduktivitäten. Das negative Vorzeichen auf der rechten Seite der Gleichung besagt, daß der Quotient aus den infinitesimalen Faktoränderungen (dr_2/dr_1) einen negativen Wert annehmen muß. Die beiden Variationsmengen dürfen also bei jeweils zwei positiven Grenzproduktivitäten weder beide positiv noch beide negativ sein. Damit es bei einer Variation der Faktoreinsatzmengen nicht zu einer Veränderung der Ausbringungsmenge kommt, also ein Ausgleichseffekt eintritt, muß eine der beiden Variationsmengen positiv und die andere negativ sein. Aus der Gleichung der Grenzrate der Substitution wird deutlich, daß die kompensierende Menge des ersetzenden Faktors r_1 um so größer sein muß, je niedriger die Grenzproduktivität dieses Faktors im Verhältnis zu der des zu ersetzenden Faktors r_2 ist.

Lösung zu Aufgabe 7 c)

Zielfunktion: $\qquad K = q_1 \cdot r_1 + q_2 \cdot r_2 \quad \rightarrow \min.$

Nebenbedingung: $\quad \overline{M} = f(r_1, r_2).$

Hieraus läßt sich die Lagrange-Funktion aufstellen:

$$L(r_1, r_2, \lambda) = \text{Zielfunktion} + \lambda \cdot (\text{Nebenbedingung in Nullform}).$$

$$L(r_1, r_2, \lambda) = q_1 \cdot r_1 + q_2 \cdot r_2 + \lambda \cdot (\overline{M} - f(r_1, r_2)) \quad \rightarrow \min.$$

Lösung zu Aufgabe 7 d)

Durch Nullsetzen der partiellen Ableitungen ergeben sich die notwendigen Bedingungen für den zu ermittelnden Optimalpunkt (Minimalkostenkombination):

$$\frac{\partial L}{\partial r_1} = q_1 - \lambda \cdot \frac{\partial M}{\partial r_1} \overset{!}{=} 0 \quad \Rightarrow \quad \lambda = \frac{q_1}{\frac{\partial M}{\partial r_1}}.$$

$$\frac{\partial L}{\partial r_2} = q_2 - \lambda \cdot \frac{\partial M}{\partial r_2} \overset{!}{=} 0 \quad \Rightarrow \quad \lambda = \frac{q_2}{\frac{\partial M}{\partial r_2}}.$$

$$\frac{\partial L}{\partial \lambda} = \overline{M} - f(r_1, r_2) \overset{!}{=} 0.$$

Dabei definiert λ die Grenzkosten des ersten bzw. zweiten Einsatzfaktors in bezug auf die Ausbringungsmenge.

$$\frac{\partial L}{\partial \overline{M}} = \lambda.$$

Der Optimalpunkt ist dadurch gekennzeichnet, daß bei gegebenem $\overline{M}$ die Kosten nicht durch eine Substitution der Faktoren gesenkt werden können, so daß die Grenzkosten beider Faktoren gleich hoch sein müssen. Die kostenminimale Faktoreinsatzmengenkombination ist daher durch folgende Gleichung charakterisiert:

$$\lambda = \frac{q_1}{\frac{\partial M}{\partial r_1}} = \frac{q_2}{\frac{\partial M}{\partial r_2}} \quad \Rightarrow \quad \frac{q_1}{q_2} = \frac{\frac{\partial M}{\partial r_1}}{\frac{\partial M}{\partial r_2}} = -\frac{dr_2}{dr_1}.$$

$$\Rightarrow \quad GRS_{2,1} = \frac{dr_2}{dr_1} = -\frac{q_1}{q_2}.$$

Die Minimalkostenkombination ist mithin erreicht, wenn die Grenzrate der Substitution (GRS$_{2,1}$) dem negativen reziproken Faktorpreisverhältnis entspricht.

Aufgabe 8: Beispiel zur Minimalkostenkombination

Gegeben sei die folgende substitutionale Produktionsfunktion: $M(r_1, r_2) = \sqrt{r_1 \cdot r_2}$.
Die Preise der beiden Einsatzfaktoren betragen $q_1 = 8$ und $q_2 = 2$.

a) Bestimmen Sie die Grenzrate der Substitution des Faktors 2 durch den Faktor 1 (GRS$_{2,1}$) für die angegebene Produktionsfunktion, und ermitteln Sie anschließend den Expansionspfad! Geben Sie dazu die Beziehung an, die im Kostenminimum zwischen GRS$_{2,1}$ und den Faktorpreisen q_1 und q_2 gilt!

b) Mit welchen Faktoreinsatzmengen r_1 und r_2 wird die Menge $M = 100$ kostenminimal hergestellt? Wie hoch sind die minimalen Kosten?

Lösung zu Aufgabe 8 a)
Zur Bestimmung der GRS$_{2,1}$ ist zunächst die Isoquantengleichung aufzustellen:

$$M = \sqrt{r_1 \cdot r_2} \; .$$

$$M^2 = r_1 \cdot r_2 \;\Rightarrow\; r_2 = \frac{M^2}{r_1} = M^2 \cdot r_1^{-1} \;=\; \text{Isoquantengleichung.}$$

Die erste Ableitung dieser Gleichung nach r_1 liefert GRS$_{2,1}$:

$$GRS_{2,1} = \frac{dr_2}{dr_1} = -M^2 \cdot r_1^{-2} = -\frac{M^2}{r_1^2} \; .$$

Zur Bestimmung des Expansionspfads muß die Beziehung, die im Kostenminimum zwischen der GRS$_{2,1}$ und den Faktorpreisen q_1 und q_2 gilt, bekannt sein.

Diese lautet: $\dfrac{dr_2}{dr_1} = -\dfrac{q_1}{q_2}$.

$$\Rightarrow \quad -\frac{M^2}{r_1^2} = -\frac{8}{2} = -\frac{r_1 \cdot r_2}{r_1^2} = -4 = -\frac{r_2}{r_1} = -4.$$

$$\Rightarrow \quad r_2 = 4r_1 \quad = \quad \text{Expansionspfad.}$$

Lösung zu Aufgabe 8 b)

Im folgenden sind die Faktoreinsatzmengen r_1 und r_2 zu bestimmen, mit denen die vorgegebene Menge M = 100 kostenminimal erzeugt wird:

$$M = \sqrt{r_1 \cdot r_2} = \sqrt{r_1 \cdot 4r_1} = \sqrt{4r_1^2} = 2r_1 = 100.$$

$$\Rightarrow \quad r_1 = 50. \qquad \Rightarrow \quad r_2 = 4r_1 = 200.$$

Mit $r_1 = 50$ und $r_2 = 200$ wird die vorgegebene Menge M = 100 kostenminimal hergestellt.

Die sich dabei ergebenden minimalen Kosten betragen:

$$K = q_1 \cdot r_1 + q_2 \cdot r_2 = 8 \cdot 50 + 2 \cdot 200 = 800.$$

Aufgabe 9:   Gutenberg-Produktionsfunktion

Ein Unternehmen verfügt über ein Aggregat mit folgender Stückkostenfunktion k(x) in Abhängigkeit von der Fertigungsintensität x und folgenden Zulässigkeitsbereichen für Intensität und Einsatzzeit t:

$$k(x) = 3x^2 - 30x + 300, \qquad 0 \le x \le 50, \qquad 0 \le t \le 16.$$

Für den Zusammenhang zwischen Intensität, Einsatzzeit und Ausbringungsmenge M gilt: $M = x \cdot t$.

a)   Ermitteln Sie die stückkostenminimale Intensität x_{opt}! Wie hoch sind die minimalen Stückkosten $k_{min}(x_{opt})$?

b)   Bestimmen Sie das Intervall von Ausbringungsmengen M, welches sich im Rahmen einer zeitlichen Anpassung ergibt, sowie die zugehörige Gesamtkostenfunktion $K_T(M)$ und Grenzkostenfunktion $K'_T(M)$!

c) Bestimmen Sie das Intervall von Ausbringungsmengen M, welches sich im Rahmen einer intensitätsmäßigen Anpassung ergibt, sowie die zugehörige Gesamtkostenfunktion $K_T(M)$ und Grenzkostenfunktion $K'_T(M)$!

d) Geben Sie an, mit welcher Kombination von Intensität und Einsatzzeit die Ausbringungsmengen M = 50 und M = 480 kostenminimal hergestellt werden können!

Lösung zu Aufgabe 9 a)

Analytisch läßt sich die stückkostenminimale Intensität bzw. der optimale Leistungsgrad durch Nullsetzen der ersten Ableitung der Stückkostenfunktion bestimmen:

$$k'(x) = 6x - 30 = 0 \implies x_{opt} = 5.$$

Die minimalen Stückkosten betragen:

$$k_{min}(x_{opt}) = 3 \cdot 5^2 - 30 \cdot 5 + 300 = 225.$$

Lösung zu Aufgabe 9 b)

Da die Intensität x_{opt} zu minimalen Stückkosten k_{min} führt, sollte man bestrebt sein, das Aggregat für jede geforderte Ausbringungsmenge mit dem optimalen Leistungsgrad zu betreiben. Dieses Bestreben wird jedoch durch die Obergrenze limitiert, daß mit der kostenminimalen Intensität x_{opt} nur eine maximale Ausbringung in Höhe von $M_{max}(x_{opt}) = x_{opt} \cdot t_{max}$ erreicht werden kann. Für Ausbringungsmengen im Intervall von

$$0 \leq M \leq M_{max}(x_{opt}) = x_{opt} \cdot t_{max}$$

führt mithin eine *zeitliche Anpassung* zu minimalen Kosten. Im Rahmen der zeitlichen Anpassung eines Aggregates wird die Ausbringung M bei konstanter optimaler Intensität x_{opt} durch eine Variation der Betriebsmitteleinsatzzeit t erhöht oder vermindert.

$$M = x_{opt} \cdot t \qquad \text{mit} \quad 0 \leq t \leq t_{max}.$$

Für das Beispiel bedeutet dies eine *zeitliche Anpassung* im Intervall von:

$$0 \leq M \leq x_{opt} \cdot t_{max}$$

$$0 \leq M \leq 5 \cdot 16$$

$$0 \leq M \leq 80.$$

Die zugehörige Gesamtkostenfunktion lautet:

$$K_T(M) = k(x_{opt}) \cdot M = k_{min} \cdot M = 225 \cdot M.$$

Als Grenzkostenfunktion ergibt sich:

$$K'_T(M) = 225.$$

Lösung zu Aufgabe 9 c)

Sind Ausbringungsmengen gefordert, die größer sind als $M_{max}(x_{opt}) = x_{opt} \cdot t_{max}$, muß mit einer höheren Intensität als x_{opt} produziert werden. Um in einer derartigen Situation mit möglichst geringen Stückkosten fertigen zu können, sollte die die Ausbringungsmengenvorgabe erfüllende Intensität x so nahe wie möglich beim optimalen Leistungsgrad x_{opt} liegen, denn auf diese Weise befinden sich auch die dazugehörigen Stückkosten k(x) so nahe wie möglich bei den minimalen Stückkosten k_{min}. Die ökonomisch sinnvolle kleinstmögliche Intensität x bei gegebener Ausbringungsmenge M ergibt sich dabei nur, wenn die insgesamt zur Verfügung stehende Einsatzzeit t_{max} vollständig in Anspruch genommen wird, so daß gilt:

$$x = \frac{M}{t_{max}}.$$

Ausbringungsmengen im Bereich von $M_{max}(x_{opt}) < M \leq M_{max}(x_{max}) = x_{max} \cdot t_{max}$ werden mithin durch eine *intensitätsmäßige Anpassung* realisiert. Im Rahmen der intensitätsmäßigen Anpassung eines Aggregates wird die Ausbringung M bei konstanter maximaler Betriebsmitteleinsatzzeit t_{max} durch eine Variation der Intensität x erhöht oder vermindert.

$$M = x \cdot t_{max} \qquad \text{mit} \quad x_{opt} < x \leq x_{max}.$$

Für das Beispiel bedeutet dies eine *intensitätsmäßige Anpassung* im Intervall von:

$$80 < M \leq x_{max} \cdot t_{max}$$

$$80 < M \leq 50 \cdot 16$$

$$80 < M \leq 800.$$

Die zugehörige Gesamtkostenfunktion hat folgendes Aussehen:

$$K_T(M) = k(x) \cdot M = (3x^2 - 30x + 300) \cdot M$$

$$K_T(M) = (3 \cdot (M/t_{max})^2 - 30 \cdot M/t_{max} + 300) \cdot M$$

$$K_T(M) = (3 \cdot (M/16)^2 - 30 \cdot M/16 + 300) \cdot M$$

$$K_T(M) = (3 \cdot M^2/256 - 30 \cdot M/16 + 300) \cdot M$$

$$K_T(M) = 0{,}01171875 \cdot M^3 - 1{,}875 \cdot M^2 + 300 \cdot M.$$

Als Grenzkostenfunktion stellt sich ein:

$$K'_T(M) = 9/256 \cdot M^2 - 60/16 \cdot M + 300$$

$$= 0{,}03515625 \cdot M^2 - 3{,}75 \cdot M + 300.$$

Lösung zu Aufgabe 9 d)

Die Ausbringungsmenge M = 50 kann durch *zeitliche Anpassung* erzeugt werden, weshalb mit der stückkostenminimalen Intensität gearbeitet werden kann:

$$x_{opt} = 5.$$

Die Einsatzzeit ergibt sich gemäß:

$$M = x_{opt} \cdot t \qquad \Rightarrow \qquad t = M/x_{opt} = 50/5 = 10.$$

Die Ausbringungsmenge M = 480 ist durch *intensitätsmäßige Anpassung* herzustellen, so daß mit konstanter maximaler Betriebsmitteleinsatzzeit zu produzieren ist:

$$t_{max} = 16.$$

Die Intensität sollte dann festgelegt werden auf:

$$M = x \cdot t_{max} \qquad \Rightarrow \qquad x = M/t_{max} = 480/16 = 30.$$

Aufgabe 10:   Anpassungsstrategien beim Einsatz mehrerer Aggregate

Die bisherigen Aussagen bezogen sich ausschließlich auf die optimale Anpassung nur eines Aggregates an variierende Produktionsvorgaben M. Mit Hilfe der Produktionsfunktion vom Typ B lassen sich jedoch auch Anpassungsstrategien für den Fall der Erzeugung einer Ausbringungsmenge auf mehreren Aggregaten ableiten. Im Mittelpunkt der Betrachtung stehen daher nun kurzfristige Anpassungsformen, welche dadurch charakterisiert sind, daß sie sich ausschließlich auf im Betrieb vorhandene Aggregate beziehen und somit sofort realisierbar sind.

a)   Grenzen Sie die quantitative von der selektiven Anpassung ab!

b)   Ein Betrieb verfügt über die Aggregate 1 und 2, welche in nachstehender Abbildung beschrieben sind. Erläutern Sie ausführlich den optimalen Anpassungsprozeß bei selektiver Anpassung zweier Aggregate anhand fünf charakteristischer Anpassungsintervalle! Mit welcher aggregatspezifischen Kombination von Intensität und Einsatzzeit wird jeweils die (Gesamt-) Ausbringungsmenge M am Ende eines jeden Anpassungsintervalls kostenminimal hergestellt? Verwenden Sie zur Erklärung der Zusammensetzung von M die in der Abbildung angegebenen Symbole!

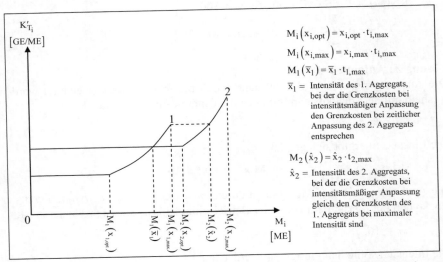

$$M_i\left(x_{i,opt}\right) = x_{i,opt} \cdot t_{i,max}$$

$$M_i\left(x_{i,max}\right) = x_{i,max} \cdot t_{i,max}$$

$$M_1\left(\overline{x}_1\right) = \overline{x}_1 \cdot t_{1,max}$$

$\overline{x}_1 =$ Intensität des 1. Aggregats, bei der die Grenzkosten bei intensitätsmäßiger Anpassung den Grenzkosten bei zeitlicher Anpassung des 2. Aggregats entsprechen

$$M_2\left(\hat{x}_2\right) = \hat{x}_2 \cdot t_{2,max}$$

$\hat{x}_2 =$ Intensität des 2. Aggregats, bei der die Grenzkosten bei intensitätsmäßiger Anpassung gleich den Grenzkosten des 1. Aggregats bei maximaler Intensität sind

Abb. 2.16:   Grenzkostenfunktionen zweier kostenverschiedener Aggregate bei optimaler zeitlicher und intensitätsmäßiger Anpassung

c)   Stellen Sie den Anpassungsprozeß sowie den Grenzkostenverlauf bei selektiver Anpassung graphisch dar!

Lösung zu Aufgabe 10 a)

Verfügt ein Betrieb über mehrere funktions- und kostengleiche Aggregate, so kann er seine Ausbringung durch den Einsatz stillgelegter Aggregate oder durch die Stillegung eingesetzter Maschinen erhöhen oder verringern (*quantitative Anpassung*). Weisen die funktionsgleichen Aggregate unterschiedliche Verbrauchsfunktionen auf, so daß sie zwar noch funktionsgleich, aber kostenverschieden sind, dann geht die quantitative Anpassung in den Spezialfall der *selektiven Anpassung* über.

Lösung zu Aufgabe 10 b)

1. Anpassungsintervall:

Es wird zunächst das Aggregat mit den niedrigsten Grenzkosten (Aggregat 1) bei zeitlicher Anpassung mit optimaler Intensität $x_{1,opt}$ eingesetzt und dessen Ausbringung durch Ausnutzung der gesamten zur Verfügung stehenden Einsatzzeit $t_{1,max}$ erhöht. Die Ausbringungsmenge beträgt am Ende des ersten Anpassungsintervalls demzufolge:

$$M_1(x_{1,opt}) = x_{1,opt} \cdot t_{1,max}.$$

2. Anpassungsintervall:

Höhere Ausbringungsmengen werden durch intensitätsmäßige Anpassung des ersten Aggregates bis zu dem Punkt realisiert, an dem die Grenzkosten bei intensitätsmäßiger Anpassung des ersten Aggregates gerade den Grenzkosten bei zeitlicher Anpassung des Aggregates mit den nächsthöheren Grenzkosten (Aggregat 2) entsprechen. Durch den Einsatz des Aggregates 1 ergibt sich am Ende dieses zweiten Intervalls eine Produktionsmenge von

$$M_1(\overline{x}_1) = \overline{x}_1 \cdot t_{1,max}.$$

3. Anpassungsintervall:

Eine darüber hinausgehende Ausbringung wird durch die zusätzliche Inbetriebnahme des zweiten Aggregates bewirkt. Das Aggregat 2 wird dabei mit der optimalen Intensität $x_{2,opt}$ unter Ausnutzung der gesamten Betriebsmitteleinsatzzeit $t_{2,max}$ eingesetzt. Am Ende des zeitlichen Anpassungsintervalls des zweiten Aggregates fertigen beide Aggregate zusammen

$$M_{1+2} = M_1(\overline{x}_1) + M_2(x_{2,opt}) = \overline{x}_1 \cdot t_{1,max} + x_{2,opt} \cdot t_{2,max}.$$

4. Anpassungsintervall:

Die Erzeugung noch höherer Ausbringungsmengen bedingt, beide Aggregate bei Gleichheit der Grenzkosten intensitätsmäßig anzupassen, und zwar bis eines der beiden Aggregate seine maximale Intensität erreicht hat (Aggregat 1). An diesem Punkt, der das Ende des 4. Anpassungsintervalls kennzeichnet, setzt sich die Gesamtproduktionsmenge wie folgt zusammen:

$$M_{1+2} = M_1(x_{1,max}) + M_2(\hat{x}_2) = x_{1,max} \cdot t_{1,max} + \hat{x}_2 \cdot t_{2,max}.$$

5. Anpassungsintervall:

Weitere Steigerungen der Ausbringung sind nur noch über eine intensitätsmäßige Anpassung des zweiten Aggregates bis zu dem Punkt möglich, an dem auch dessen maximale Intensität erreicht ist. Die maximale Ausbringungsmenge beläuft sich daher auf:

$$M_{1+2} = M_1(x_{1,max}) + M_2(x_{2,max}) = x_{1,max} \cdot t_{1,max} + x_{2,max} \cdot t_{2,max} \cdot$$

Lösung zu Aufgabe 10 c)
In folgender Abbildung werden der oben skizzierte optimale Anpassungsprozeß und die sich daraus ergebende optimale Grenzkostenfunktion in bezug auf die Ausbringungsmenge noch einmal verdeutlicht.

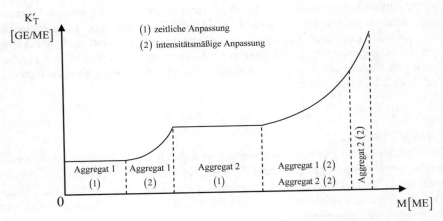

Abb. 2.17: Anpassungsprozeß und Grenzkostenverlauf bei selektiver Anpassung

Aufgabe 11: Grundmodell der optimalen Losgröße

a) Was gibt ein Los an?
b) Erläutern Sie das Problem der Losgrößenplanung bei Sortenfertigung sowie die sich daraus ergebende Zielsetzung!
c) Die im Rahmen der Losgrößenplanung zu minimierenden Gesamtkosten der Eigenfertigung können in Herstellkosten, Lagerkosten und Fehlmengenkosten unterschieden werden. Erläutern Sie diese Kostengruppen!
d) Welchen Prämissen unterliegt das Grundmodell der optimalen Losgröße?
e) Leiten Sie die optimale bzw. klassische Losgrößenformel analytisch her!

f) Führen Sie unter Bezugnahme auf Teilaufgabe e) aus, wie sich die optimale Rüsthäufigkeit und die optimale Lagerzykluszeit ermitteln lassen!

Lösung zu Aufgabe 11 a)

Unter einem *Los* ist die Menge eines Einzelteils, Bauteils oder Fertigprodukts zu verstehen, die ohne Unterbrechung durch die Unternehmung auf ein und derselben Anlage erstellt werden soll.

Lösung zu Aufgabe 11 b)

Hinsichtlich der Planung der Losgrößen tritt das *Problem* auf, daß mehrere produktions- und in der Regel auch absatzverwandte Erzeugnisse (Sorten) in größeren Mengen als geschlossene Posten (Lose) nacheinander auf derselben Produktionsanlage gefertigt werden (Sortenfertigung), weshalb bei jedem Sortenwechsel der Produktionsprozeß unterbrochen und das betreffende Aggregat auf die Erfordernisse der neu aufzulegenden Produktart umgestellt werden muß. Diese Umrüstungsvorgänge verursachen Rüstkosten und erfordern Zeit, so daß ein Unternehmen im Sinne möglichst niedriger Rüstzeiten bzw. -kosten bestrebt sein wird, eine größere Menge gleichartiger Produkte als geschlossenen Posten (Los) hintereinander auf einer Produktionsanlage zu fertigen. Dabei muß jedoch bedacht werden, daß mit großen Losen hohe Lagerbestände verbunden sind, die entsprechend hohe Lagerkosten mit sich bringen. Gegenstand der Losgrößenplanung ist es, für diese gegenläufigen Kostenentwicklungen das Kostenminimum und damit die optimale Losgröße zu ermitteln.

Lösung zu Aufgabe 11 c)

Die *Herstellkosten* können in unmittelbare und mittelbare Herstellkosten unterteilt werden. Während die unmittelbaren Herstellkosten in direktem Zusammenhang mit der Erstellung und Bearbeitung der selbstgefertigten Produkte stehen (Material- und Produktionskosten), stehen die mittelbaren Herstellkosten in direkter Verbindung mit den zur Produktion eines neuen Loses notwendigen Umstellungsarbeiten (*Rüstkosten*). Letztere sind von der Größe des aufzulegenden Loses unabhängig. Sie ergeben sich aus Lohn-, Material- und Werkzeugkosten, sofern sie durch die Umrüstungsarbeiten verursacht werden. Bezüglich der *Lager- und Fehlmengenkosten* gelten die in Teilaufgabe 5 a) des Unterkapitels 2.1 zur Bestellmengenplanung getätigten Ausführungen.

Lösung zu Aufgabe 11 d)

Nachstehende *Prämissen* werden zugrunde gelegt:

- Es wird ein einstufiges Einproduktartenmodell betrachtet.

- Ein Maschinenbelegungsproblem wird ausgeschlossen, so daß es möglich ist, die ermittelten Lose in dem durch die optimale Losauflageregel definierten Rhythmus ohne Doppelbelegung der Produktionsanlage zeitlich durchzusetzen.

- Die Kapazitäten sind nicht knapp, d.h., es existieren keine Restriktionen wie z.B. eine maximale Lagerkapazität.

- Es liegen keine produktartspezifischen Beschränkungen vor, z.B. hinsichtlich der Lagerfähigkeit.

- Der Lagerabgang (Verbrauch) pro ZE V erfolgt kontinuierlich und linear im Zeitablauf, d.h., der Bedarf pro ZE ist konstant. Damit ist auch der Gesamtbedarf im Planungszeitraum konstant.

- Der auftretende Bedarf muß jeweils zum Zeitpunkt seines Auftretens vollständig befriedigt werden (keine Verzugs- oder Fehlmengen).

- Aus den letzten beiden Prämissen folgt, daß stets nach y/V ZE eine neue Losgröße auf Lager geht bzw. eine neue Losgröße aufzulegen ist.

- Die Produktionszeit eines Loses beträgt null Zeiteinheiten, d.h., daß die Produktionsgeschwindigkeit und damit die Lagerzugangsgeschwindigkeit unendlich hoch sind.

- Die unmittelbaren Herstellkosten sind konstant, d.h., sie sind keine Funktion der Losgröße.

- Alle Daten sind im Zeitablauf konstant.

Lösung zu Aufgabe 11 e)

Die im folgenden verwendeten *Symbole* entsprechen mit Ausnahme von

- y [ME]   unbekannte Losgröße (Entscheidungsvariable)
- K_R [GE]   Rüstkosten
- K_H [GE]   unmittelbare Herstellkosten
- Cr [GE]   Rüstkostensatz
- b_H [GE/ME]   Herstellkosten pro ME
- n Rüsthäufigkeit

denen, die auch schon zur Ermittlung der optimalen Bestellmenge herangezogen wurden.

Da die *analytische Herleitung* der optimalen Losgröße analog zur optimalen Bestellmenge erfolgt, wird auf sie verzichtet und statt dessen auf Teilaufgabe 5 d) des
Unterkapitels 2.1 verwiesen. Die optimale Losgröße bei unendlicher Produktionsgeschwindigkeit lautet:

$$y^{opt} = \sqrt{\frac{2 \cdot R \cdot Cr}{Cl \cdot T}} = \sqrt{\frac{2 \cdot V \cdot Cr}{Cl}}.$$

Lösung zu Aufgabe 11 f)
Mit der optimalen Losgröße y^{opt} sind gleichzeitig festgelegt:
- die optimale Rüsthäufigkeit $n^{opt} = R/y^{opt} = V \cdot T/y^{opt}$ und
- die optimale Lagerzykluszeit $t^{opt} = T/n^{opt} = y^{opt}/V$.

Aufgabe 12: Beispiel zur Bestimmung der optimalen Losgröße bei unendlicher Produktionsgeschwindigkeit

Der am Greifswalder Bodden ansässige Anglerausrüster „Rute und Rolle" vertreibt
in mühevoller Detailarbeit selbst hergestellte Perlmuttblinker, von denen sich pro
Monat 100 Stück absetzen lassen. Die unmittelbaren Herstellungskosten betragen
10 € pro Stück. Es ist zu überlegen, welche Menge an Perlmuttblinkern ohne Unterbrechung durch die Unternehmung auf ein und derselben Anlage erstellt werden
soll. Während die Auflage eines jeden neuen Loses Rüstkosten in Höhe von 6,25 €
pro Rüstvorgang erfordert, beträgt der Lagerkostensatz 0,50 € pro Stück und Monat.
Ermitteln Sie die optimale Losgröße bei unendlicher Produktionsgeschwindigkeit
sowie die optimale Rüsthäufigkeit! Wie hoch sind die zugehörigen Lager-, Rüst-
und Gesamtkosten?

Lösung zu Aufgabe 12
Optimale Losgröße:

$$y^{opt} = \sqrt{\frac{2 \cdot R \cdot Cr}{Cl \cdot T}} = \sqrt{\frac{2 \cdot 100 \cdot 6,25}{0,5 \cdot 1}} = 50 \text{ Stück.}$$

Optimale Rüsthäufigkeit:

$$n^{opt} = R/y^{opt} = 100/50 = 2.$$

Lagerkosten:

$$K_L(y) = L_d \cdot Cl \cdot T = \frac{y}{2} \cdot Cl \cdot T = \frac{50}{2} \cdot 0,5 \cdot 1 = 12,5 \text{ €}.$$

Rüstkosten:

$$K_R(y) = n \cdot Cr = \frac{R}{y} \cdot Cr = 2 \cdot 6,25 = \frac{100}{50} \cdot 6,25 = 12,5 \text{ €}.$$

nicht entscheidungsrelevante unmittelbare Herstellkosten:

$$K_H = b_H \cdot R = 10 \cdot 100 = 1.000 \text{ €}.$$

Gesamtkosten:

$$K_T(y) = K_L(y) + K_R(y) + K_H = \frac{y}{2} \cdot Cl \cdot T + \frac{R}{y} \cdot Cr + b_H \cdot R$$

$$= 12,5 + 12,5 + 1.000 = 1.025 \text{ €}.$$

Aufgabe 13: Losgrößenplanung bei endlicher Produktionsgeschwindigkeit

a) Grenzen Sie die Begriffe offene und geschlossene Produktion voneinander ab!

b) Welche Beziehung gilt zwischen der Produktionsrate P und der Verbrauchsrate V in einem Staulager sowie einem Zerreißlager?

c) Leiten Sie die optimale Losgrößenformel bei endlicher Produktionsgeschwindigkeit und offener Produktion sowohl für den Staulager- als auch für den Zerreißlagerfall analytisch her!

d) Leiten Sie die optimale Losgrößenformel bei endlicher Produktionsgeschwindigkeit und geschlossener Produktion sowohl für den Staulager- als auch für den Zerreißlagerfall analytisch her!

Lösung zu Aufgabe 13 a)

Während von *offener Produktion* gesprochen wird, wenn eine produzierte Mengeneinheit sofort nach ihrer Bearbeitung in der betrachteten Fertigungsstufe zur Weiterverarbeitung oder zum Verkauf bereitsteht, auch wenn das Los noch nicht komplett

fertiggestellt wurde, muß bei *geschlossener Produktion* das Los komplett fertiggestellt sein, bevor Mengeneinheiten daraus weiterverarbeitet oder verkauft werden
können.

Lösung zu Aufgabe 13 b)
Bei Vorliegen eines *Staulagers* ist die Produktionsrate P größer als die Verbrauchsrate V, wohingegen ein *Zerreißlager* dadurch gekennzeichnet ist, daß die Produktionsrate P kleiner ist als die Verbrauchsrate V.

Lösung zu Aufgabe 13 c)
Die erste zu analysierende Modellvariante ist das *Staulager bei offener Produktion*.
Da die Produktionsrate größer ist als die Verbrauchsrate, laufen die Erzeugnisse in
dem dieser Produktionsstufe nachgeordneten Lager auf, solange diese Stufe fertigt.
Ein Lagerbestandsabbau ist somit nur durch eine temporäre Produktionsunterbre-
chung in dieser Stufe möglich. Es stellt sich demzufolge die Frage nach der Höhe
der optimalen Losgröße und der dazu erforderlichen Produktionszeit.

Zunächst sind folgende *Symbole* ergänzend einzuführen:

- P   [ME/ZE]   Produktionsrate
- V   [ME/ZE]   Verbrauchsrate
- t_P [ZE]   Produktionszeitraum $\rightarrow$ Aufbau des Staulagers
- t_f [ZE]   „freie" Zeit $\rightarrow$ Produktion anderer Sorten oder Leerzeit
                $\rightarrow$ Abbau des Staulagers
- t_V [ZE]   Verbrauchszeitraum ($t_V = t_P + t_f$)
- L_{max}[ME]   maximaler Lagerbestand

Da eine offene Produktion dadurch gekennzeichnet ist, daß bereits während des
Produktionszeitraums des Loses ein gleichzeitiger Verbrauch von Produkten möglich ist, ergibt sich eine Lagerzuwachsrate von P – V, welche in Abbildung 2.18
durch den Tangens des Winkels α dargestellt ist.

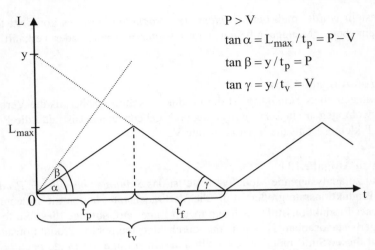

Abb. 2.18: Staulager bei offener Produktion

Obige Abbildung zeigt, daß im Produktionszeitraum t_P das gesamte Los herzustellen ist, während es über den gesamten Verbrauchszeitraum t_V verbraucht wird.

$$t_p \cdot P = y = t_V \cdot V \quad \rightarrow \quad t_p = \frac{y}{P} \quad \text{und} \quad t_V = \frac{y}{V}.$$

Der *maximale Lagerbestand* L_{max} beträgt daher:

$$L_{max} = (P - V) \cdot t_p = (P - V) \cdot \frac{y}{P} = \frac{y}{P} \cdot P \cdot \left(1 - \frac{V}{P}\right) = y \cdot \left(1 - \frac{V}{P}\right).$$

Da während des Verbrauchszeitraums t_V durchschnittlich die Hälfte des maximalen Lagerbestandes L_{max} auf Lager liegt, resultiert nachstehende *Lagerkostenfunktion* für den gesamten Planungszeitraum T:

$$K_L(y) = \frac{y}{2} \cdot \left(1 - \frac{V}{P}\right) \cdot Cl \cdot T.$$

Der Übergang von einer unendlichen zu einer endlichen Produktionsgeschwindigkeit wirkt sich nicht auf die *Rüstkostenfunktion* auf, weshalb die Bestellkostenfunktion vom Grundmodell der optimalen Bestellmenge wie folgt uminterpretiert werden kann:

$$K_R(y) = \frac{V \cdot T}{y} \cdot Cr \, .$$

Als Summe von Lager- und Rüstkosten stellt sich die zu minimierende *Gesamtkostenfunktion* ein:

$$K_T(y) = K_L(y) + K_R(y) = \frac{y}{2} \cdot \left(1 - \frac{V}{P}\right) \cdot Cl \cdot T + \frac{V \cdot T}{y} \cdot Cr \quad \to \quad min.$$

Nach Differentiation und Nullsetzen ergibt sich die Formel zur Ermittlung der *optimalen Losgröße* bei endlicher Produktionsgeschwindigkeit und offener Produktion für den Staulagerfall wie folgt:

$$\frac{dK_T(y)}{dy} = K_T'(y) = \frac{1}{2} \cdot \left(1 - \frac{V}{P}\right) \cdot Cl \cdot T - \frac{V \cdot T}{y^2} \cdot Cr \overset{!}{=} 0$$

$$\Rightarrow y^{opt} = \sqrt{\frac{2 \cdot V \cdot Cr}{Cl \cdot \left(1 - \frac{V}{P}\right)}} \, .$$

Für eine unendlich hohe Produktionsgeschwindigkeit ($P \to \infty$) wird der Term $1 - V/P$ zu eins, so daß obige Formel in die klassische Losgrößen- bzw. Bestellmengenformel übergeht.

Die Formel kann auch geschrieben werden als:

$$\Rightarrow y^{opt} = \sqrt{\frac{2 \cdot Cr}{Cl \cdot \left(\frac{1}{V} - \frac{1}{P}\right)}} \, .$$

Nunmehr wird das *Zerreißlager bei offener Produktion* untersucht. In diesem Fall ist die Produktionsrate P kleiner als die Verbrauchsrate V.

Ergänzend sind die folgenden *Symbole* umzudeuten:

- t_f [ZE]   „freie" Zeit → in der Folgestufe Produktion anderer Sorten oder Leerzeit → Aufbau des Zerreißlagers

- t_V [ZE]   Verbrauchszeitraum eines Loses $\rightarrow$ Abbau des Zerreißlagers
- t_P [ZE]   Produktionszeitraum $\rightarrow t_P = t_V + t_f$

In Abbildung 2.19 ist ein Zerreißlager bei offener Produktion dargestellt. Aus ihr geht hervor, daß zunächst ein maximaler Lagerbestand L_{max} aufzubauen ist, ehe mit der Weiterverarbeitung und damit dem Verbrauch begonnen werden kann. Während des Verbrauchszeitraums t_V steht die Produktion jedoch nicht still, um der höheren Verbrauchsrate gerecht zu werden und am Ende der Stufe einen Lagerbestand von null zu erreichen. Die betrachtete Stufe produziert demzufolge permanent. Da während des gesamten Planungszeitraums T eine Fertigung in Höhe von P < V Mengeneinheiten pro Zeiteinheit erfolgt, können insgesamt maximal R = P · T Mengeneinheiten zur Weiterverarbeitung bereitgestellt werden.

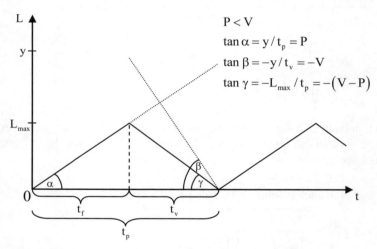

Abb. 2.19: Zerreißlager bei offener Produktion

Die Abbildung veranschaulicht, daß das Los über den gesamten Produktionszeitraum t_P herzustellen ist, während es über den Verbrauchszeitraum t_V verbraucht wird.

$$t_P \cdot P = y = t_V \cdot V \quad \rightarrow \quad t_P = \frac{y}{P} \quad \text{und} \quad t_V = \frac{y}{V}$$

Für den *maximalen Lagerbestand* L_{max} resultiert daher:

$$L_{max} = (V - P) \cdot t_V = (V - P) \cdot \frac{y}{V} = \frac{y}{V} \cdot V \cdot \left(1 - \frac{P}{V}\right) = y \cdot \left(1 - \frac{P}{V}\right).$$

Die Aufstellung der zu minimierenden Gesamtkostenfunktion im Zerreißlagerfall bei offener Produktion kann analog zum Staulagerfall erfolgen.

Die *Lagerkosten* für den gesamten Planungszeitraum T betragen:

$$K_L(y) = \frac{y}{2} \cdot \left(1 - \frac{P}{V}\right) \cdot Cl \cdot T.$$

Es ergeben sich *Rüstkosten* nach folgender Funktion:

$$K_R(y) = \frac{P \cdot T}{y} \cdot Cr.$$

Somit lautet die zu minimierende *Gesamtkostenfunktion*:

$$K_T(y) = K_L(y) + K_R(y) = \frac{y}{2} \cdot \left(1 - \frac{P}{V}\right) \cdot Cl \cdot T + \frac{P \cdot T}{y} \cdot Cr \quad \rightarrow \quad min.$$

Die Formel zur Ermittlung der *optimalen Losgröße* bei endlicher Produktionsgeschwindigkeit und offener Produktion stellt sich für den Zerreißlagerfall damit wie folgt dar:

$$\frac{dK_T(y)}{dy} = K_T'(y) = \frac{1}{2} \cdot \left(1 - \frac{P}{V}\right) \cdot Cl \cdot T - \frac{P \cdot T}{y^2} \cdot Cr \overset{!}{=} 0$$

$$\Rightarrow y^{opt} = \sqrt{\frac{2 \cdot P \cdot Cr}{Cl \cdot \left(1 - \frac{P}{V}\right)}}.$$

Nach dem Umschreiben der Formel zu

$$\Rightarrow y^{opt} = \sqrt{\frac{2 \cdot Cr}{Cl \cdot \left(\frac{1}{P} - \frac{1}{V}\right)}}$$

wird anhand der bei endlicher Produktionsgeschwindigkeit und offener Produktion
für den Staulager- sowie den Zerreißlagerfall geltenden Losgrößenformeln deutlich,
daß die Bestimmung der optimalen Losgröße weder die Kenntnis des Planungszeitraums T noch des Gesamtbedarfs R voraussetzt. Aus ihnen geht auch hervor, daß
durch das Bilden der absoluten Differenz der reziproken Leistungsparameter P und
V eine gemeinsame Losgrößenformel für den Staulager- und den Zerreißlagerfall
formuliert werden kann:

$$\Rightarrow y^{opt} = \sqrt{\frac{2 \cdot Cr}{Cl \cdot \left|\frac{1}{P} - \frac{1}{V}\right|}} \; .$$

Lösung zu Aufgabe 13 d)
Im Mittelpunkt der folgenden Betrachtung steht die *geschlossene Produktion*, welche dadurch charakterisiert ist, daß das Los komplett fertiggestellt sein muß, bevor
Mengeneinheiten daraus weiterverarbeitet oder verkauft werden können. Bei einem
gegebenen Lagerbestand zu t = 0 in Höhe von null ist somit zunächst das gesamte
Los y im Produktionszeitraum t_P zu fertigen. Dieses Los wird anschließend im Verbrauchszeitraum t_V vollständig im Rahmen der Weiterverarbeitung verbraucht.

Im Fall eines *Staulagers bei geschlossener Produktion* (P > V) muß zur permanen-
ten Bedarfsdeckung daher t_P Zeiteinheiten vor dem Verbrauch der letzten Mengeneinheit des Loses mit der Produktion eines neuen Loses begonnen werden (vgl.
Abbildung 2.20).

Zur Ermittlung der Lagerkosten sind nachstehende Vorüberlegungen erforderlich.
Während der *maximale Lagerbestand* L_{max} bei geschlossener Produktion mit der
aufzulegenden Losgröße y übereinstimmt, gilt für den *minimalen Lagerbestand* L_{min}:

$$L_{min} = y - t_f \cdot V = y - (t_V - t_P) \cdot V = y - \left(\frac{y}{V} - t_P\right) \cdot V = t_P \cdot V \; .$$

Daher ergibt sich der für die Lagerkostenfunktion maßgebliche *durchschnittliche Lagerbestand* nach der Funktion:

$$L_{durch} = \frac{(L_{max} + L_{min})}{2} = \left(\frac{y + t_P \cdot V}{2} \right) = \frac{y}{2} \cdot \left(1 + \frac{t_P \cdot V}{y} \right)$$

$$= \frac{y}{2} \cdot \left(1 + \frac{1}{y} \cdot t_P \cdot V \right) = \frac{y}{2} \cdot \left(1 + \frac{1}{y} \cdot \frac{y}{P} \cdot V \right) = \frac{y}{2} \cdot \left(1 + \frac{V}{P} \right).$$

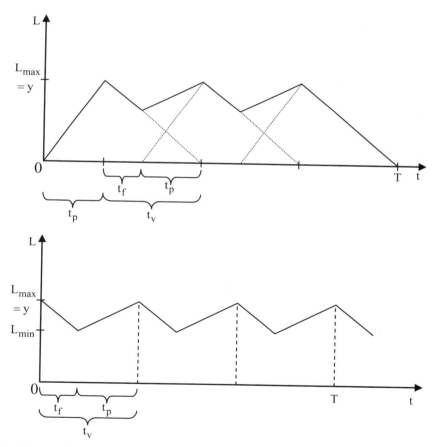

Abb. 2.20: Staulager bei geschlossener Produktion

Unter Berücksichtigung des durchschnittlichen Lagerbestands resultiert folgende *Lagerkostenfunktion* für den gesamten Planungszeitraum T:

$$K_L(y) = \frac{y}{2} \cdot \left(1 + \frac{V}{P}\right) \cdot Cl \cdot T .$$

Für die *Rüstkosten* gilt:

$$K_R(y) = \frac{V \cdot T}{y} \cdot Cr .$$

Die Summe der Lager- und Rüstkosten erzeugt die zu minimierende *Gesamtkostenfunktion*:

$$K_T(y) = K_L(y) + K_R(y) = \frac{y}{2} \cdot \left(1 + \frac{V}{P}\right) \cdot Cl \cdot T + \frac{V \cdot T}{y} \cdot Cr \;\rightarrow\; min.$$

Die sich nach Differentiation und Nullsetzen ergebende Formel zur Bestimmung der optimalen Losgröße bei endlicher Produktionsgeschwindigkeit und geschlossener Produktion lautet für den Staulagerfall:

$$\frac{dK_T(y)}{dy} = K_T'(y) = \frac{1}{2} \cdot \left(1 + \frac{V}{P}\right) \cdot Cl \cdot T - \frac{V \cdot T}{y^2} \cdot Cr \overset{!}{=} 0$$

$$\Rightarrow y^{opt} = \sqrt{\frac{2 \cdot V \cdot Cr}{Cl \cdot \left(1 + \frac{V}{P}\right)}} .$$

Erneut wird der Term $1 + V/P$ für eine unendlich hohe Produktionsgeschwindigkeit ($P \rightarrow \infty$) zu eins, weshalb die obige Formel in die klassische Losgrößen- bzw. Bestellmengenformel übergeht.

Die Formel kann auch wie folgt interpretiert werden:

$$\Rightarrow y^{opt} = \sqrt{\frac{2 \cdot Cr}{Cl \cdot \left(\frac{1}{V} + \frac{1}{P}\right)}} .$$

Liegt ein *Zerreißlager bei geschlossener Produktion* (V > P) vor (vgl. Abbildung 2.21), unterscheidet sich die Herleitung der zu minimierenden Gesamtkostenfunktion nur unwesentlich vom Staulagerfall bei geschlossener Produktion.

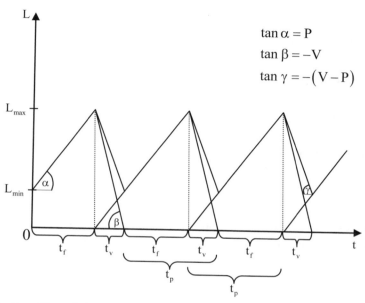

Abb. 2.21: Zerreißlager bei geschlossener Produktion

Zur Bestimmung der Lagerkosten sind wiederum einige Vorüberlegungen anzustellen. Der *maximale Lagerbestand* L_{max} fällt bei geschlossener Produktion mit der aufzulegenden Losgröße y zusammen, und für den *minimalen Lagerbestand* L_{min} resultiert im Zerreißlagerfall:

$$L_{min} = y - t_f \cdot V = y - (t_P - t_V) \cdot P = y - \left(\frac{y}{P} - t_V\right) \cdot P = t_V \cdot P.$$

Somit stellt sich der für die Lagerkostenfunktion maßgebliche *durchschnittliche Lagerbestand* gemäß nachstehender Funktion ein:

$$L_{durch} = \frac{(L_{max} + L_{min})}{2} = \left(\frac{y + t_V \cdot P}{2}\right) = \frac{y}{2} \cdot \left(1 + \frac{t_V \cdot P}{y}\right)$$

$$= \frac{y}{2} \cdot \left(1 + \frac{1}{y} \cdot t_V \cdot P\right) = \frac{y}{2} \cdot \left(1 + \frac{1}{y} \cdot \frac{y}{V} \cdot P\right) = \frac{y}{2} \cdot \left(1 + \frac{P}{V}\right).$$

Die *Lagerkosten* für den gesamten Planungszeitraum T betragen daher:

$$K_L(y) = \frac{y}{2} \cdot \left(1 + \frac{P}{V}\right) \cdot Cl \cdot T.$$

Für die Rüstkosten gilt:

$$K_R(y) = \frac{P \cdot T}{y} \cdot Cr.$$

Mithin lautet die zu minimierende *Gesamtkostenfunktion*:

$$K_T(y) = K_L(y) + K_R(y) = \frac{y}{2} \cdot \left(1 + \frac{P}{V}\right) \cdot Cl \cdot T + \frac{P \cdot T}{y} \cdot Cr \quad \rightarrow \quad \min.$$

Für die Formel zur Ermittlung der optimalen Losgröße bei endlicher Produktionsgeschwindigkeit und geschlossener Produktion resultiert im Zerreißlager:

$$\frac{dK_T(y)}{dy} = K_T'(y) = \frac{1}{2} \cdot \left(1 - \frac{P}{V}\right) \cdot Cl \cdot T - \frac{P \cdot T}{y^2} \cdot Cr \overset{!}{=} 0$$

$$\Rightarrow y^{opt} = \sqrt{\frac{2 \cdot P \cdot Cr}{Cl \cdot \left(1 + \frac{P}{V}\right)}}.$$

Wird die Formel als

$$\Rightarrow y^{opt} = \sqrt{\frac{2 \cdot Cr}{Cl \cdot \left(\frac{1}{P} + \frac{1}{V}\right)}}$$

interpretiert, zeigt sich, daß die beiden bei endlicher Produktionsgeschwindigkeit und offener Produktion im Staulager- sowie Zerreißlagerfall geltenden Losgrößenformeln übereinstimmen.

Aufgabe 14: Beispiel zur Losgrößenplanung bei endlicher Produktionsgeschwindigkeit und offener Produktion

Der am Greifswalder Bodden ansässige Anglerausrüster „Rute und Rolle" vertreibt in mühevoller Detailarbeit selbst hergestellte Perlmuttblinker. Die unmittelbaren Herstellungskosten betragen 10 € pro Stück. Es ist zu überlegen, welche Menge an Perlmuttblinkern ohne Unterbrechung durch die Unternehmung auf ein und derselben Anlage erstellt werden soll. Während die Auflage eines jeden neuen Loses Rüstkosten in Höhe von 5 € pro Rüstvorgang erfordert, beträgt der Lagerkostensatz 0,50 € pro Stück und Monat.

a) Ermitteln Sie die optimale Losgröße bei endlicher Produktionsgeschwindigkeit und offener Produktion für den Staulagerfall! Hierzu sei unterstellt, daß die Produktionsrate P = 500 Stück pro Monat und die Verbrauchsrate V = 100 Stück pro Monat beträgt. Wie hoch ist die optimale Rüsthäufigkeit pro Monat (= 30 Tage) und pro Jahr (= 360 Tage)? Bestimmen Sie den maximalen Lagerbestand sowie die auf das Jahr bezogenen Lager- und Rüstkosten!

b) Ermitteln Sie die optimale Losgröße bei endlicher Produktionsgeschwindigkeit und offener Produktion für den Zerreißlagerfall! Hierzu sei unterstellt, daß die Produktionsrate P = 160 Stück pro Monat und die Verbrauchsrate V = 320 Stück pro Monat beträgt. Wie hoch ist die optimale Rüsthäufigkeit pro Monat (= 30 Tage) und pro Jahr (= 360 Tage)? Bestimmen Sie den maximalen Lagerbestand sowie die auf das Jahr bezogenen Lager- und Rüstkosten!

Lösung zu Aufgabe 14 a)

Optimale Losgröße:

$$y^{opt} = \sqrt{\frac{2 \cdot V \cdot Cr}{Cl \cdot \left(1 - \dfrac{V}{P}\right)}} = \sqrt{\frac{2 \cdot 100 \cdot 5}{0,5 \cdot \left(1 - \dfrac{100}{500}\right)}} = \sqrt{\frac{2 \cdot 1.200 \cdot 5}{0,5 \cdot 12 \cdot \left(1 - \dfrac{100}{500}\right)}}$$

= 50 Stück.

Optimale Rüsthäufigkeit:

$$n^{opt}_{Monat} = R_{Monat}/y^{opt} = 100/50 = 2 \text{ pro Monat.}$$

$$n^{opt}_{Jahr} = R_{Jahr}/y^{opt} = 1.200/50 = 24 \text{ pro Jahr.}$$

Maximaler Lagerbestand:

$$L_{max} = (P - V) \cdot t_P = (P - V) \cdot \frac{y}{P} = y \cdot \left(1 - \frac{V}{P}\right) = 50 \cdot \left(1 - \frac{100}{500}\right) = 40.$$

Lagerkosten:

$$K_L(y) = \frac{L_{max}}{2} \cdot Cl \cdot T = \frac{y}{2} \cdot \left(1 - \frac{V}{P}\right) \cdot Cl \cdot T = \frac{50}{2} \cdot 0,8 \cdot 0,5 \cdot 12$$

$$= 120 \text{ € pro Jahr.}$$

Rüstkosten:

$$K_R(y) = n_{Jahr}^{opt} \cdot Cr = \frac{V \cdot T}{y} \cdot Cr = 24 \cdot 5 = \frac{100 \cdot 12}{50} \cdot 5 = 120 \text{ € pro Jahr.}$$

Lösung zu Aufgabe 14 b)
Optimale Losgröße:

$$y^{opt} = \sqrt{\frac{2 \cdot P \cdot Cr}{Cl \cdot \left(1 - \frac{P}{V}\right)}} = \sqrt{\frac{2 \cdot 160 \cdot 5}{0,5 \cdot \left(1 - \frac{160}{320}\right)}} = \sqrt{\frac{2 \cdot 1.920 \cdot 5}{0,5 \cdot 12 \cdot \left(1 - \frac{160}{320}\right)}}$$

$$= 80 \text{ Stück.}$$

Optimale Rüsthäufigkeit:

$$n^{opt}{}_{Monat} = R_{Monat}/y^{opt} = 160/80 = 2 \text{ pro Monat.}$$

$$n^{opt}{}_{Jahr} = R_{Jahr}/y^{opt} = 1.920/80 = 24 \text{ pro Jahr.}$$

Maximaler Lagerbestand:

$$L_{max} = (V - P) \cdot t_V = (V - P) \cdot \frac{y}{V} = y \cdot \left(1 - \frac{P}{V}\right) = 80 \cdot \left(1 - \frac{160}{320}\right) = 40.$$

Lagerkosten:

$$K_L(y) = \frac{L_{max}}{2} \cdot Cl \cdot T = \frac{y}{2} \cdot \left(1 - \frac{P}{V}\right) \cdot Cl \cdot T = \frac{80}{2} \cdot 0,5 \cdot 0,5 \cdot 12$$

$$= 120 \ \text{€ pro Jahr.}$$

Rüstkosten:

$$K_R(y) = n_{Jahr}^{opt} \cdot Cr = \frac{P \cdot T}{y} \cdot Cr = 24 \cdot 5 = \frac{160 \cdot 12}{80} \cdot 5 = 120 \ \text{€ pro Jahr.}$$

Aufgabe 15: Beispiel zur Losgrößenplanung bei endlicher Produktionsgeschwindigkeit und geschlossener Produktion

Der am Greifswalder Bodden ansässige Anglerausrüster „Rute und Rolle" vertreibt in mühevoller Detailarbeit selbst hergestellte Perlmuttblinker. Die unmittelbaren Herstellungskosten betragen 10 € pro Stück. Es ist zu überlegen, welche Menge an Perlmuttblinkern ohne Unterbrechung durch die Unternehmung auf ein und derselben Anlage erstellt werden soll. Während die Auflage eines jeden neuen Loses Rüstkosten in Höhe von 4 € pro Rüstvorgang erfordert, beträgt der Lagerkostensatz 0,50 € pro Stück und Monat.

a) Ermitteln Sie die optimale Losgröße bei endlicher Produktionsgeschwindigkeit und geschlossener Produktion für den Staulagerfall! Hierzu sei unterstellt, daß die Produktionsrate $P = 600$ Stück pro Monat und die Verbrauchsrate $V = 360$ Stück pro Monat beträgt. Wie hoch ist die optimale Rüsthäufigkeit pro Monat (= 30 Tage) und pro Jahr (= 360 Tage)? Bestimmen Sie den maximalen, minimalen und durchschnittlichen Lagerbestand sowie die auf das Jahr bezogenen Lager- und Rüstkosten!

Hilfestellung: $L_{durch} = \frac{(L_{max} + L_{min})}{2} = \left(\frac{y + t_P \cdot V}{2}\right) = \frac{y}{2} \cdot \left(1 + \frac{V}{P}\right).$

b) Ermitteln Sie die optimale Losgröße bei endlicher Produktionsgeschwindigkeit und geschlossener Produktion für den Zerreißlagerfall! Hierzu sei unterstellt, daß die Produktionsrate $P = 480$ Stück pro Monat und die Verbrauchsrate $V = 2.400$ Stück pro Monat beträgt. Wie hoch ist die optimale Rüsthäufigkeit pro Monat (= 30 Tage) und pro Jahr (= 360 Tage)? Be-

stimmen Sie den maximalen, minimalen und durchschnittlichen Lagerbestand sowie die auf das Jahr bezogenen Lager- und Rüstkosten!

Hilfestellung: $L_{durch} = \dfrac{(L_{max} + L_{min})}{2} = \left(\dfrac{y + t_V \cdot P}{2}\right) = \dfrac{y}{2} \cdot \left(1 + \dfrac{P}{V}\right)$.

Lösung zu Aufgabe 15 a)

Optimale Losgröße:

$$y^{opt} = \sqrt{\dfrac{2 \cdot V \cdot Cr}{Cl \cdot \left(1 + \dfrac{V}{P}\right)}} = \sqrt{\dfrac{2 \cdot 360 \cdot 4}{0,5 \cdot \left(1 + \dfrac{360}{600}\right)}} = \sqrt{\dfrac{2 \cdot 4.320 \cdot 4}{0,5 \cdot 12 \cdot \left(1 + \dfrac{360}{600}\right)}}$$

$$= 60 \text{ Stück.}$$

Optimale Rüsthäufigkeit:

$n^{opt}_{Monat} = R_{Monat}/y^{opt} = 360/60 = 6 \text{ pro Monat.}$

$n^{opt}_{Jahr} = R_{Jahr}/y^{opt} = 4.320/60 = 72 \text{ pro Jahr.}$

Maximaler Lagerbestand:

$$L_{max} = y = 60.$$

Minimaler Lagerbestand:

$$L_{min} = y - t_f \cdot V = y - (t_V - t_P) \cdot V = y - \left(\dfrac{y}{V} - t_P\right) \cdot V = t_P \cdot V = \dfrac{y}{P} \cdot V$$

$$= \dfrac{60}{600} \cdot 360 = 36.$$

Durchschnittlicher Lagerbestand:

$$L_{durch} = \dfrac{(L_{max} + L_{min})}{2} = \left(\dfrac{y + t_P \cdot V}{2}\right) = \dfrac{y}{2} \cdot \left(1 + \dfrac{t_P \cdot V}{y}\right)$$

$$= \frac{y}{2} \cdot \left(1 + \frac{1}{y} \cdot t_p \cdot V\right) = \frac{y}{2} \cdot \left(1 + \frac{1}{y} \cdot \frac{y}{P} \cdot V\right) = \frac{y}{2} \cdot \left(1 + \frac{V}{P}\right)$$

$$= \frac{60 + 36}{2} = \frac{60}{2} \cdot \left(1 + \frac{360}{600}\right) = 48 .$$

Lagerkosten:

$$K_L(y) = \frac{y}{2} \cdot \left(1 + \frac{V}{P}\right) \cdot Cl \cdot T = \frac{60}{2} \cdot 1,6 \cdot 0,5 \cdot 12 = 288 \text{ € pro Jahr.}$$

Rüstkosten:

$$K_R(y) = n_{Jahr}^{opt} \cdot Cr = \frac{V \cdot T}{y} \cdot Cr = 72 \cdot 4 = \frac{360 \cdot 12}{60} \cdot 4 = 288 \text{ € pro Jahr.}$$

Lösung zu Aufgabe 15 b)
Optimale Losgröße:

$$y^{opt} = \sqrt{\frac{2 \cdot P \cdot Cr}{Cl \cdot \left(1 + \frac{P}{V}\right)}} = \sqrt{\frac{2 \cdot 480 \cdot 4}{0,5 \cdot \left(1 + \frac{480}{2.400}\right)}} = \sqrt{\frac{2 \cdot 5.760 \cdot 4}{0,5 \cdot 12 \cdot \left(1 + \frac{480}{2.400}\right)}}$$

$$= 80 \text{ Stück.}$$

Optimale Rüsthäufigkeit:

$$n_{Monat}^{opt} = R_{Monat}/y^{opt} = 480/80 = 6 \text{ pro Monat.}$$

$$n_{Jahr}^{opt} = R_{Jahr}/y^{opt} = 5.760/80 = 72 \text{ pro Jahr.}$$

Maximaler Lagerbestand:

$$L_{max} = y = 80 .$$

Minimaler Lagerbestand:

$$L_{min} = y - t_f \cdot V = y - (t_P - t_V) \cdot P = y - \left(\frac{y}{P} - t_V\right) \cdot P = t_V \cdot P = \frac{y}{V} \cdot P$$

$$= \frac{80}{2.400} \cdot 480 = 16 \ .$$

Durchschnittlicher Lagerbestand:

$$L_{durch} = \frac{(L_{max} + L_{min})}{2} = \left(\frac{y + t_V \cdot P}{2}\right) = \frac{y}{2} \cdot \left(1 + \frac{t_V \cdot P}{y}\right)$$

$$= \frac{y}{2} \cdot \left(1 + \frac{1}{y} \cdot t_V \cdot P\right) = \frac{y}{2} \cdot \left(1 + \frac{1}{y} \cdot \frac{y}{V} \cdot P\right) = \frac{y}{2} \cdot \left(1 + \frac{P}{V}\right)$$

$$= \frac{80 + 16}{2} = \frac{80}{2} \cdot \left(1 + \frac{480}{2.400}\right) = 48 \ .$$

Lagerkosten:

$$K_L(y) = \frac{y}{2} \cdot \left(1 + \frac{P}{V}\right) \cdot Cl \cdot T = \frac{80}{2} \cdot 1,2 \cdot 0,5 \cdot 12 = 288 \ € \text{ pro Jahr.}$$

Rüstkosten:

$$K_R(y) = n_{Jahr}^{opt} \cdot Cr = \frac{P \cdot T}{y} \cdot Cr = 72 \cdot 4 = \frac{480 \cdot 12}{80} \cdot 4 = 288 \ € \text{ pro Jahr.}$$

Aufgabe 16:   Zeitliche Ablaufplanung

a)   Definieren Sie die Begriffe Werkstatt- und Fließfertigung!

b)   Beschreiben Sie kurz das bei mehrstufiger Werkstattfertigung auftretende Ablaufproblem! Welche Aufgabe kommt dabei der zeitlichen Ablaufplanung zu?

c)   Welche Zielsetzung wird mit der zeitlichen Ablaufplanung verfolgt?

d) Worin äußert sich bei Werkstattfertigung das Dilemma der zeitlichen Ablaufplanung, und warum tritt dieses Problem bei Fließfertigung nicht auf?

e) Ein Unternehmen hat einen Gesamtauftrag zu einem bestimmten Termin fertigzustellen, welcher sich in die Teilaufträge (1) und (2) zerlegen läßt. Beide Teilaufträge beanspruchen die Maschinen A, B und C technisch bedingt in unterschiedlicher Reihenfolge, wobei die Zahlen in untenstehender Tabelle die jeweilige Bearbeitungszeit in Stunden angeben.

Tab. 2.4: Daten zur Maschinen- und Auftragsfolgeplanung

Teilauftrag \ Maschine	A	B	C	technisch gebotene Reihenfolge
(1)	4	4	2	A, B, C
(2)	2	5	3	B, C, A

Erstellen Sie zur Visualisierung und Unterstützung der zeitlichen Ablaufplanung ein Maschinenbelegungsdiagramm und ein Auftragsfolgediagramm!

f) In der Praxis haben sich für die Lösung des Auftragsreihenfolge- bzw. Maschinenbelegungsproblems vor allem Prioritätsregeln etabliert. Beschreiben Sie kurz die first-come-first-served-Regel, die kürzeste/längste Operationszeitregel, die Fertigungsrestzeitregel, die Schlupfzeitregel und die dynamische Wertregel!

Lösung zu Aufgabe 16 a)

Im Rahmen der zeitlichen Ablaufplanung geht es allgemein gesehen um die Festlegung der zeitlichen Durchführung der Fertigung, welche beispielsweise als Werkstatt- oder Fließfertigung organisiert sein kann. Bei der *Werkstattfertigung* werden die Betriebsmittel und Arbeitsplätze nach dem Verrichtungsprinzip zu einzelnen Werkstätten zusammengefaßt (z.B. Tischlerei, Schlosserei und Lackiererei). Es erfolgt also eine örtliche Konzentration von gleichartigen, an unterschiedlichen Objekten zu erfolgenden Tätigkeiten. Die zu bearbeitenden Produkte kommen zu den Betriebsmitteln und Arbeitsplätzen, d.h., die Produktionsaufträge durchlaufen die einzelnen Werkstätten entsprechend ihrer individuellen Arbeitsgangfolge. Orientiert sich die Anordnung der Betriebsmittel und Arbeitsplätze dagegen an der Reihenfolge der an einem Objekt (Produkt) durchzuführenden Tätigkeiten, dann spricht man von *Fließfertigung*. Die Anordnung erfolgt also nach dem Objektprinzip hinsichtlich des natürlichen Flusses des Produktionsprozesses. Dabei kommen die Potentialfaktoren und Arbeitsplätze zum Produkt.

Lösung zu Aufgabe 16 b)

Bei *Werkstattfertigung* in mehrstufiger Produktion besteht das Ablaufproblem darin, eine vorgegebene Anzahl von Produktionsaufträgen in eine Bearbeitungsreihenfolge zu bringen. Die zeitliche Ablaufplanung steuert somit den zeitlichen Durchlauf der Produktionsaufträge durch die einzelnen Stufen eines mehrstufigen Produktionsprozesses. Ihre *Aufgabe* ist es, für einen Bestand an Aufträgen die Reihenfolgen und Zeitpunkte ihrer Bearbeitung auf den eingesetzten Aggregaten so festzulegen, daß die verfolgte Zielsetzung erreicht wird.

Lösung zu Aufgabe 16 c)

Auch die zeitliche Ablaufplanung strebt nach *Kostenminimierung* für eine gegebene Produktionsaufgabe. Da eine direkte monetäre Bewertung der Wirkungen der zeitlichen Ablaufplanung jedoch häufig schwerfällt, finden anstelle von Kostenkriterien abgeleitete Zielgrößen Verwendung. Dabei wird unterstellt, daß diese sogenannten *Ersatzziele* das Erreichen der ökonomischen Ziele positiv beeinflussen. Aus der Vielzahl der entwickelten *Ersatzziele* sollen hier exemplarisch vier vorgestellt werden:

- *Minimierung der Gesamtdurchlaufzeit*:
  Die Gesamtdurchlaufzeit stellt die Summe der Durchlaufzeiten aller Aufträge eines vorgegebenen Auftragsbestandes dar. Dabei bezeichnet die Durchlaufzeit eines Auftrags die Zeitspanne zwischen dem Produktionsbeginn und der Fertigstellung eines Auftrags. Dieses Ziel bezieht sich auf die Minimierung der Kapitalbindungskosten durch eine Verminderung der Kapitalbindungszeit.

- *Niedrige Bestände*:
  Über niedrige Lagerbestände wird die Minimierung der Lagerkosten angestrebt.

- *Maximierung der Kapazitätsauslastung*:
  Diese Zielsetzung ist auf Leer- und Opportunitätskosten ausgerichtet, wobei diese Kosten allerdings nur relevant sind, wenn die betroffenen Maschinen in den Leerzeiten gewinnbringend eingesetzt werden könnten. Demzufolge sind die Leerzeiten zu minimieren.

- *Termintreue*:
  Mit diesem Ziel möchte man Überschreitungen der Fertigstellungstermine verhindern, da diese etwa mit Konventionalstrafen und dem Verlust von Kunden verbunden sein können.

Lösung zu Aufgabe 16 d)

Bezogen auf die abgeleiteten Zielgrößen der Ablaufplanung existiert bei Werkstatt-fertigung in der Regel eine Zielkonkurrenz. Dies bedeutet, daß mit einer weiterge-henden Realisierung des einen Ziels der Grad der Erfüllung des anderen Ziels ab-nimmt. Soll beispielsweise die Kapazitätsauslastung maximiert werden, so bedingt dies, daß aufgrund unterschiedlicher Bearbeitungsreihenfolgen und Produktionszei-ten der Aufträge wartende Aufträge vor den Maschinen eingeplant werden müssen, um auf diese Weise Leerzeiten der Maschinen auszuschließen. Diese Vorgehenswei-se führt jedoch zu Wartezeiten der Aufträge und somit zu höheren Durchlaufzeiten. Folgendes Beispiel soll dieses *Dilemma der Ablaufplanung bei Werkstattfertigung*, welches sich aufgrund der konkurrierenden Beziehung zwischen dem Ziel der Ma-ximierung der Kapazitätsauslastung und dem Ziel der Minimierung der Durchlauf-zeit ergibt, verdeutlichen. In nachstehender Abbildung sind dazu drei Maschinen mit ungleichen Kapazitäten dargestellt.

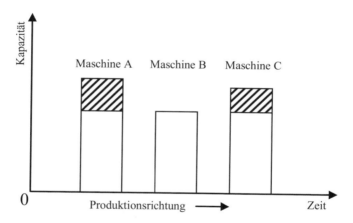

Abb. 2.22: Zusammenwirken ungleicher Maschinenkapazitäten

Exemplarisch wird die Produktion eines Erzeugnisses unterstellt, dessen Fertigung die Herstellung mehrerer Einzelteile bedingt. Die Einzelteile sind auf den Maschinen A, B und C in dieser Reihenfolge zu bearbeiten. Sofern für alle drei Maschinen nahezu der gleiche Arbeitsbedarf vorliegt und der Arbeitsumfang ausreicht, die Maschine A voll auszulasten, bildet sich aufgrund der vergleichsweise geringeren quantitativen Kapazität der Maschine B ein Zwischenlager vor diesem Aggregat. Diese Situation widerspricht jedoch dem Ziel der Minimierung der Durchlaufzeit.

Soll hingegen die Durchlaufzeit minimiert werden, so ist dies nur für diejenige Produktionsmenge möglich, die durch die Engpaßkapazität der Maschine B determiniert wird. In diesem Fall verfehlen dann die Maschinen A und C in Höhe der jeweils schraffierten Rechtecke das Ziel der maximalen Kapazitätsauslastung.

Die *Fließfertigung* weist in dieser Hinsicht günstigere Voraussetzungen auf. Da sie die einzelnen Arbeitsgänge durch einen kontinuierlichen Prozeß miteinander verbindet, in dem alle zeitlich und fertigungstechnisch voneinander abhängigen Arbeitsvorgänge hintereinander geschaltet werden, kennt die Fließfertigung das Dilemma der Ablaufplanung nicht. Die zeitliche Abstimmung der Arbeitsoperationen aufeinander bewirkt, daß die Leerzeiten der Arbeitsplätze (manueller und maschineller Art) und die Wartezeiten des Materials stets gleich groß sind, weshalb eine Minimierung der Gesamtdurchlaufzeit auch zu einer Minimierung der Leerzeiten führt.

Lösung zu Aufgabe 16 e)
Auf Grundlage obiger Daten läßt sich ein Maschinenbelegungsplan erstellen. Dieser gibt an, wie lange die einzelnen Maschinen mit den Teilaufträgen belegt sind und in welcher Reihenfolge die Aufträge bearbeitet werden. Das entsprechende *Maschinenbelegungsdiagramm* sieht wie folgt aus:

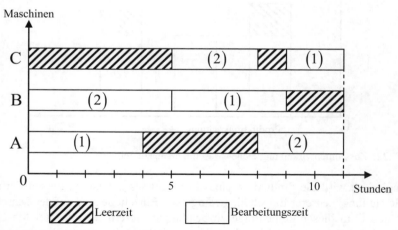

Abb. 2.23: Maschinenbelegungsdiagramm

Aus dem Maschinenbelegungsdiagramm sind die Produktions- und Leerzeiten an den einzelnen Maschinen (Kapazitätsauslastung) sehr gut ersichtlich, während sich die Arbeitsfortschritte an den einzelnen Aufträgen nur schwer erkennen lassen. Wird bei der Ablaufplanung vor allem darauf Wert gelegt, die Durchlaufzeiten der einzelnen Aufträge transparent zu machen, ist ein *Auftragsfolgediagramm* zu verwenden:

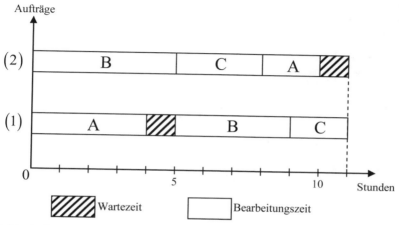

Abb. 2.24: Auftragsfolgediagramm

Aus dem Auftragsfolgediagramm können die Bearbeitungszeiten, Wartezeiten und der Fertigstellungstermin der einzelnen Teilaufträge entnommen werden.

Lösung zu Aufgabe 16 f)

Tab. 2.5: Beschreibung ausgewählter einfacher Prioritätsregeln

Regel	Erklärung
first-come-first-served	Der Auftrag mit der längsten Wartezeit vor der Maschine genießt Vorrang.
kürzeste/längste Operationszeit	Der Auftrag mit der kürzesten/längsten Operationszeit erhält die höchste Priorität (KOZ-Regel/LOZ-Regel).
Fertigungsrest-zeitregel	Der Auftrag mit der kürzesten Restbearbeitungszeit in den noch zu durchlaufenden Produktionsstationen wird als nächster bearbeitet.
Schlupfzeitregel	Der Auftrag, dessen Schlupfzeit (Zeitspanne bis zum vereinbarten Liefertermin abzüglich Restbearbeitungszeit) am geringsten ist, erhält Vorrang.
dynamische Wertregel	Der Auftrag mit dem höchsten Produktwert (Kapitalbindung) erhält die höchste Priorität.

Aufgabe 17:   Operative Produktionsprogrammplanung

Ein Unternehmen kann die Produkte 1 und 2 herstellen und benötigt dazu die potentiell knappen Rohstoffe A und B. Sie werden von der Unternehmensführung mit der Planung des optimalen Produktionsprogramms beauftragt. Dazu erhalten Sie die in nachstehender Tabelle wiedergegebenen Daten über die Produktionskoeffizienten PK_{ij}, welche den Verbrauch an Rohstoffeinheiten des Rohstoffes i zur Produktion einer Mengeneinheit des Produktes j angeben, über die Absatzpreise p_j und Absatzhöchstmengen x_j^{max} der Produkte j sowie über die Beschaffungspreise q_i und maximal verfügbaren Mengen y_i^{max} der Rohstoffe i. Die fixen Kosten K_f der Periode betragen 6.000 Geldeinheiten.

Tab. 2.6: Ausgangsdaten zur operativen Produktionsprogrammplanung

Produkt Rohstoff	A	B	Absatzhöchst-menge [ME]	Absatzpreis [GE/ME]
1	6	4	200	120
2	3	8	100	150
verfügbare Menge [FE]	1.800	2.000		
Beschaffungspreis [GE/FE]	8	11		

a) Ermitteln Sie die Deckungsspannen der Produkte 1 und 2!

b) Bestimmen Sie die Kapazitätsbeanspruchungen der Rohstoffe A und B durch die vorteilhaften Produkte!

c) Geben Sie das deckungsbeitragsmaximale Produktionsprogramm an! Wie hoch sind der zugehörige maximale Gesamtdeckungsbeitrag und der Gewinn?

d) Beantworten Sie die Fragen a) bis c) für den Fall, daß von Rohstoff B lediglich 1.400 Faktoreinheiten [FE] zur Verfügung stehen!

e) Beantworten Sie die Fragen a) bis c) für den Fall, daß von Rohstoff B 1.000 FE und von Rohstoff A lediglich 1.200 FE zur Verfügung stehen sowie für eine Mengeneinheit von Produkt 1 jeweils fünf Faktoreinheiten der Rohstoffe A und B erforderlich sind! Ferner sinkt der Beschaffungspreis für Rohstoff A auf 6 GE/FE.

f) Beantworten Sie die Fragen a) bis c) für den Fall, daß von Rohstoff B 1.400 FE und von Rohstoff A lediglich 1.200 FE zur Verfügung stehen! Benutzen Sie dazu das Verfahren der graphischen Optimierung!

Lösung zu Aufgabe 17 a)

Die *Deckungsspanne* DS ist als Differenz zwischen dem gegebenen Preis p und den variablen Stückkosten k_v definiert:

$$DS = p - k_v \quad \left[\frac{GE}{ME} \right].$$

Produkte, die eine negative Deckungsspanne aufweisen, d.h., deren Preise noch nicht einmal die variablen Stückkosten decken, leisten keinen Beitrag zur Deckung der fixen Kosten, weshalb diese unvorteilhaften Produkte nicht in das Produktionsprogramm aufzunehmen sind. Diese Aussage ist allerdings nur so lange richtig, wie zwischen den Produkten des Produktionsprogramms kein Absatzverbund besteht.

Für den Beispielsfall ergeben sich die Deckungsspannen der Produkte j wie folgt:

$$DS_j = p_j - \sum_{i=A}^{B} PK_{ij} \cdot q_i \quad \left[\frac{GE}{ME}\right].$$

$DS_1 = 120 - 6 \cdot 8 - 4 \cdot 11 = 28 > 0 \quad \rightarrow \quad$ Vorteilhaft!

$DS_2 = 150 - 3 \cdot 8 - 8 \cdot 11 = 38 > 0 \quad \rightarrow \quad$ Vorteilhaft!

Beide Produkte zeigen positive Deckungsspannen, so daß sie um die potentiell knappen Rohstoffe konkurrieren. Daher gilt es im nächsten Schritt die Kapazitätsbeanspruchungen der Rohstoffe y_i durch die vorteilhaften Produkte 1 und 2 zu bestimmen.

Lösung zu Aufgabe 17 b)
Die *Kapazitätsbeanspruchungen* der Rohstoffe A und B durch die vorteilhaften Produkte 1 und 2 betragen:

$$y_i = \sum_{j \in \{1,2\}} PK_{ij} \cdot x_j^{max} \leq y_i^{max} \quad [ME].$$

$y_A = 6 \cdot 200 + 3 \cdot 100 = 1.500 < 1.800 \quad \rightarrow \quad$ Kein Engpaß!

$y_B = 4 \cdot 200 + 8 \cdot 100 = 1.600 < 2.000 \quad \rightarrow \quad$ Kein Engpaß!

Lösung zu Aufgabe 17 c)
Aufgrund der Tatsache, daß die Kapazitätsbeanspruchungen der Rohstoffe A und B durch die vorteilhaften Produkte 1 und 2 geringer sind als ihre maximal verfügbaren Mengen, können beide Produkte mit ihren Absatzhöchstmengen in das Produktionsprogramm aufgenommen werden.

Das *optimale bzw. deckungsbeitragsmaximale Produktionsprogramm* lautet also:

$$x_1 = 200 \text{ ME}, \qquad x_2 = 100 \text{ ME}.$$

Gewichtet man nun diese optimalen Mengen mit ihren Deckungsspannen, erhält man jeweils den Deckungsbeitrag DB der Produkte und als deren Summe den *Gesamtdeckungsbeitrag* GDB des optimalen Produktionsprogramms:

$$GDB = \sum_{j \in \{1,2\}} DS_j \cdot x_j = \sum_{j \in \{1,2\}} DB_j \quad [GE].$$

$$GDB = 28 \cdot 200 + 38 \cdot 100 = 5.600 + 3.800 = 9.400 \text{ GE}.$$

Entsprechend beträgt dann der *Gewinn* G:

$$G = GDB - K_f = \sum_{j \in \{1,2\}} DB_j - K_f = \sum_{j \in \{1,2\}} DS_j \cdot x_j - K_f \quad [GE].$$

$$G = 9.400 - 6.000 = 3.400 \text{ GE}.$$

Lösung zu Aufgabe 17 d)

Die *Deckungsspannen* DS_j der jeweiligen Produkte betragen analog zu oben:

$$DS_1 = 28, \ DS_2 = 38.$$

Es gilt nun herauszufinden, ob im Zuge der *Beanspruchung der Rohstoffe* durch die Aufnahme der vorteilhaften Produkte mit ihren Absatzhöchstmengen einer oder mehrere dieser Rohstoffe zum Engpaß werden:

$$y_A = 6 \cdot 200 + 3 \cdot 100 = 1.500 < 1.800 \qquad \rightarrow \qquad \text{Kein Engpaß!}$$

$$y_B = 4 \cdot 200 + 8 \cdot 100 = 1.600 > 1.400 \qquad \rightarrow \qquad \text{Engpaß!}$$

In dieser Situation reicht die Kapazität des Rohstoffs B nicht aus, um von den vorteilhaften Produkten 1 und 2 die maximal absetzbare Menge herzustellen. Die knappen Faktoreinheiten sind dann in die Verwendungsrichtung mit dem höchsten Zielbeitrag zu lenken. Demzufolge kann die absolute Deckungsspanne je Erzeugniseinheit nicht mehr als Entscheidungskriterium dafür dienen, ob ein Erzeugnis in das Produktionsprogramm aufzunehmen ist oder nicht. Im Rahmen der Planung des optimalen Produktionsprogramms muß daher vielmehr von Deckungsspannen ausgegangen werden, die diese Engpaßsituation berücksichtigen. Zur Lösung des Planungsproblems wird auf *relative Deckungsspannen* zurückgegriffen, die pro Einheit des Engpasses mit den jeweiligen Produkten erzielt werden können. Die relative Deckungsspanne ist dabei als Quotient der Deckungsspanne je Erzeugniseinheit und des Faktorbedarfs je Erzeugniseinheit im Engpaß definiert:

$$\text{relative DS} = \frac{DS}{PK_{Engpaß}} \quad \left[\frac{GE}{FE} \right].$$

Anhand dieses Entscheidungskriteriums sind die Produkte nach der Höhe ihrer relativen Deckungsspannen in eine Rangfolge zu bringen und anhand dieser solange in das Produktionsprogramm aufzunehmen, wie dadurch keine der einzuhaltenden Restriktionen verletzt wird.

Für den Beispielsfall ergeben sich die relativen Deckungsspannen der Produkte j wie folgt:

$$\text{relative DS}_j = \frac{DS_j}{PK_B}.$$

$$\text{relative DS}_1 = 28/4 = 7 \qquad \rightarrow \qquad \text{Rang 1!}$$

$$\text{relative DS}_2 = 38/8 = 4,75 \qquad \rightarrow \qquad \text{Rang 2!}$$

Diese Rangfolge gibt die Reihenfolge an, nach der die Produkte 1 und 2 in das Produktionsprogramm aufzunehmen sind, um die beschränkt verfügbare Menge des Rohstoffs B optimal auszunutzen. Als erstes ist demnach Produkt 1 in das optimale Produktionsprogramm aufzunehmen. Die Produktion der maximal von diesem Produkt absetzbaren 200 Mengeneinheiten erfordert 800 Faktoreinheiten des Rohstoffs B. Die verbleibenden 600 Faktoreinheiten des Rohstoffs B werden für die Herstellung des Produktes 2 eingesetzt. Da für die Produktion einer Mengeneinheit dieses Erzeugnisses acht Faktoreinheiten des Rohstoffs B notwendig sind, ist dessen Fertigung auf 75 Mengeneinheiten beschränkt. Das Produkt 2 ist mithin das Grenzprodukt.

Das *optimale bzw. deckungsbeitragsmaximale Produktionsprogramm* lautet also:

$$x_1 = 200 \text{ ME}, \qquad x_2 = 75 \text{ ME}.$$

Der dazugehörige *Gesamtdeckungsbeitrag* GDB beträgt:

$$GDB = 28 \cdot 200 + 38 \cdot 75 = 5.600 + 2.850 = 8.450 \text{ GE}.$$

Entsprechend ergibt sich für den *Gewinn* G:

$$G = 8.450 - 6.000 = 2.450 \text{ GE}.$$

Obiges Beispiel zeigt eindrucksvoll, daß die absolute Deckungsspanne je Erzeugniseinheit bei Vorliegen eines Engpasses nicht mehr als Entscheidungskriterium für die Zusammensetzung des optimalen Produktionsprogramms dienen kann. So weist das Produkt 2 im Vergleich mit Produkt 1 zwar die höhere absolute Deckungsspanne auf, aber es besitzt aufgrund der wesentlich höheren Beanspruchung des knappen Rohstoffs B je Produkteinheit eine geringere Deckungsspanne pro Faktoreinheit des knappen Rohstoffs B (relative Deckungsspanne). Obwohl also das Produkt 2 durch eine höhere absolute Deckungsspanne charakterisiert ist, wird ihm nach dem Entscheidungskriterium der relativen Deckungsspanne hinsichtlich der Vorteilhaftigkeit lediglich der zweite Rang zugeordnet. Eine Planung des optimalen Produktionsprogramms auf Basis der absoluten Deckungsspanne würde das Produkt 2 gegenüber dem Produkt 1 begünstigen und somit zu einer falschen Entscheidung führen.

Lösung zu Aufgabe 17 e)

Für den Beispielsfall ergeben sich die *Deckungsspannen* der Produkte j wie folgt:

$$DS_1 = 120 - 5 \cdot 6 - 5 \cdot 11 = 35 > 0 \quad \rightarrow \quad \text{Vorteilhaft!}$$

$$DS_2 = 150 - 3 \cdot 6 - 8 \cdot 11 = 44 > 0 \quad \rightarrow \quad \text{Vorteilhaft!}$$

Die *Kapazitätsbeanspruchungen* der Rohstoffe A und B durch die vorteilhaften Produkte 1 und 2 betragen:

$$y_A = 5 \cdot 200 + 3 \cdot 100 = 1.300 > 1.200 \quad \rightarrow \quad \text{Möglicher Engpaß!}$$

$$y_B = 5 \cdot 200 + 8 \cdot 100 = 1.800 > 1.000 \quad \rightarrow \quad \text{Möglicher Engpaß!}$$

Wie zu sehen ist, ergeben sich zwei mögliche Engpässe. Sowohl Rohstoff A als auch Rohstoff B beschränken also möglicherweise die Herstellung der maximal absetzbaren Mengen der Produkte. In dieser Situation kann jedoch auch der Fall eintreten, daß die Kapazitätsbeanspruchung pro Faktoreinheit des potentiell knappen Rohstoffs (relative Kapazitätsbeanspruchung) für einen Rohstoff bei beiden Produkten immer höher ist als für den anderen Rohstoff, so daß dann lediglich der Rohstoff, dessen relative Kapazitätsbeanspruchung bei allen Produkten den maximalen Wert annimmt, zum Engpaß wird. Um herauszufinden, ob sich die obige Beispielsituation auf einen wirksamen Engpaß zurückführen läßt, müssen also die *relativen Kapazitätsbeanspruchungen* der möglichen Engpässe bestimmt werden.

Tab. 2.7: Relative Kapazitätsbeanspruchung der potentiellen Engpässe

Relative Kapazitätsbeanspruchung PK_{ij}/y_i^{max}	Rohstoff A $PK_{Aj}/1.200$		Rohstoff B $PK_{Bj}/1.000$
Produkt 1	5/1.200 = 0,0042	<	5/1.000 = 0,005
Produkt 2	3/1.200 = 0,0025	<	8/1.000 = 0,008

Obige Tabelle macht deutlich, daß die relative Kapazitätsbeanspruchung des Rohstoffs B bei beiden vorteilhaften Produkten 1 und 2 immer höher ist als die des Rohstoffs A. Da unabhängig von der Zusammensetzung des Produktionsprogramms immer zuerst der Rohstoff B an seine Kapazitätsgrenze stößt, kann der Engpaß also im voraus bestimmt werden. Mithin ist lediglich der Rohstoff B als wirksamer Engpaß zu betrachten. Die Planung des optimalen Produktionsprogramms kann daher weiterhin anhand des Kriteriums der relativen Deckungsspanne erfolgen.

Hierzu sind die Produkte 1 und 2 wiederum nach der Höhe ihrer *relativen Deckungsspannen* in eine Rangfolge zu bringen, welche die Reihenfolge zeigt, nach der die Produkte 1 und 2 in das Produktionsprogramm aufzunehmen sind, um die beschränkt verfügbare Menge des Rohstoffs B optimal auszunutzen.

relative $DS_1 = 35/5 = 7$ $\rightarrow$ Rang 1!

relative $DS_2 = 44/8 = 5,5$ $\rightarrow$ Rang 2!

Als erstes ist demnach Produkt 1 in das optimale Produktionsprogramm aufzunehmen. Da die Produktion der maximal von diesem Produkt absetzbaren 200 Mengeneinheiten genau 1.000 Faktoreinheiten des Rohstoffs B erfordert, ist die Herstellung von Produkt 2 nicht möglich.

Das *optimale bzw. deckungsbeitragsmaximale Produktionsprogramm* setzt sich wie folgt zusammen:

$x_1 = 200$ ME, $x_2 = 0$ ME.

Für den *Gesamtdeckungsbeitrag* GDB gilt:

$GDB = 35 \cdot 200 = 7.000$ GE.

Der *Gewinn* G beträgt:

$G = 7.000 - 6.000 = 1.000$ GE.

Lösung zu Aufgabe 17 f)

Die *Deckungsspannen* DS_j der Produkte 1 und 2 betragen analog zu Aufgabenteil a):

$DS_1 = 28$, $DS_2 = 38$.

Die *Kapazitätsbeanspruchungen* der Rohstoffe A und B durch die vorteilhaften Produkte 1 und 2 betragen:

$y_A = 6 \cdot 200 + 3 \cdot 100 = 1.500 > 1.200$ $\rightarrow$ Möglicher Engpaß!

$$y_B = 4 \cdot 200 + 8 \cdot 100 = 1.600 > 1.400 \qquad \rightarrow \qquad \text{Möglicher Engpaß!}$$

Da wiederum zwei mögliche Engpässe bestehen, müssen analog zu oben die *relativen Kapazitätsbeanspruchungen* der denkbaren Engpässe bestimmt werden.

Tab. 2.8: Relative Kapazitätsbeanspruchung der potentiellen Engpässe

Relative Kapazitätsbeanspruchung PK_{ij}/y_i^{max}	Rohstoff A $PK_{Aj}/1.200$		Rohstoff B $PK_{Bj}/1.400$
Produkt 1	$6/1.200 = 0,005$	>	$4/1.400 = 0,0029$
Produkt 2	$3/1.200 = 0,0025$	<	$8/1.400 = 0,0057$

Obige Tabelle macht deutlich, daß je nach Zusammensetzung des Produktionsprogramms jeder Rohstoff zum Engpaß werden kann. Da kein eindeutiger Engpaß im voraus identifizierbar ist, können also mehrere Engpässe vorliegen. Welcher Engpaß greift bzw. welche Engpässe greifen, hängt dann vom konkreten Produktionsprogramm ab. In dieser Situation sind relative Deckungsspannen aufgrund der uneindeutigen Bezugsbasis nicht bestimmbar, so daß sie als Entscheidungskriterium ausscheiden. Die Aufgabe der Produktionsprogrammplanung bei mehreren denkbaren Engpässen besteht nun darin, eine simultane Bestimmung von Produktionsprogramm und tatsächlich greifendem Engpaß bzw. greifenden Engpässen vorzunehmen. Die Lösung dieses Produktionsprogrammplanungsproblems ist mit Hilfe der linearen Planungsrechnung (linearen Optimierung) möglich.

Der lineare Optimierungsansatz lautet wie folgt:

Zielfunktion in der Formulierung als Gesamtdeckungsbeitragsmaximierung:

ZF: max. GDB; GDB := $28 \cdot x_1 + 38 \cdot x_2$

Nebenbedingungen:

I: $6 \cdot x_1 + 3 \cdot x_2 \leq 1.200$ (Restriktion Rohstoff A)

II: $4 \cdot x_1 + 8 \cdot x_2 \leq 1.400$ (Restriktion Rohstoff B)

III: $x_1 \leq 200$ (Absatzrestriktion Produkt 1)

IV: $x_2 \leq 100$ (Absatzrestriktion Produkt 2)

V: $x_1, x_2 \geq 0$ (Nichtnegativitätsbedingungen)

Das vorliegende Optimierungsproblem ist aufgrund seiner Zweidimensionalität sowohl rechnerisch als auch graphisch lösbar. Hier soll das Vorgehen bei der *graphischen Optimierung* besprochen werden.

Durch Auflösen der Ungleichungen nach x_1 bzw. x_2 und Einzeichnen der resultierenden Begrenzungsgeraden erhält man den in Abbildung 2.25 grau hinterlegten Raum zulässiger Lösungen. Innerhalb dieses Raums wird keine der Nebenbedingungen verletzt, weshalb jede dort liegende Kombination der Erzeugnisse 1 und 2 ein zulässiges Produktionsprogramm darstellt. Da aber nicht eine zulässige, sondern die optimale (gewinn- bzw. gesamtdeckungsbeitragsmaximale) Kombination der Produkte 1 und 2 gesucht wird, ist als nächstes die Zielfunktion graphisch zu erfassen. Weil sie jedoch drei veränderliche Größen (GDB, x_1, x_2) enthält, muß eine dieser Variablen substituiert werden, um eine zweidimensionale Darstellung zu ermöglichen. Da die Menge zulässiger Lösungen in einem x_1/x_2-Koordinatensystem erfaßt ist, bietet sich eine Substitution des Gesamtdeckungsbeitrags GDB an. Durch die Vorgabe eines bestimmten Gesamtdeckungsbeitrags und Bestimmung aller genau diesen Gesamtdeckungsbeitrag erzielenden x_1/x_2-Kombinationen erhält man eine Iso-Gesamtdeckungsbeitragslinie. Auf ihr liegen mithin alle Produktmengenkombinationen, die den gleichen Gesamtdeckungsbeitrag erbringen. In der graphischen Darstellung ist die Iso-Gesamtdeckungsbeitragslinie für den Gesamtdeckungsbeitrag GDB = 2.000 abgetragen. Da jedoch auch zulässige Kombinationen der Produkte 1 und 2 rechts oberhalb dieser Geraden existieren, die einen höheren Gesamtdeckungsbeitrag erzielen, ist die Iso-Gesamtdeckungsbeitragslinie so lange parallel nach rechts oben zu verschieben, bis sie den zulässigen Lösungsraum gerade noch berührt. Die Koordinaten dieses Tangentialpunkts geben die optimale (gesamtdeckungsbeitragsmaximale) Lösung an, nämlich x_1 = 150 ME und x_2 = 100 ME. Der dazugehörige Gesamtdeckungsbeitrag beträgt 8.000 GE, so daß ein Gewinn in Höhe von 2.000 GE erzielt wird.

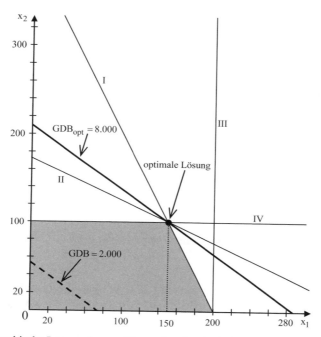

Abb. 2.25: Graphische Lösung des zweidimensionalen Optimierungsbeispiels

2.3 Absatz

Aufgabe 1: Grundbegriffe

a) Definieren Sie den Begriff Absatz!

b) Was wird unter einem Markt verstanden?

c) Erläutern Sie, was man unter monopolistischer und konkurrenzgebundener Verhaltensweise versteht!

d) Die konkurrenzgebundene Verhaltensweise wird in atomistische, polypolistische und oligopolistische Verhaltensweisen unterteilt. Beschreiben Sie diese Verhaltensweisen!

e) Was gibt der *Cournot*sche Punkt an?

Lösung zu Aufgabe 1 a)

Unter dem Begriff *Absatz* kann

- die Phase der entgeltlichen Verwertung der Güter und Dienstleistungen eines Unternehmens,
- die Menge der abgesetzten betrieblichen Leistungen oder
- im Sinne des Absatz-Marketing die aktive, zielgerichtete Gestaltung der Absatzbeziehungen eines Unternehmens zu den Nachfragern verstanden werden.

Lösung zu Aufgabe 1 b)

Unter einem *Markt* versteht man den Ort des Zusammentreffens von Angebot (Anbietern) und Nachfrage (Nachfragern).

Lösung zu Aufgabe 1 c)

Folgende *idealtypische Verhaltensweisen der Marktteilnehmer* können voneinander abgegrenzt werden:

Ein Anbieter verhält sich *monopolistisch* (nicht konkurrenzgebunden), wenn er in seinen Planungen unterstellt, daß die eigene Absatzmenge nur von dem Verhalten der Nachfrager und von seiner eigenen Preispolitik, nicht aber vom Verhalten der Konkurrenten abhängt. Die Anbieter agieren wie Monopolisten, ohne daß sie sich tatsächlich in einer Monopolsituation befinden müssen.

Im Rahmen einer *konkurrenzgebundenen Verhaltensweise* berücksichtigen die Anbieter, daß die eigene Preispolitik Reaktionen bei den Nachfragern und Konkurrenten auslösen kann, weshalb die Absatzmenge von dem Verhalten der Nachfrager und Konkurrenten abhängt. Wie Abbildung 2.26 zeigt, wird die konkurrenzgebundene Verhaltensweise in atomistische, polypolistische und oligopolistische Verhaltensweisen unterteilt.

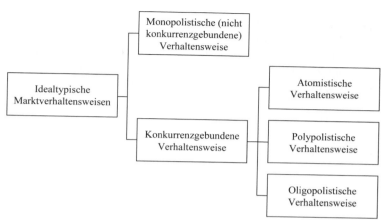

Abb. 2.26: Idealtypische Verhaltensweisen der Marktteilnehmer

Lösung zu Aufgabe 1 d)

Bei *atomistischer Verhaltensweise* geht jeder einzelne Anbieter davon aus, daß er nur einen verschwindend geringen Marktanteil besitzt, weshalb er durch Veränderungen seiner Angebotsmenge den Preis nicht beeinflussen kann. Der Preis ist also keine unternehmerische Aktionsvariable. Die Anbieter verfolgen keine eigene Preispolitik, sondern passen ihre Angebotsmenge an den geltenden Marktpreis an. Sie verhalten sich mithin als Mengenanpasser.

Ein Anbieter agiert *polypolistisch*, wenn er trotz seines verschwindend geringen Marktanteils aufgrund von Marktunvollkommenheiten durch die Vorlieben (Präferenzen) der Nachfrager einen gewissen preispolitischen Spielraum besitzt und nutzt. Variiert er die Preise innerhalb dieses sogenannten monopolistischen Preisbereichs, ist weder mit nennenswerten Zuwanderungen oder Abwanderungen der Nachfrager noch mit Reaktionen der Konkurrenz zu rechnen. Sollte der Anbieter den Preis jedoch oberhalb dieses Bereichs festsetzen, dann sind Abwanderungen als Reaktion der Kundschaft zu erwarten. Umgekehrt bewirkt eine Preissetzung unterhalb des monopolistischen Bereichs Reaktionen der Kunden anderer Anbieter (Zuwanderungen). Aufgrund der großen Anzahl von Anbietern und Nachfragern sind die Käuferfluktuationen allerdings kaum spürbar, so daß Preisreaktionen der Konkurrenz unterbleiben.

Bei *oligopolistischer Verhaltensweise* erwartet jeder einzelne Anbieter wegen seines bedeutenden Marktanteils, daß seine Preispolitik sowohl Reaktionen der Nachfrager (Abwanderungen/Zuwanderungen) als auch Reaktionen der Konkurrenten induziert. Es liegt ein oligopolistischer Preisreaktionsverbund vor, der eine eigenständige Preispolitik ohne Berücksichtigung des Verhaltens der Konkurrenten begrenzt. Bei Marktunvollkommenheiten verfügen auch Oligopolisten über einen gewissen monopolistischen Preisbereich.

Lösung zu Aufgabe 1 e)
Der *Cournot*sche Punkt zeigt die gewinnmaximale Preis-Mengen-Kombination.

Aufgabe 2:   Preispolitik im Monopol

Am Stettiner Dampfschiffsbollwerk residiert die Reederei *J.F. Braeunlich*, die mit ihren legendären weißen Bäderschiffen, den beliebten „Schwänen der Ostsee", Saison für Saison frohgestimmte Urlauber aus Berlin in ihre Sommerfrische transportiert. Sie ist auf der Linie Stettin-Saßnitz über Swinemünde, Zinnowitz, Göhren, Baabe, Sellin und Binz der einzige Anbieter von Überfahrten, also Monopolist.

Untersucht werden soll im folgenden die gewinnmaximierende Preisgestaltung für die Hauptstrecke Stettin/Hakenterrasse-Saßnitz/Fährhafen über Binz/Seebrücke. Hierfür wurde im Reedereikontor die Preisabsatzfunktion

$$p = a - b \cdot x \qquad (a, b > 0)$$

geschätzt. Darin ist p der Preis pro Überfahrt und x die Zahl der Passagiere, die zu diesem Preis die Überfahrt buchen. Den hohen Fixkosten K_f für Bereithaltung und Betrieb der Schiffe stehen verhältnismäßig niedrige variable Kosten k_v pro Fahrgast gegenüber (Beköstigung, Gepäckträgerdienste usw.).

a) Stellen Sie die unterstellte Preisabsatzfunktion graphisch dar, und erläutern Sie die geltenden Zusammenhänge!

b) Bestimmen Sie die Umsatz-, Kosten- und Gewinnfunktion in Abhängigkeit von x!

c) Errechnen Sie den *Cournot*schen Punkt (p*, x*), d.h. die gewinnmaximale Preis-Mengen-Kombination!

d) Verdeutlichen Sie die im Gewinnmaximum geltenden Zusammenhänge anhand einer (nicht maßstäblichen) Skizze! Kennzeichnen Sie in der Skizze auch den maximalen Deckungsbeitrag als Fläche!

e) Geben Sie die allgemeine Formel für die Preiselastizität der Nachfrage an, und interpretieren Sie sie ökonomisch!

f) Zeigen Sie, daß der Absolutbetrag der Preiselastizität der Nachfrage einem Streckenverhältnis auf der Tangente entspricht!

g) Leiten Sie die zwischen Grenzumsatz und Preiselastizität bestehende Beziehung her (*Amoroso-Robinson*-Formel)!

h) Berechnen Sie die Preiselastizität der Nachfrage für die gegebene lineare Preisabsatzfunktion!

i) Zeigen Sie, daß die absolute Preiselastizität der Nachfrage dem in f) ermittelten Streckenverhältnis auf der Preisabsatzfunktion entspricht!

j) Wie hoch ist die Preiselastizität der Nachfrage im Umsatzmaximum? Leiten Sie die Antwort sowohl analytisch als auch graphisch ab! Bestätigen Sie Ihr Ergebnis durch Nachrechnen an der gegebenen linearen Preisabsatzfunktion!

k) Wovon hängt es ab, ob der Umsatz bei einer Preiserhöhung steigt? Argumentieren Sie mit der Preiselastizität!

l) Ist die Nachfrage im Gewinnmaximum preiselastisch oder preisunelastisch?

Lösung zu Aufgabe 2 a)

Der Einfachheit halber wurde eine lineare Preisabsatzfunktion unterstellt:

$$p = a - b \cdot x \qquad (a, b > 0).$$

Man geht davon aus, daß es einen bestimmten Höchstpreis (Prohibitivpreis) $p_{max} = a$ gibt, bei dem keine Nachfrage nach dem angebotenen Produkt besteht. Ausgehend von diesem Höchstpreis bewirken Preissenkungen ein Ansteigen der Absatz- bzw. Nachfragemenge. Allerdings ist dieser Prozeß endlich, da selbst bei einem Preis in Höhe von null nur die sogenannte Sättigungsmenge $x_{max} = a/b$ als maximale Menge nachgefragt bzw. abgesetzt werden kann.

Graphisch stellt sich die Situation wie folgt dar:

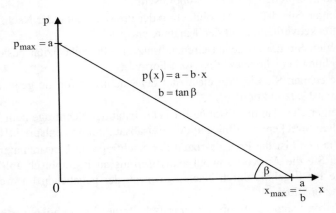

Abb. 2.27: Preisabsatzfunktion

Lösung zu Aufgabe 2 b)

Der Angebotsmonopolist sucht den Preis, der seinen Gewinn maximiert. Der Gewinn G ist dabei als Differenz zwischen Umsatz U und Kosten K definiert. Da sich der Umsatz als multiplikative Funktion des Preises p und der Absatzmenge x ergibt, und sich die Kosten linear aus variablen und fixen Kosten zusammensetzen, lauten die entsprechenden Funktionen wie folgt:

$G(x) = U(x) - K(x).$

$U(x) = \text{Preis} \cdot \text{Menge} = p \cdot x = (a - b \cdot x) \cdot x = a \cdot x - b \cdot x^2.$

$K(x) = K_f + k_v \cdot x.$

$G(x) = U(x) - K(x) = p \cdot x - (k_v \cdot x + K_f) = (a - b \cdot x) \cdot x - (k_v \cdot x + K_f)$

$= a \cdot x - b \cdot x^2 - k_v \cdot x - K_f = (a - k_v) \cdot x - b \cdot x^2 - K_f.$

Lösung zu Aufgabe 2 c)

Zur Gewinnmaximierung ist die Gewinnfunktion G(x) nach der Absatzmenge x zu differenzieren und gleich null zu setzen.

Es gilt allgemein:

$$G'(x) = U'(x) - K'(x) = 0 \Leftrightarrow U'(x) = K'(x).$$

„Grenzumsatz (Grenzerlös) gleich Grenzkosten" lautet mithin die notwendige Bedingung für ein relatives Gewinnmaximum. Sie ist ökonomisch plausibel: Der Gewinn läßt sich erst dann durch Mengenausdehnung nicht mehr steigern, wenn die letzte marginale Mengeneinheit x genau in dem Maße zusätzlichen Umsatz (*Grenzumsatz* $U'(x)$) bringt, wie sie zusätzliche Kosten (*Grenzkosten* $K'(x)$) verursacht.

Hinreichend für ein relatives Maximum ist an der Stelle der gewinnmaximalen Absatzmenge x* mit $U'(x^*) = K'(x^*)$ schließlich die Bedingung

$$G''(x^*) < 0 \Leftrightarrow U''(x^*) < K''(x^*).$$

Wenn die Grenzgewinnfunktion $G'(x)$ an der Stelle x* streng monoton fällt (was aus $G''(x^*) < 0$ folgt), ist die Steigung der Gewinnfunktion $G(x)$ also vor der Stelle x* positiv und danach negativ, d.h., $G(x)$ erreicht an $x = x^*$ ein Maximum.

Speziell gilt hier: $U'(x) = K'(x) \Leftrightarrow a - 2b \cdot x = k_v \Leftrightarrow x = \dfrac{a - k_v}{2b} = x^*.$

Einsetzen in die Preisabsatzfunktion liefert: $p = a - b \cdot x^* = \dfrac{a + k_v}{2} = p^*.$

Es gilt (hinreichend): $U''(x^*) = -2b < 0 = K''(x^*).$

Damit liegen der gewinnmaximale Preis p* (*Cournot*-Preis) und die gewinnmaximale Menge x* (*Cournot*-Menge) vor. Eingetragen in ein Koordinatensystem, ergeben sie den *Cournot*-Punkt (benannt zu Ehren von *Antoine Augustin Cournot*, 1801-1877, der die Monopolpreistheorie mathematisch herleitete).

Lösung zu Aufgabe 2 d)
Abbildung 2.28 zeigt die im Gewinnmaximum geltenden Zusammenhänge. Es hat in der Preistheorie Tradition, die unabhängige preispolitische Variable p auf der vertikalen Achse abzutragen, so daß p formal als Funktion von x erscheint (und nicht – ökonomisch treffender – x als Funktion von p). Eingetragen sind zunächst die Umsatzfunktion U und die Kostenfunktion K (in Abhängigkeit von x), deren vertikaler Abstand U – K dem Gewinn G entspricht. Der Gewinn $G(x)$ ist bei $x = x^*$ maximal. Auf der Preisabsatzfunktion p liegt der *Cournot*sche Punkt C mit der x-Koordinate x* und der p-Koordinate p*. Doppelt so schnell wie die Preisabsatz-

funktion fällt die Grenzumsatzfunktion U'. An ihrer Nullstelle liegt das Umsatzmaximum. Die Grenzkostenfunktion K' verläuft horizontal auf dem Niveau k_v. Dort, wo sie die Grenzumsatzfunktion schneidet (U' = K'), liegt x*.

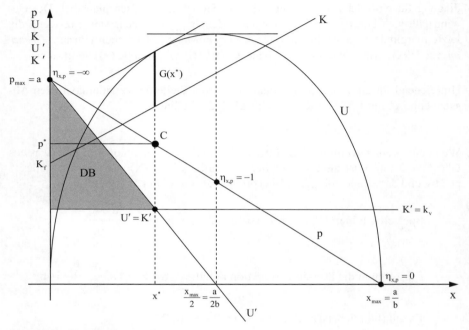

Abb. 2.28: *Cournot*scher Punkt

Der maximale Gesamtgewinn ist in der Graphik nicht nur als Strecke G(x*) = U(x*) – K(x*) ersichtlich, sondern – vermehrt um die nicht entscheidungsrelevanten Fixkosten K_f – auch als Deckungsbeitrag DB. Per Definition ist G = DB – K_f. Wie die folgende Rechnung zeigt, entspricht der Deckungsbeitrag DB(x) genau der Fläche zwischen Grenzumsatz- und Grenzkostenfunktion:

$$DB(x) = \int_0^x \left[U'(v) - K'(v) \right] dv = \left[U(v) - K(v) \right]_0^x$$

$$= U(x) - K(x) - (U(0) - K(0))$$

$$= G(x) - (0 - K_f) = G(x) + K_f.$$

Die in obiger Abbildung schraffierte Fläche DB wird für $x = x^*$ maximal (für $x > x^*$ ist $U' < K'$, so daß das Integral mit steigendem x durch negativen Flächenzuwachs wieder abnimmt).

Lösung zu Aufgabe 2 e)

Die Elastizität der Nachfrage x in bezug auf Änderungen des Preises p ist definiert als:

$$\eta_{x,p} = p \cdot \frac{dx}{dp} \cdot \frac{1}{x} = \frac{\dfrac{dx}{x}}{\dfrac{dp}{p}} = \frac{\text{relative Änderung der Nachfrage x}}{\text{relative Änderung des Preises p}}.$$

Demnach beschreibt $\eta_{x,p}$ die relative Mengenänderung, welche bezogen auf eine relative Preisänderung gemäß der Preisabsatzfunktion eintritt. Wegen $dx/dp < 0$ ist $\eta_{x,p}$ negativ. (Gemäß Preisabsatzfunktion fällt die Absatzmenge x, wenn der Preis p steigt.)

Eine Änderung des Preises um 1% führt also näherungsweise zu einer Nachfrageänderung von $\eta_{x,p}$ %. Aufgrund des in der Formel enthaltenen Differentialquotienten dx/dp gilt diese ökonomische Interpretation strenggenommen nur für marginale Preisänderungen, es sei denn, dx/dp ist (wie hier dank des linearen Zusammenhangs $p = a - b \cdot x$) konstant. Eine Preiselastizität von beispielsweise -4 kann also folgendermaßen gedeutet werden: Wird der Preis p um 1% erhöht, geht die nachgefragte Menge x um (ungefähr) 4% zurück.

Fällt der Mengenrückgang stärker als der Preisanstieg aus, gilt mithin $\eta_{x,p} < -1$ (z.B. $\eta_{x,p} = -4$), heißt die Nachfrage *elastisch*. Ist hingegen die relative Änderung der Nachfrage betragsmäßig geringer als die relative Änderung des Preises ($0 > \eta_{x,p} > -1$, z.B. $\eta_{x,p} = -\frac{3}{4}$), so spricht man von einer *unelastischen* oder *starren* Nachfrage. Der Grenzfall $\eta_{x,p} = -1$ wird als *eins-elastisch* bezeichnet und beschreibt die Situation, in der eine Preiserhöhung einen prozentual gleichen Mengenrückgang der Nachfrage auslöst.

Lösung zu Aufgabe 2 f)

In der unten dargestellten Abbildung ist die lineare Preisabsatzfunktion (oder allgemeiner: die Tangente an dem betrachteten Punkt einer beliebigen Preisabsatzfunktion) eingezeichnet. Wie in der Mathematik üblich, seien die unabhängige Variable p an der Abszisse (waagerechte Achse) und die abhängige, durch die Preispolitik p zu erklärende Nachfrage x an der Ordinate (senkrechte Achse) abgetragen. Wegen des linearen Funktionsverlaufs können alle Elemente der Elastizitätsdefinition durch Streckenlängen abgebildet werden. Betrachtet sei ein beliebiger Punkt C (der im Rahmen dieser Aufgabe nicht mit dem *Cournot*-Punkt identisch zu sein braucht).

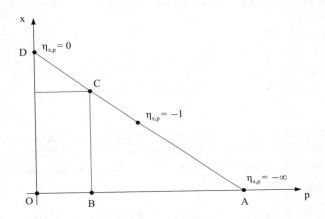

Abb. 2.29: Elastizitäten entlang der Preisabsatzfunktion

Für den absoluten Betrag der Preiselastizität erhalten wir mit Hilfe der durch die Punkte O, A, B, C, D begrenzten Strecken:

$$\left| \eta_{x,p} \right| = \left| p \cdot \frac{dx}{dp} \cdot \frac{1}{x} \right| = \overline{OB} \cdot \frac{\overline{BC}}{\overline{AB}} \cdot \frac{1}{\overline{BC}} = \frac{\overline{OB}}{\overline{AB}}.$$

Nach dem *Strahlensatz* der Geometrie ist aber dieses Streckenverhältnis demjenigen auf der Preisabsatzfunktion (bzw. Tangente) gleich:

$$\left| \eta_{x,p} \right| = \frac{\overline{OB}}{\overline{AB}} = \frac{\overline{CD}}{\overline{AC}} = \frac{\text{Entfernung vom Betrachtungspunkt zur x-Achse}}{\text{Entfernung vom Betrachtungspunkt zur p-Achse}}.$$

Die Merkregel lautet also kurz „Opa":

$$\left| \eta_{x,p} \right| = \frac{\text{Entfernung zur Ordinate}}{\text{Entfernung zur Abszisse}} = \text{„Ordinate per Abszisse"} = \text{OPA}.$$

Aus obiger Abbildung und der gerade hergeleiteten Opa-Eselsbrücke geht deutlich hervor, daß eine linear fallende Preisabsatzfunktion immer einen starren und einen elastischen Bereich hat und alle Werte von $\eta_{x,p} = 0$ (Punkt D) bis $\eta_{x,p} = -\infty$ (Punkt A) vorkommen. (Un-)Elastizität ist demnach eine punktuelle und keine generelle Eigenschaft einer solchen linear fallenden Preisabsatzfunktion.

Lösung zu Aufgabe 2 g)

Nach *Amoroso* und *Robinson* bzw. der Produktregel der Differentialrechnung gilt folgende Beziehung zwischen Grenzumsatz U' und Preiselastizität der Nachfrage $\eta_{x,p}$:

$$U = p \cdot x = p(x) \cdot x.$$

$$\Rightarrow U'(x) = \frac{dp}{dx} \cdot x + p = p \cdot \left(1 + \frac{dp}{dx} \cdot x \cdot \frac{1}{p}\right) = p \cdot \left(1 + \frac{1}{\eta_{x,p}}\right).$$

Lösung zu Aufgabe 2 h)

$$p(x) = a - b \cdot x.$$

$$\Leftrightarrow x = \frac{a}{b} - \frac{p}{b} = \frac{1}{b} \cdot (a - p).$$

$$\eta_{x,p} = p \cdot \frac{dx}{dp} \cdot \frac{1}{x}.$$

$$\eta_{x,p} = p \cdot \left(-\frac{1}{b}\right) \cdot \frac{1}{\frac{1}{b} \cdot (a - p)} = -\frac{p}{(a - p)} = \frac{p}{p - a}.$$

Lösung zu Aufgabe 2 i)

Teilaufgabe h) verknüpft mit f) liefert:

$$|\eta_{x,p}| = \left|\frac{p}{p - a}\right| = \left|-\frac{p}{a - p}\right| = \frac{p}{a - p} = \frac{OB}{AB} = \frac{CD}{AC} = \text{„Opa“.}$$

Lösung zu Aufgabe 2 j)

Analytische Lösung über die in g) hergeleitete *Amoroso-Robinson*-Formel: Im Umsatzmaximum gilt notwendig $U'(x) = 0$, d.h.

$$U'(x) = p \cdot \left(1 + \frac{1}{\eta_{x,p}} \right) = 0 \Leftrightarrow \eta_{x,p} = -1.$$

Die Nachfrage ist im Umsatzmaximum eins-elastisch. Ökonomisch leuchtet dies ein: Wenn dem marginalen relativen Preisanstieg ein gleich hoher marginaler relativer Mengenrückgang gegenübersteht, ändert sich der Umsatz als Produkt beider Größen insgesamt nicht.

Graphische Lösung über das Streckenverhältnis: Gemäß der in d) dargestellten Abbildung liegt das Umsatzmaximum genau in der Mitte des Definitionsbereichs der Preisabsatzfunktion. Von diesem Punkt aus ist es aber gleich weit zur Ordinate wie zur Abszisse, so daß nach der Opa-Regel die Eins-Elastizität resultiert (siehe auch die in Teilaufgabe f) gezeigte Abbildung, Punkt mit $\eta_{x,p} = -1$).

Rechnerische Lösung mit der gegebenen Preisabsatzfunktion: Im Umsatzmaximum gilt notwendig $U'(x) = 0$, d.h. wegen $U(x) = a \cdot x - b \cdot x^2$ und Teilaufgabe h)

$$U(x) = p \cdot x = (a - b \cdot x) \cdot x = a \cdot x - b \cdot x^2.$$

$$U'(x) = a - 2b \cdot x = 0 \qquad \Leftrightarrow \qquad x = a/2b.$$

Das Einsetzen von $x = a/2b$ in die Preisabsatzfunktion liefert:

$$p = a - b \cdot x = p = a - b \cdot a/2b = a - a/2 = a/2.$$

Setzt man $x = a/2b$ und $p = a/2$ in die allgemeine Formel für die Preiselastizität der Nachfrage ein, führt dies zu:

$$\eta_{x,p} = \frac{p}{p-a} = \frac{\dfrac{a}{2}}{\dfrac{a}{2} - a} = \frac{\dfrac{a}{2}}{-\dfrac{a}{2}} = -\frac{\dfrac{a}{2}}{\dfrac{a}{2}} = -1.$$

Lösung zu Aufgabe 2 k)

Der Umsatz steigt bei einer Preiserhöhung, wenn die Nachfrage unelastisch ist, also im Vergleich zum Preisanstieg nur in geringerem Umfang zurückgeht. Steigende Preise bedeuten abnehmende Mengen, und bei fallendem x steigt U nur im unelastischen Bereich (x > a/(2b)) (vgl. die obigen Abbildungen). Formal erhält man aus der *Amoroso-Robinson*-Formel, wenn U'(x) < 0 gelten soll (fallender Umsatz bei steigender Menge und fallendem Preis bzw. *steigender Umsatz* bei fallender Menge und *steigendem Preis*):

$$U'(x) = p \cdot \left(1 + \frac{1}{\eta_{x,p}}\right) < 0 \Leftrightarrow \frac{1}{\eta_{x,p}} < -1 \Leftrightarrow 1 > -\eta_{x,p} \Leftrightarrow \eta_{x,p} > -1.$$

Man beachte bei dieser Äquivalenzumformung, daß $\eta_{x,p}$ negativ ist und sich Ungleichheitszeichen bei der Multiplikation mit negativen Zahlen umdrehen.

Lösung zu Aufgabe 2 l)

Im Gewinnmaximum gilt notwendig U' = K' und demnach unter der Annahme positiver Grenzkosten U' > 0. In Umkehrung der Argumentation zu Teilaufgabe k) gilt aber U' > 0 $\Leftrightarrow \eta_{x,p} < -1$, d.h., im Gewinnmaximum ist die Nachfrage elastisch.

Aufgabe 3:   Beispiel zur Preispolitik im Monopol

Ihnen werden folgende Daten eines monopolistischen Anbieters gegeben:

Preisabsatzfunktion: $p(x) = a - b \cdot x = 60 - 0{,}25 \cdot x$,

Kostenfunktion: $K(x) = K_f + k_v \cdot x = 100 + 6 \cdot x$.

a)   Stellen Sie die unterstellte Preisabsatzfunktion graphisch dar, und erläutern Sie die geltenden Zusammenhänge! Wie hoch sind der Prohibitivpreis a und die Sättigungsmenge x_{max}?

b)   Bestimmen Sie die Umsatz- und Gewinnfunktion in Abhängigkeit von x!

c)   Errechnen Sie den *Cournot*schen Punkt (p*, x*), d.h. die gewinnmaximale Preis-Mengen-Kombination!

d)   Verdeutlichen Sie die im Gewinnmaximum geltenden Zusammenhänge anhand einer (nicht maßstäblichen) Skizze! Gehen sie dabei auch auf die Höhe des maximalen Deckungsbeitrags ein, und kennzeichnen Sie ihn in der Skizze als Fläche!

e)   Berechnen Sie die Preiselastizität der Nachfrage im Gewinnmaximum des gegebenen Zahlenbeispiels!

f)   Wie hoch ist die Preiselastizität der Nachfrage im Umsatzmaximum? Be-
     stätigen Sie Ihr Ergebnis durch Nachrechnen an der gegebenen Preisab-
     satzfunktion!

Lösung zu Aufgabe 3 a)
Graphisch stellt sich die Situation wie folgt dar:

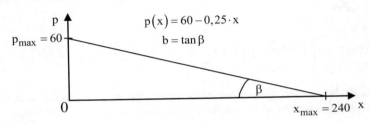

Abb. 2.30: Beispielhafte Darstellung der Preisabsatzfunktion

Man geht davon aus, daß es einen bestimmten Höchstpreis (Prohibitivpreis) $p_{max} = a$
$= 60$ gibt, bei dem keine Nachfrage nach dem angebotenen Produkt besteht. Ausgehend von diesem Höchstpreis bewirken Preissenkungen ein Ansteigen der Absatz-
bzw. Nachfragemenge. Allerdings ist dieser Prozeß endlich, da selbst bei einem
Preis in Höhe von null nur die sogenannte Sättigungsmenge $x_{max} = a/b = 240$ als
maximale Menge nachgefragt bzw. abgesetzt werden kann.

Lösung zu Aufgabe 3 b)
Der Angebotsmonopolist sucht den Preis, der seinen Gewinn maximiert. Der Gewinn G ist dabei als Differenz zwischen Umsatz U und Kosten K definiert. Da sich
der Umsatz als multiplikative Funktion des Preises p und der Absatzmenge x ergibt
und die Kostenfunktion gegeben ist, lauten die Umsatz- und Gewinnfunktion:

$G(x) = U(x) - K(x).$

$U(x) = \text{Preis} \cdot \text{Menge} = p \cdot x = (60 - 0{,}25 \cdot x) \cdot x = 60 \cdot x - 0{,}25 \cdot x^2.$

$K(x) = K_f + k_v \cdot x = 100 + 6 \cdot x.$

$G(x) = U(x) - K(x) = p \cdot x - (k_v \cdot x + K_f) = 60 \cdot x - 0{,}25 \cdot x^2 - (100 + 6 \cdot x)$

$\quad = (60 - 6) \cdot x - 0{,}25 \cdot x^2 - 100 = 54 \cdot x - 0{,}25 \cdot x^2 - 100$

$\quad = -0{,}25 \cdot x^2 + 54 \cdot x - 100.$

Lösung zu Aufgabe 3 c)

Zur Gewinnmaximierung ist die Gewinnfunktion G(x) nach der Absatzmenge x zu differenzieren und gleich null zu setzen.

Es gilt allgemein:

$$G'(x) = U'(x) - K'(x) = 0 \Leftrightarrow U'(x) = K'(x).$$

Speziell gilt hier: $U'(x) = K'(x) \Leftrightarrow a - 2b \cdot x = k_v \Leftrightarrow x = \dfrac{a - k_v}{2b} = x^*$

$$= \frac{60 - 6}{2 \cdot 0,25} = 108.$$

Einsetzen in die Preisabsatzfunktion liefert: $p = a - b \cdot x^* = \dfrac{a + k_v}{2} = p^*$

$$= \frac{60 + 6}{2} = 33.$$

Es gilt (hinreichend): $U''(x^*) = -2b = -2 \cdot 0{,}25 = -0{,}5 < 0 = K''(x^*).$

Damit liegen der gewinnmaximale Preis p* (*Cournot*-Preis) und die gewinnmaximale Menge x* (*Cournot*-Menge) vor.

Lösung zu Aufgabe 3 d)

Abbildung 2.31 zeigt die im Gewinnmaximum geltenden Zusammenhänge. Eingetragen sind zunächst die Umsatzfunktion $U(x) = 60 \cdot x - 0{,}25 \cdot x^2$ und die Kostenfunktion $K(x) = 100 + 6 \cdot x$, deren vertikaler Abstand U(x) – K(x) dem Gewinn G(x) $= -0{,}25 \cdot x^2 + 54 \cdot x - 100$ entspricht. Daneben sind auch die Grenzumsatzfunktion $U'(x) = 60 - 0{,}5 \cdot x$ und die Grenzkostenfunktion $K'(x) = 6$ abgebildet. Auf der Preisabsatzfunktion $p(x) = 60 - 0{,}25 \cdot x$ liegt der *Cournot*sche Punkt C (gewinnmaximale Preis-Mengen-Kombination) mit der x-Koordinate x* = 108 und der p-Koordinate p* = 33. Der Gewinn G(x) ist bei x = x* = 108 maximal. Er beträgt G(x*) = U(x*) – K(x*) = 3.564 – 748 = 2.816. Doppelt so schnell wie die Preisabsatzfunktion fällt die Grenzumsatzfunktion. Während die Polstellen dieser Funktionen übereinstimmen a = 60 betragen, unterscheiden sich also die Nullstellen. Die Preisabsatzfunktion schneidet die Abszisse bei $x_{max} = a/b = 240$ und die Grenzumsatzfunktion hat ihre Nullstelle bei $x = x_{max}/2 = a/2b = 120$, weshalb an dieser Stelle auch das Umsatzmaximum $U_{max} = 3.600$ liegt. Die Grenzkostenfunktion $K'(x) = 6$ verläuft horizontal auf dem Niveau $k_v = 6$. Dort, wo sie die Grenzumsatzfunktion schneidet $(U'(x) = K'(x))$, liegt x^*.

Für das Beispiel ergibt sich ein Deckungsbeitrag in Höhe von:

$$DB(x^*) = G(x^*) + K_f = 2.816 + 100 = 2.916.$$

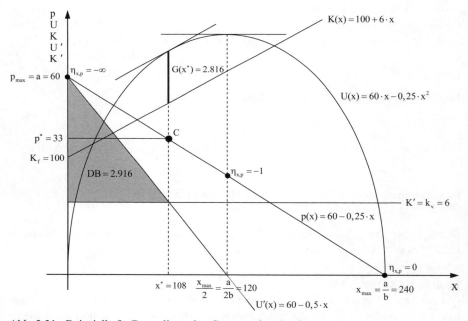

Abb. 2.31: Beispielhafte Darstellung des *Cournot*schen Punktes

Lösung zu Aufgabe 3 e)

Die Preiselastizität der Nachfrage im Gewinnmaximum ergibt sich für die unterstellte Preisabsatzfunktion $p(x) = 60 - 0{,}25 \cdot x$ unter Berücksichtigung von Teilaufgabe 2 h) dieses Unterkapitels wie folgt:

$$\eta_{x,p} = p \cdot \left(-\frac{1}{b}\right) \cdot \frac{1}{\frac{1}{b} \cdot (a-p)} = -\frac{p}{(a-p)} = \frac{p}{p-a} = \frac{33}{33-60} = -1{,}\overline{2}.$$

Lösung zu Aufgabe 3 f)

Gemäß der in Teilaufgabe 2 j) dieses Unterkapitels vorgenommenen allgemeinen Herleitung ist die Nachfrage im Umsatzmaximum eins-elastisch.

Rechnerische Lösung mit der Preisabsatzfunktion $p(x) = 60 - 0{,}25 \cdot x$:

$$U(x) = 60 \cdot x - 0{,}25 \cdot x^2.$$

$$U'(x) = 60 - 0{,}5 \cdot x = 0 \iff x = 60/0{,}5 = 120.$$

Das Einsetzen von $x = a/2b$ in die gegebene Preisabsatzfunktion liefert:

$$p(x) = 60 - 0{,}25 \cdot x = 60 - 0{,}25 \cdot 120 = 30.$$

Setzt man nun die umsatzmaximalen Werte in die bereits in e) angegebene Formel für die Preiselastizität der Nachfrage ein, führt dies zu:

$$\eta_{x,p} = p \cdot \left(-\frac{1}{b}\right) \cdot \frac{1}{\frac{1}{b} \cdot (a-p)} = -\frac{p}{(a-p)} = \frac{p}{p-a} = \frac{30}{30-60} = -1.$$

Aufgabe 4:   Produktpolitik

a)   Beschreiben Sie kurz die Zielsetzung der Produktpolitik!

b)   Führen Sie aus, was man unter einer Produktinnovation, -variation und -elimination versteht! Diskutieren Sie dabei auch die möglichen Ursachen, die eine Produktelimination nach sich ziehen kann, und warum derartige Entscheidungen nicht isoliert gefällt werden sollten!

c)   Wie können sich Unternehmen über den Weg der Produktdifferenzierung und -diversifikation von der Konkurrenz abheben?

Lösung zu Aufgabe 4 a)

Ziel der *Produktpolitik* ist es, sich positiv vom Angebot der Konkurrenten abzuheben, weshalb auch Entscheidungen hinsichtlich des Angebotsprogramms im Mittelpunkt der Produktpolitik stehen. Dabei werden Veränderungen des Angebotsprogramms über den Weg der Produktinnovation, der Produktvariation und der Produktelimination vollzogen.

Lösung zu Aufgabe 4 b)

Von *Produktinnovation* wird gesprochen, wenn technischer Fortschritt und/oder Bedarfsverschiebungen zur Entwicklung und Einführung völlig neuer Produkte führen.

Produktvariation liegt vor, wenn ein bereits bestehendes Produkt in Teilen seines Leistungsbündels verändert und anschließend wieder auf den Markt gebracht wird. Im Zuge der Variation des Produktes bleiben die Grundfunktionen erhalten, wobei mindestens eine der folgenden Produkteigenschaften geändert wird:

- physikalische und funktionale Eigenschaften (Materialart, Bauart, Qualität, Haltbarkeit),
- ästhetische Eigenschaften (Farbe, Form, Verpackung),
- symbolische Eigenschaften (Markenname),
- Zusatzleistungen (Kundendienst, Garantie).

Mit solchen Produktvariationen wird versucht, die eigene Marktposition gegenüber Konkurrenzaktivitäten zu behaupten sowie die Produkte nach ihrer Markteinführung den sich im Zeitablauf ändernden Ansprüchen der Nachfrager anzupassen.

Unter einer *Produktelimination* versteht man die Entfernung eines Produktes aus dem Absatz- und Produktionsprogramm eines Unternehmens. Sie wird in der Regel dann vorgenommen, wenn ein Produkt nicht (mehr) den Erwartungen des Unternehmens entspricht. Dies kann verschiedene Ursachen haben. Beispielsweise könnten negative Auswirkungen des betrachteten Produktes auf das betriebswirtschaftliche Ergebnis, z.B. in Form sinkender Umsätze, Deckungsbeiträge oder Marktanteile ausschlaggebend sein. Es könnten aber auch andere Faktoren, wie die Beschädigung des Firmenimages durch das Produkt oder geänderte rechtliche Rahmenbedingungen, eine Rolle spielen. Gegenstand einer Eliminierungsentscheidung sind aber nicht nur ältere Produkte, die sich nach einer langen Marktpräsenz negativ entwickeln, sondern auch neue Produkte, die nach ihrer Markteinführung weit hinter den gewünschten Mindestzielsetzungen zurückgeblieben sind. Dabei sollte das eliminierungsverdächtige Produkt nicht isoliert betrachtet werden, da unter Umständen Absatzverflechtungen mit anderen Produkten existieren.

Lösung zu Aufgabe 4 c)

Die *Produktdifferenzierung* stellt eine Produktlinienerweiterung dar, mit dem Ziel, durch das parallele Angebot mehrerer Produktvarianten eines Ausgangsprodukts gezielt auf die Bedürfnisse unterschiedlicher Zielgruppen einzugehen, um auf diese Weise neue Käuferschichten zu gewinnen. So setzt sich beispielsweise die Produktlinie Opel Astra aus den Produktvarianten Fließheck, Stufenheck, Caravan, Cabrio, GTC und OPC zusammen. Im Rahmen einer Produktdifferenzierung wird also ein Ausgangsprodukt hinsichtlich bestimmter Eigenschaften verändert und zusätzlich zum bestehenden Produkt angeboten.

Von *Produktdiversifikation* spricht man, wenn ein Anbieter eine neue Produktlinie einführt. Die sogenannte Diversifikationsstrategie ist durch Orientierung an neuen Produkten und neuen Märkten charakterisiert. Sie läßt sich in horizontale, vertikale und laterale Diversifikation aufteilen. Unter *horizontaler Diversifikation* versteht man die Herstellung neuer Produkte, die auf der gleichen Wertschöpfungsstufe wie die bisherigen Produkte stehen. Ziel ist es, Verbundwirkungen zu schaffen. Ein Beispiel für eine solche Strategie ist das Vordringen des Sportschuhherstellers Adidas in den Sportbekleidungsbereich. *Vertikale Diversifikation* beschreibt die Ausweitung der Produktion auf vor- bzw. nachgelagerte Wertschöpfungsstufen. So könnte sich z.B. ein Unternehmen der eisenerz- und metallverarbeitenden Industrie sowohl in der Förderung von Eisenerz als auch im Schiffbau engagieren. Eine *laterale Diversifikation* liegt vor, wenn ein Unternehmen nun auch Produkte anbietet, die in keinerlei Beziehung zu den bisher angebotenen Produkten stehen und somit aus Unternehmenssicht ein völlig neues Gebiet darstellen. In ihrer extremen Form gibt es daher weder Synergien zu bisherigen Märkten noch zu bisherigen Produkten. So ist etwa der Rewe-Konzern sowohl im Einzel- und Großhandel als auch in der Touristikbranche tätig.

Aufgabe 5:   Distributionspolitik

a) Beschreiben Sie kurz die Aufgabe der Distributionspolitik!

b) Nach dem Ausmaß der rechtlichen und wirtschaftlichen Selbständigkeit kann zwischen werkseigenem, werksgebundenem und werksungebundenem Vertrieb unterschieden werden. Beschreiben Sie diese Vertriebssysteme, und nennen Sie je ein Beispiel!

c) Im Rahmen der Distributionspolitik können die Absatzbemühungen mittels betriebseigener und betriebsfremder Absatzorgane durchgeführt werden. Beschreiben Sie den Absatz durch Reisende, Handelsvertreter, Kommissionäre, Fabrikläden, Makler sowie Mitglieder der Geschäftsführung, und ordnen Sie diese den betriebseigenen oder betriebsfremden Absatzorganen zu!

d) Was wird unter direktem und indirektem Absatz verstanden?

Lösung zu Aufgabe 5 a)

Die Aufgabe der *Distributionspolitik* ist es, räumliche und zeitliche Distanzen zwischen der Produktion und dem Konsum eines Gutes zu überbrücken, so daß die angebotenen Güter zur rechten Zeit und am rechten Ort verfügbar sind. Nach *Gutenberg* bewirken dies insbesondere Entscheidungen über die Ausgestaltung des Vertriebssystems, der Absatzformen und der Absatzwege.

Lösung zu Aufgabe 5 b)

Die Entscheidung über das *Vertriebssystem* legt fest, inwieweit der Vertrieb rechtlich und wirtschaftlich an die Unternehmensleitung gebunden ist. Nach dem Ausmaß dieses Abhängigkeitsverhältnisses kann zwischen einem werkseigenen, werksgebundenen und werksungebundenen Vertriebssystem unterschieden werden. Dabei erfolgt der *werkseigene Vertrieb* über wirtschaftlich und rechtlich unselbständige Verkaufsniederlassungen oder Filialen. Beispielsweise bedienen sich Automobilhersteller dieses Vertriebssystems, indem sie eigene Verkaufsniederlassungen unterhalten, die über Ausstellungsräume, Läger, Werkstätten und Einrichtungen für den Kundendienst verfügen. Beim *werksgebundenen Vertrieb* wird die gesamte Vertriebstätigkeit aus dem Unternehmen ausgegliedert und rechtlich selbständigen, aber wirtschaftlich unselbständigen Vertriebsgesellschaften übertragen. So gründet z.B. der Konzern Unilever für jede Produktmarke eine eigene GmbH und schafft dadurch eine gewisse Distanz zwischen Unternehmen und Marke sowie zwischen den einzelnen Marken, so daß sich ein negatives Ansehen eines Produktes nicht auf andere überträgt. Im Rahmen des *werksungebundenen Vertriebs* wird die gesamte Vertriebstätigkeit rechtlich und wirtschaftlich selbständigen Gesellschaften überlassen. Sie nehmen die Absatzaktivitäten in Eigenregie wahr, wobei sie meist für mehrere Unternehmen der gleichen Branche tätig sind. Die Herstellerbetriebe treten absatzpolitisch nach außen nicht mehr in Erscheinung, da die Vertriebsgesellschaft den Einsatz des absatzpolitischen Instrumentariums koordiniert. Das werksungebundene Vertriebssystem wird beispielsweise von landwirtschaftlichen Absatzgenossenschaften genutzt.

Lösung zu Aufgabe 5 c)

Zum Absatz mittels *betriebseigener Absatzorgane* gehört z.b. der Verkauf über Mitglieder der Geschäftsführung, Reisende und Fabrikläden. In einigen Unternehmen suchen die *Geschäftsinhaber* oder die *Geschäftsführer* ihre Kunden selbst auf, um ihre Waren anzubieten (z.b. Schmuck-, Lederwarenindustrie). Dies geschieht in der Regel bei ungewöhnlicher Größe eines in Aussicht stehenden Auftrags, bei überragender Bedeutung eines Geschäftspartners, aber auch dort, wo lediglich eine begrenzte Anzahl von Kunden zu versorgen ist. Da sie weisungsunabhängig sind, können sie an Ort und Stelle eine Entscheidung über die Verkaufsbedingungen, insbesondere die Preise sowie die Liefer- und Zahlungsbedingungen treffen. Bei einem *Reisenden* handelt es sich um einen weisungsgebundenen Angestellten eines Unternehmens, der dessen Kunden in regelmäßigen Abständen aufsucht, um die Produkte des Unternehmens zu präsentieren und zu verkaufen. Seine Stärke ist die gute Warenkenntnis. Reisende sind entweder mit einer Vermittlungs- oder einer Abschlußvollmacht ausgestattet. Als Leistungsvergütung erhalten sie ein festes Grundgehalt, eine erfolgsabhängige Provision sowie Reisespesen. Im Rahmen des *Fabrikverkaufs* verkauft ein Hersteller seine Produkte über an die „Fabrik" angeschlossene Läden oder herstellereigene Verkaufsniederlassungen. Dabei werden vor allem Überhang-, Ausschuß-, leicht fehlerhafte und saisonversetzte Waren zu deutlich niedrigeren Preisen angeboten.

Zu den *betriebsfremden Absatzorganen* zählen der Handelsvertreter, der Kommissionär und der Makler. *Handelsvertreter* sind selbständige Gewerbetreibende, die für ein oder mehrere Unternehmen in einem fest zugeteilten Gebiet Geschäfte vermitteln (Vermittlungsvertreter) oder abschließen (Abschlußvertreter). Sie agieren also im Namen und auf Rechnung des Auftraggebers, weshalb sie kein Preisrisiko tragen. Die Selbständigkeit kommt in der Möglichkeit zur freien Gestaltung ihrer Tätigkeit bzw. in der freien Einteilung ihrer Arbeitszeit zum Ausdruck. Im Vergleich zum Reisenden erhalten sie für ihre Dienste eine relativ hohe erfolgsabhängige Provision und darüber hinaus bei Übernahme bestimmter Funktionen (z.B. Reklamationsfunktion) ein geringes Fixum. Anders als ein Reisender kann der Handelsvertreter eine Vielzahl von Unternehmen bzw. Produkten vertreten, wobei diese jedoch nicht miteinander konkurrieren dürfen. *Kommissionäre* treten im Gegensatz zum Handelsvertreter Dritten gegenüber im eigenen Namen auf, arbeiten aber ebenfalls auf Rechnung des Auftraggebers (Kommittent). Sie sind daher in der Regel für ihre Kunden nicht als betriebsfremdes Absatzorgan erkennbar. Der Kommissionär übernimmt für den Kommittenten den Ein- oder Verkauf von Waren und Wertpapieren und erhält dafür eine erfolgsabhängige Provision (Kommission). Kommissionsgeschäfte sind heute besonders im Wertpapierhandel, im Handel mit Agrarprodukten und im Außenhandel anzutreffen. *Makler* vermitteln lediglich Verträge. Sie führen also Anbieter und Nachfrager zusammen, die dann selbst Verträge abschließen. Nachdem das Geschäft rechtswirksam zustande gekommen ist, hat der Makler Anspruch auf den Maklerlohn (Courtage). Während die Bedeutung des Maklers für den ständigen Absatz von Sachgütern außer bei Versteigerungen gering ist, hat er im Immobiliengeschäft sowie im Versicherungs- und Finanzanlagenbereich eine bedeutende Marktstellung inne.

Lösung zu Aufgabe 5 d)
Bei der Entscheidung über den *Absatzweg* ergibt sich für einen Hersteller die Frage, ob sich sein Außendienst (z.B. Reisende oder Handelsvertreter) an den Großhandel, den Einzelhandel oder unmittelbar an den Endabnehmer wenden soll (vgl. Abbildung 2.32).

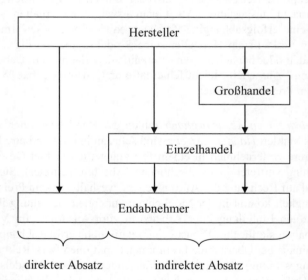

Abb. 2.32: Absatzwege

Als Absatzweg bzw. Absatzkanal wird also der Weg eines Produktes vom Hersteller bis zum Endverbraucher, -gebraucher oder Weiterverarbeiter verstanden. Tritt der Produzent als unmittelbarer Verkäufer an den Endabnehmer heran, so spricht man von *direktem Absatz*. Hierdurch sind sehr intensive Kundenkontakte mit hoher Beratungsqualität und eine direkte Kontrolle des Absatzweges möglich. Traditionell kommt dem direkten Absatz etwa bei Produkten mit hohem Erklärungsbedarf und bei starker regionaler Konzentration der Endabnehmer eine große Bedeutung zu (z.b. in der Investitionsgüterindustrie). In neuerer Zeit wird dieser Absatzweg wegen der zunehmenden Nachfragemacht des Handels auch von der Konsumgüterindustrie in immer stärkerem Maße genutzt. Beim *indirekten Absatz* werden vom Hersteller unabhängige Handelsunternehmen (Groß-, Einzelhandel) als Absatzmittler eingeschaltet, welche die Produkte an die Endabnehmer weiterleiten. Während der Großhandel die Produkte an Nichtkonsumenten veräußert, versorgt der Einzelhandel die Endverbraucher. Da dieser Absatzweg im Vergleich zum direkten Absatz länger ist, geht der Kontakt zum Kunden fast vollständig verloren, und eine Kontrolle des Absatzweges ist nahezu ausgeschlossen. Die Unterstützung des Groß- und Einzelhandels in der Distribution erweist sich vor allem in der Konsumgüterindustrie als hilfreich, weshalb dort der indirekte Absatz große Bedeutung hat. So erfolgt der Absatz industriell gefertigter Schuhe indirekt, da man sich beispielsweise der Sortimentsfunktion des Einzelhandels bedienen kann, welche den Absatz merklich unterstützt.

Aufgabe 6: Kommunikationspolitik

a) Beschreiben Sie den Gegenstand der Kommunikationspolitik!

b) Erläutern Sie kurz, was durch Werbung angestrebt wird!

c) Nennen Sie die grundsätzlichen Probleme der Werbeplanung!

d) Was versteht man unter einem Werbeobjekt, Werbemittel und Werbeträger? Nennen Sie je ein Beispiel!

e) Neben der Werbung werden die Verkaufsförderung und Öffentlichkeitsarbeit als Instrumente der Kommunikationspolitik eingesetzt. Beschreiben Sie, welche ergänzende Wirkung mit diesen Instrumenten angestrebt wird!

Lösung zu Aufgabe 6 a)

Im Rahmen der *Kommunikationspolitik* geht es um die bewußte Gestaltung aller auf den Absatzmarkt gerichteten Informationen eines Unternehmens, mit dem Ziel der Verhaltenssteuerung vorhandener und potentieller Kunden. Über die Verhaltenssteuerung sollen Marktanteile gesichert oder gesteigert werden. Die Ausprägungen der Kommunikationspolitik gliedern sich üblicherweise in die Bereiche (Media-) Werbung, Verkaufsförderung und Öffentlichkeitsarbeit.

Lösung zu Aufgabe 6 b)

Werbung ist als absichtliche und zwangfreie Beeinflussung von (potentiellen) Kunden durch den Einsatz von Massenkommunikationsmitteln zu verstehen, durch die

die (potentiellen) Kunden zu einer bestimmten, den unternehmenspolitischen Zielen dienenden Verhaltensweise veranlaßt werden sollen.

Lösung zu Aufgabe 6 c)
Die grundsätzlichen *Probleme der Werbeplanung* lassen sich in drei Punkten zusammenfassen:

- Festlegung der Werbeziele und Zielgruppen,
- Bestimmung der Höhe des Werbeetats und
- Festlegung der Werbeobjekte, Werbemittel und Werbeträger.

Lösung zu Aufgabe 6 d)
Im Rahmen der Festlegung der *Werbeobjekte* sind die Objekte, für die geworben werden soll, zu identifizieren. Hierfür kommen beispielsweise einzelne Produkte (Produktwerbung), aber auch das Unternehmen als Ganzes (Firmenwerbung), z.B. bei einer „Imagekampagne", in Betracht. Unter einem *Werbemittel* werden alle Ausdrucksformen verstanden, in denen die Werbebotschaft konkretisiert und dargestellt wird. In den Werbemitteln nimmt die Werbebotschaft also ihre mitteilungsfähige Form an. Als Werbemittel kommen daher z.B. das gesprochene bzw. geschriebene Wort, das Bild, die Musik, eine besondere Handlung usw. in Betracht. In diesem Sinn stellt etwa eine konkrete Anzeige oder ein Werbefilm ein Werbemittel dar, welches in verschiedenen Werbeträgern geschaltet wird. *Werbeträger* stellen demnach durch die Übermittlung der Werbebotschaft das Bindeglied zwischen dem werbetreibenden Unternehmen und dem Umworbenen dar. Der Begriff Werbeträger umfaßt die Gesamtheit aller Subjekte (z.B. Reisende, Handelsvertreter) und Objekte (z.B. Zeitungen, Rundfunk, Fernsehen, Kinos, Plakatwände, Litfaßsäulen), welche die Werbemittel an die Zielpersonen heranführen.

Lösung zu Aufgabe 6 e)
Ein Instrument, das die (Media-)Werbung traditionellerweise ergänzt, ist die *Verkaufsförderung*. Mit ihrer Hilfe sollen Absatzwiderstände überwunden werden. Während die Werbung in der Regel auf eine breite Streuung und langfristige Wirkung angelegt ist, sucht die Verkaufsförderung durch die gezielte Beeinflussung einer beschränkten Personenzahl den schnellen, meist kurzlebigen Absatzerfolg. Als typische verkaufsfördernde Maßnahmen kommen z.B. Sonderangebote, kostenlose Produktproben, Gutscheine, Treueaktionen und Produktvorführungen am Verkaufsort in Betracht.

Während man im Rahmen der Werbung und der Verkaufsförderung eine unmittelbare Beeinflussung der Absatzmöglichkeiten anstrebt, zielt die *Öffentlichkeitsarbeit* vor allem auf die Schaffung eines positiven Firmenbildes ab. Sie richtet sich sowohl an die (potentiellen) Kunden als auch an den Staat, kirchliche Institutionen, Gewerkschaften, Verbraucherverbände, Medien, Aktionäre, Lieferanten, Mitarbeiter und viele mehr. Diese Anspruchsgruppen erwarten von einem Unternehmen ein dem Allgemeinwohl dienendes soziales und ökologisches Engagement. Die Öffentlichkeitsarbeit hat nun die Aufgabe, die Anspruchsgruppen glaubhaft über derartige Aktionen zu informieren, um auf diese Weise verstärkt öffentliches Vertrauen zu gewinnen und infolgedessen Absatzwiderstände zu überwinden.

Aufgabe 7:   Wettbewerbsstrategien

a) Welches Ziel wird mit der Festlegung von Wettbewerbsstrategien verfolgt?
b) Erläutern Sie *Porters* Konzept generischer Wettbewerbsstrategien!
c) Beschreiben sie die Marktfeldstrategien nach *Ansoff*!
d) Was besagt das Produktlebenszykluskonzept?
e) Stellen Sie die Normstrategien des Marktwachstum-Marktanteil-Portfolios der *Boston Consulting Group* dar, und würdigen Sie diese kritisch!

Lösung zu Aufgabe 7 a)

Allgemein handelt es sich bei einer *Wettbewerbsstrategie* um eine mittel- bis langfristig wirkende Grundsatzentscheidung mit Instrumentalcharakter. Ihr obliegt die Aufgabe, einen Orientierungsrahmen für die nachgeordneten Entscheidungen im Bereich der absatzpolitischen Instrumente zu schaffen und so den operativen Mitteleinsatz auf die Erreichung der zuvor festgelegten Ziele hin zu kanalisieren.

Lösung zu Aufgabe 7 b)

Nach *Porter* gibt es drei erfolgversprechende Typen strategischer Ansätze, um andere Unternehmen in einer Branche zu übertreffen (vgl. Abbildung 2.33). Die *Strategie der Kostenführerschaft* zielt darauf ab, mit Hilfe von Steigerungen der betrieblichen Effizienz (z.B. Automation der Produktion und Standardisierung der Produkte) die Stückkosten und damit die Preise der Produkte unter das Niveau der wichtigsten Konkurrenten zu drücken, um so Wettbewerbsvorteile zu realisieren. Während hier also auf das vom Abnehmer wahrgenommene Preis-Nutzenverhältnis über den Preis absatzfördernd eingewirkt werden soll, ist im Rahmen der *Differenzierungsstrategie* der Nutzen verkaufsfördernd zu beeinflussen. Ihr Ziel ist es, Kunden durch Schaffung von Produkt- und Leistungsvorteilen (z.B. Design, Markenname, Technologie,

Kundendienst, Garantieleistungen) an das jeweilige Unternehmen zu binden, auch ohne daß man einen Kostenvorsprung besitzt. Die Verfolger einer *Nischenstrategie* versuchen durch die Konzentration auf Marktnischen (z.b. bestimmte Abnehmer, Produktlinien, geographisch abgegrenzte Teilmärkte) ein Preis-Nutzenverhältnis zu erreichen, welches über dem derjenigen Konkurrenten liegt, deren Wettbewerbsausrichtung auf eine breite Marktabdeckung angelegt ist. Die Nischenstrategie kann dabei sowohl auf Kosten- als auch auf Produkt- und Leistungsvorteilen beruhen.

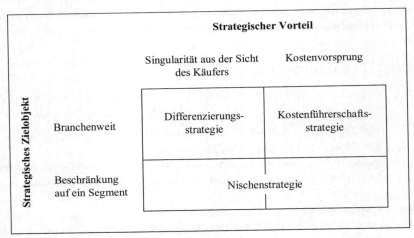

Abb. 2.33: Wettbewerbsstrategien nach *Porter*

Lösung zu Aufgabe 7 c)
Sollte die Erreichung der Ziele des Unternehmens nicht mehr mit den bisher verfolgten Strategien gewährleistet werden können, dann ist nach strategischen Alternativen zu suchen. Ansatzpunkte zur Strukturierung dieser Suche bieten die von *Ansoff* entworfene Matrix der Produkt-Markt-Beziehungen sowie die sich daraus ergebenden Marktfeldstrategien der Marktdurchdringung, Marktentwicklung, Produktentwicklung und Diversifikation.

Tab. 2.9: Produkt-Markt-Matrix nach *Ansoff*

Produkte \ Märkte	gegenwärtige	neue
gegenwärtige	Marktdurchdringung	Markterschließung
neue	Produktentwicklung	Diversifikation

Bei der Strategie der *Marktdurchdringung* wird versucht, mit Hilfe des absatzpolitischen Instrumentariums den Marktanteil der derzeitigen Produkte auf den gegenwärtig bearbeiteten Absatzmärkten zu erhöhen. Dies kann durch eine Erhöhung der Produktverwendung bei bisherigen Kunden (z.B. durch Vergrößerung der Verkaufseinheiten), die Gewinnung von Kunden der Konkurrenz (z.B. durch Preissenkungen) und die Gewinnung von gegenwärtigen Nichtverwendern des Produktes (z.b. durch kostenlose Produktproben) geschehen. Im Rahmen der Strategie der *Markterschließung* sind für die bestehenden Produkte neue Märkte zu erobern, indem neue Kundengruppen gewonnen oder neue regionale, nationale oder internationale Absatzmärkte gefunden werden. Die Strategie der *Produktentwicklung* zielt darauf ab, über die Konzipierung neuer Problemlösungen (z.b. durch Produktinnovationen) neue Produkte auf gegenwärtig bearbeiteten Absatzmärkten anzubieten. Mit der *Diversifikationsstrategie* begibt sich ein Unternehmen schließlich auf gänzlich neue Betätigungsfelder, da sowohl die anzubietenden Produkte als auch die zu bearbeitenden Absatzmärkte Neuland darstellen.

Lösung zu Aufgabe 7 d)

Das *Produktlebenszykluskonzept* versucht den Lebensweg eines Produktes von der Markteinführung bis zum Marktaustritt darzustellen. Dieser Lebensweg ist im idealtypischen Fall durch einen spezifischen Verlauf der Absatz- oder Umsatzzahlen in Abhängigkeit von der Zeit charakterisiert, der üblicherweise in die Einführungs-, Wachstums-, Reife-/Sättigungs- und Degenerationsphase unterteilt wird. Die *Einführungsphase* beginnt mit dem Markteintritt des Produktes. Aufgrund hoher Einführungskosten und eines schleppenden Umsatzwachstums können in dieser Phase noch keine Gewinne erwirtschaftet werden. Sollte die Erlangung eines großen Marktanteils aus strategischer Sicht gewünscht sein, dann ist eine Marktdurchdringungsstrategie über niedrige Preise mit umfangreicher Absatzförderung durch die anderen absatzpolitischen Instrumente zu verfolgen. In der *Wachstumsphase* steigen Absatz oder Umsatz stark an, so daß man erste Gewinne realisieren kann. Für die Erlangung eines großen Marktanteils ist die Strategie der Marktdurchdringung fortzusetzen, wobei vor allem die kommunikationspolitischen Instrumente (z.B. Werbung und Verkaufsförderung) an Bedeutung gewinnen. In der *Reife- und Sättigungsphase* wird das Umsatzmaximum erreicht. Die Zuwachsraten des Umsatzes sinken zunächst bis auf null und werden nach Überschreiten des Umsatzmaximums negativ. Aufgrund des in dieser Phase stattfindenden Verdrängungswettbewerbs durch das Hinzutreten neuer Konkurrenten sind vor allem aggressive Preisstrategien zu verzeichnen. Darüber hinaus sollten die Strategien der Markterschließung und Produktentwicklung forciert werden. Die *Degenerationsphase* schließt den Lebenszyklus des Produktes ab, da die Umsätze in dieser Phase so stark fallen, daß keine Gewinne mehr zu erzielen sind.

Lösung zu Aufgabe 7 e)

Das *Marktwachstum-Marktanteil-Portfolio* der *Boston Consulting Group* strebt ein finanzwirtschaftlich ausgeglichenes Portefeuille von strategischen Geschäftseinheiten an. Dabei stellt der relative Marktanteil das Verhältnis vom eigenen Marktanteil zum Marktanteil des stärksten Konkurrenten dar und zeigt die jeweilige Marktposition an. Das Marktwachstum dient als Beurteilungsgröße für die Marktattraktivität, was in der Logik des Produktlebenszykluskonzepts verankert ist. Das Marktwachstum ist somit ein Indikator für die Lebenszyklusphase, in der sich eine strategische Geschäftseinheit befindet.

Tab. 2.10: Marktwachstum-Marktanteil-Portfolio

Marktwachstum \ Marktanteil	niedrig	hoch
hoch	„Fragezeichen"	„Sterne"
niedrig	„Arme Hunde"	„Milchkühe"

Aus der Identifizierung und Positionierung der strategischen Geschäftseinheiten als „Fragezeichen", „Sterne", „Arme Hunde" und „Milchkühe" können schließlich grundsätzliche Empfehlungen (*Normstrategien*) für die jeweiligen Geschäftseinheiten abgeleitet werden.

„Fragezeichen" sind strategische Geschäftseinheiten, die sich in Anlehnung an das Produktlebenszykluskonzept in der Einführungsphase befinden, so daß sie einen niedrigen Marktanteil bei hohem Marktwachstum aufweisen. In dieser Situation

bieten sich zwei strategische Alternativen an. Die erste Möglichkeit besteht darin, den Marktanteil über eine Investitionsstrategie mittels Investitionen in die Marktdurchdringung, Produktentwicklung und/oder Markterschließung zu erhöhen, um so „Fragezeichen" im Zeitablauf zu „Sternen" zu machen. Ihre Förderung ist notwendig, um auch zukünftig erfolgreiche Erzeugnisse im Produktionsprogramm zu haben. Sollte hingegen eine deutliche Marktanteilsausweitung nicht möglich sein, dann ist für die zu „armen Hunden" werdenden „Fragezeichen" ein Rückzug aus dem Markt angebracht (Desinvestitionsstrategie).

„Sterne" sind durch einen hohen Marktanteil bei hohem Marktwachstum gekennzeichnet. Sie befinden sich in der Wachstumsphase ihres Lebenszyklus und tragen erheblich zum Wachstum und zur zukünftigen Existenzsicherung eines Unternehmens bei. Daher ist es sinnvoll, den hohen relativen Marktanteil zu halten oder auszubauen (Investitionsstrategie). Bei nachlassendem Marktwachstum werden „Sterne" zu „Milchkühen" und erbringen infolge geringerer Investitionen einen hohen Finanzmittelüberschuß.

Als *„Milchkühe"* gelten strategische Geschäftseinheiten mit hohem Marktanteil auf kaum wachsenden oder gar stagnierenden Märkten. Sie befinden sich in Anlehnung an das Produktlebenszykluskonzept in der Reifephase und profitieren wegen ihres hohen relativen Marktanteils von Kostenvorteilen gegenüber der Konkurrenz. Aufgrund dessen und wegen der Tatsache, daß die Notwendigkeit von Reinvestitionen in einem stagnierenden Markt abnimmt, erzielen „Milchkühe" die höchsten finanziellen Überschüsse aller strategischen Geschäftseinheiten, weshalb auch eine Abschöpfung dieser Finanzmittelüberschüsse empfohlen wird. Im Rahmen einer derartigen Abschöpfungsstrategie sollen „Milchkühe" also ihren Marktanteil halten und Überschüsse erzielen, die zur Finanzierung der „Sterne" und ausgewählter „Fragezeichen" behilflich sein können.

„Arme Hunde" weisen einen geringen Marktanteil bei schwachen oder gar negativen Marktwachstumsraten auf. Sie befinden sich in der Sättigungs- oder Degenerationsphase ihres Lebenszyklus. Solange sie noch Überschüsse erzielen, empfiehlt es sich, diese in „Fragezeichen" und „Sterne" zu investieren; ansonsten sind sie über Desinvestitionstrategien aus dem Portfolio zu entfernen, wobei die dabei anfallenden finanziellen Mittel wiederum zur Finanzierung von „Fragezeichen" und „Sternen" dienen sollten.

Da ein finanzwirtschaftlich ausgeglichenes Portefeuille strategischer Geschäftseinheiten anzustreben ist, dürfen die für die einzelnen Geschäftseinheiten abgeleiteten
Normstrategien *nicht isoliert* betrachtet werden. Ein Ausgleich zwischen Finanzmit-
telzufluß und -abfluß ist dabei nur möglich, wenn die Synergieeffekte zwischen den
Normstrategien der einzelnen strategischen Geschäftseinheiten erkannt und berücksichtigt werden. *Kritisch* anzumerken ist des weiteren, daß die Normstrategien recht
holzschnittartig nur zwei Bewertungsdimensionen (Marktwachstum und -anteil)
auswerten und dabei jeweils auf ebenso holzschnittartige Hypothesen (Erfahrungs-
kurve, Lebenszyklus) zurückgreifen. Eine strategische Analyse muß umfassender
ausfallen und darf dabei auch nicht ausschließlich auf eine gleichgewichtige Innenfinanzierung abstellen: Investitionen können nämlich auch durch Außenfinanzierung
(Beteiligungen, Kredite) realisiert werden statt durch das Melken von „Milchkühen".

2.4   Organisation

Aufgabe 1:   Grundbegriffe

a) Beschreiben Sie den institutionellen, funktionellen und instrumentellen
   Organisationsbegriff!

b) Führen Sie aus, was im Rahmen der Organisationstheorie unter generellen
   und fallweisen Regelungen anzusehen ist!

c) Was versteht *Gutenberg* unter dem Substitutionsprinzip der Organisation?

d) Wodurch zeichnet sich das organisatorische Optimum aus?

e) Wonach wird mit Hilfe des Prinzips des organisatorischen Gleichgewichts
   gesucht?

f) Wann spricht man von Über- und Unterorganisation?

g) Erklären Sie, was unter der Aufbau- und Ablauforganisation zu verstehen
   ist!

h) Unterscheiden Sie die Verrichtungs- von der Objektzentralisation!

Lösung zu Aufgabe 1 a)
Der weitgefaßte *institutionelle Organisationsbegriff* versteht Organisation als zielge-
richtetes soziales System, das bestimmten Regeln unterliegt. *Das Unternehmen ist
eine Organisation* im Sinne des nach außen in Erscheinung tretenden Gesamtkom-
plexes und gleicht daher z.B. Verbänden, Parteien und Kirchen.

Der *funktionelle Organisationsbegriff* begreift Organisation als Vorgang der Differenzierung eines Systems in arbeitsteilige Subsysteme und deren Integration zu einem zielgerichteten Ganzen. *Das Unternehmen wird organisiert* im Sinne der Schaffung von ordnungsbildenden Regelungen für alle betrieblichen Aktivitäten.

Das Ergebnis der Tätigkeit des Organisierens ist der *instrumentelle Organisationsbegriff*, der Organisation als relativ dauerhafte Struktur eines sozialen Systems ansieht. *Die Unternehmung hat eine Organisation*, welche die Gesamtheit von Strukturen und Regelungen umfaßt, die als Mittel für eine zielgerichtete Steuerung der betrieblichen Aktivitäten eingesetzt werden.

Lösung zu Aufgabe 1 b)
Generelle Regelungen ordnen solche Regelungstatbestände auf Dauer, die sich häufig in gleicher oder ähnlicher Weise wiederholen. Sie werden einer allgemeinen und einheitlichen Lösung zugeführt, so daß sich Regelungen in jedem Einzelfall erübrigen. Sollten sich die Regelungstatbestände jedoch nicht wiederholen, sondern als Einzelfälle in Erscheinung treten, dann sind *fallweise Regelungen* für jeden einzelnen Vorgang zu treffen.

Lösung zu Aufgabe 1 c)
Beim Festlegen von Regelungen sollte man versuchen, mit zunehmender Gleichartigkeit und Wiederkehr betrieblicher Vorgänge fallweise Regelungen durch generelle Regelungen zu ersetzen. *Gutenberg* bezeichnet diese Tendenz, daß mit abnehmender Variabilität betrieblicher Tatbestände zunehmend allgemeine Regelungen Anwendung finden, als das *Substitutionsprinzip der Organisation*.

Lösung zu Aufgabe 1 d)
Bei Anwendung des Substitutionsprinzips der Organisation ist das sogenannte *organisatorische Optimum* anzustreben, welches den Zustand beschreibt, bei dem alle gleichartigen und wiederkehrenden Vorgänge generellen Regelungen unterliegen sowie umgekehrt verschiedene Vorgänge mit Hilfe fallweiser Regelungen erfaßt werden.

Lösung zu Aufgabe 1 e)
Die Substitution fallweiser durch generelle Regelungen ist durch das zweckmäßige Verhältnis beider Regelungen beschränkt. Man sucht mit Hilfe des *Prinzips des organisatorischen Gleichgewichts* einen Ausgleich zwischen Stabilität und Elastizität, denn generelle Regelungen führen zu stabilen, aber unelastischen Regelungssy-

stemen, wohingegen fallweise Regelungen eine hohe Elastizität sichern, aber die Stabilität beeinträchtigen können, wenn sich wiederholende Vorgänge von jeweils anderen fallweisen Regelungen erfaßt werden. Ferner ist die Forderung nach Gleichgewichtigkeit auch an die Stärke der einzelnen Regelungen, mit der diese den Entscheidungsspielraum der betrieblichen Funktionsträger einschränken, zu stellen.

Lösung zu Aufgabe 1 f)
Ist das Ausmaß genereller Regelungen zu groß, dann spricht man von *Überorganisation*. Sie äußert sich in bürokratisierten Abläufen und in kaum wahrnehmbaren Entscheidungsspielräumen der betrieblichen Funktionsträger. Im Gegensatz dazu liegt *Unterorganisation* vor, wenn fallweise Regelungen getroffen werden, obwohl generelle Regelungen möglich wären.

Lösung zu Aufgabe 1 g)
Als *Aufbauorganisation* (Gebildestrukturierung) wird die Aufgliederung des Unternehmens in funktionsfähige, aufgabenteilige Teileinheiten (Stellen, Abteilungen) sowie deren Koordination verstanden. Sie erstreckt sich auf die Verknüpfung der Teileinheiten zu einer organisatorischen Struktur sowie auf den Beziehungszusammenhang zwischen diesen Teileinheiten. Ziel der *Ablauforganisation* (Prozeßstrukturierung) ist es, den mit der Aufbauorganisation vorgegebenen Rahmen auszufüllen, weshalb die sinnvolle zeitliche und räumliche Strukturierung der für die betriebliche Aufgabenerfüllung notwendigen Arbeitsprozesse als Aufgabe der Ablauforganisation anzusehen ist. Während also die Aufbauorganisation die Frage behandelt, welche betrieblichen Vorgänge von welcher Stelle bewältigt werden sollen, behandelt die Ablauforganisation die Frage, wie diese Vorgänge unter zeitlichen sowie Reihenfolgegesichtspunkten bewältigt werden sollen.

Lösung zu Aufgabe 1 h)
Die *Verrichtungszentralisation* zeichnet sich dadurch aus, daß gleichartige Verrichtungsaufgaben, z.B. im Bereich der Beschaffung, der Produktion und des Absatzes, in einer organisatorischen Einheit zusammengefaßt werden. Bei der *Objektzentralisation* hingegen erfolgt die Zusammenfassung von Aufgaben nach bestimmten Produkten oder Produktgruppen, wobei es unwichtig ist, ob die an den Objekten zu vollziehenden Verrichtungen gleichartig oder ungleichartig sind.

Aufgabe 2: Aufgabenanalyse und Aufgabensynthese

a) Worauf zielen Aufgabenanalyse und Aufgabensynthese ab?

b) Nennen und erläutern Sie die nach *Kosiol* im Rahmen der Aufbauorganisation zur Aufgabenanalyse in Betracht kommenden Gliederungskriterien!

c) Definieren Sie, was im Rahmen der Aufgabensynthese als Stelle bezeichnet, und worauf bei der Stellenbildung abgezielt wird!

d) Mit welchen Rechten bzw. Kompetenzen kann ein Stelleninhaber ausgestattet sein? Beschreiben Sie diese Arten von Kompetenzen!

e) Erläutern Sie, welche Arten von Stellen in Abhängigkeit von der jeweils vorliegenden Kompetenzart unterschieden werden können!

f) Wodurch ist eine Abteilung gekennzeichnet?

Lösung zu Aufgabe 2 a)

Gegenstand der *Aufgabenanalyse* ist die zweckgerichtete Aufspaltung einer komplexen betrieblichen Gesamtaufgabe in einzelne Teilaufgaben (Elementaraufgaben) nach bestimmten Gliederungskriterien. Ziel der *Aufgabensynthese* ist es, die mittels der Aufgabenanalyse gebildeten Teilaufgaben (Elementaraufgaben) so zusammenzufassen, daß daraus arbeits- und aufgabenteilige Einheiten, die sogenannten Stellen, entstehen. Dieser Vorgang wird auch Stellenbildung genannt.

Lösung zu Aufgabe 2 b)

Nach *Kosiol* kommen die folgenden *Gliederungskriterien* in Betracht:

- *Verrichtungsanalyse*:
  Die Gesamtaufgabe wird in die einzelnen, zu ihrer Erfüllung erforderlichen Tätigkeiten bzw. Verrichtungen untergliedert (z.B. Beschaffung, Produktion, Absatz).

- *Objektanalyse*:
  Die Gliederung der Gesamtaufgabe wird anhand der Gegenstände vorgenommen, an denen die einzelnen Tätigkeiten erfolgen (z.B. Tätigkeiten an Einzelteilen, Baugruppen und Endprodukten im Fertigungsbereich).

- *Ranganalyse*:
  Dabei werden alle Teilaufgaben hierarchisch angeordnet und in Entscheidungs- bzw. Leitungsaufgaben oder Ausführungsaufgaben unterschieden, wobei jeder ausführenden Tätigkeit die Entscheidung zur Ausführung vorangeht (z.B. Auslösung und Realisierung eines Produktionsauftrags).

- *Phasenanalyse*:
  Im Rahmen der Phasenanalyse werden alle Teilaufgaben nach dem Stand der Arbeitserledigung in das Phasenschema „Planung, Realisation und Kontrolle" eingeordnet (z.b. Fertigungsplanung, Fertigungsdurchführung und Qualitätskontrolle im Fertigungsbereich).

- *Zweckbeziehungsanalyse*:
  Nach der Zweckbeziehungsanalyse werden alle Teilaufgaben in Primäraufgaben, die unmittelbar am betrieblichen Leistungserstellungsprozeß beteiligt sind, oder Sekundäraufgaben, welche die Erfüllung der primären Aufgaben unterstützen, unterschieden (z.b. zählen zu den Primäraufgaben eines Einzelhandelsunternehmens die Warenbeschaffung sowie der Verkauf und zu den Sekundäraufgaben das Rechnungswesen sowie die Personalverwaltung).

Lösung zu Aufgabe 2 c)
Eine *Stelle* ist als Kombination einzelner Teilaufgaben die kleinste organisatorische Einheit. Sie bildet daher das Grundelement der Aufbauorganisation. Im Rahmen der Stellenbildung wird in der Regel nicht auf eine bestimmte Person abgezielt, sondern auf die formalen Erwartungen, die ein Unternehmen an eine für die Stelle in Frage kommende Person qualitativ (Normaleignung) und quantitativ (Normalkapazität) richtet.

Lösung zu Aufgabe 2 d)
Folgende *Arten von Kompetenzen* können unterschieden werden:

- *Entscheidungskompetenz*:
  Der Stelleninhaber hat das Recht zur Wahl zwischen Handlungsalternativen.

- *Anordnungskompetenz*:
  Die Stelle ist mit dem Recht ausgestattet, das Verhalten anderer Stellen zu bestimmen, d.h., sie in bestimmten Fragen zu einem Tun oder Unterlassen anzuweisen.

- *Vertretungskompetenz*:
  Von Vertretungskompetenz wird gesprochen, wenn ein Stelleninhaber das Recht besitzt, das Unternehmen nach außen zu vertreten.

- *Verfügungskompetenz*:
  Die Stelle ist mit dem Recht ausgestattet, im Rahmen der Aufgabenerfüllung über bestimmte Sachen und Werte verfügen zu können.

- *Informationskompetenz*:
  Der Stelleninhaber besitzt das Recht auf Bezug bestimmter Informationen.

- *Kontrollkompetenz:*
  Unter Kontrollkompetenz versteht man das Recht einer Stelle, Kontrollen durchzuführen.

Lösung zu Aufgabe 2 e)

In Abhängigkeit von der jeweils vorherrschenden Kompetenzart kann man Instanzen (Leitungsstellen), Ausführungsstellen und Stabsstellen (Leitungshilfsstellen) unterscheiden. *Instanzen* sind Stellen mit Leitungsaufgaben, bei denen sich Entscheidungs- und Anordnungskompetenzen konzentrieren. Dagegen sind *Ausführungsstellen* mit der Durchführung operativer Tätigkeiten (Ausführungsaufgaben) betraut, weshalb sie insbesondere mit Verfügungskompetenzen ausgestattet sind. Sie besitzen keine Anordnungskompetenz und handeln ihrerseits auf Anordnung der Instanz. *Stabsstellen* sind einzelnen Instanzen zugeordnet und übernehmen bestimmte, aus diesen Leitungsstellen ausgegliederte Teilaufgaben, ohne daß sie mit Anordnungskompetenz ausgestattet sind. Sie dienen der Entlastung und Unterstützung einer Instanz, insbesondere bei der Vorbereitung und Kontrolle von Entscheidungen. Da sie im Rahmen dessen vor allem Entscheidungsprobleme analysieren, Informationen beschaffen und Lösungsvorschläge erarbeiten, besitzen sie in der Regel Informations- und Verfügungskompetenzen.

Lösung zu Aufgabe 2 f)

Wird aufgrund zusammengehöriger Tätigkeiten ein Stellenverband gebildet, der aus einer Instanz und anderen dieser Leitungsstelle untergeordneten Stellen besteht, so wird dieser Stellenverband auch als *Abteilung* bezeichnet.

Aufgabe 3:   Leitungssysteme

a) Führen Sie allgemein aus, was unter einem Leitungssystem zu verstehen ist!

b) Stellen Sie das Einliniensystem dar, und beschreiben Sie dessen Vor- und Nachteile!

c) Grenzen Sie das Mehrliniensystem vom in Teilaufgabe b) vorgestellten Einliniensystem ab, und diskutieren Sie dabei dessen Vor- und Nachteile!

d) Inwiefern versucht das Stabliniensystem die Vorteile des Ein- und Mehrliniensystems zu vereinen? Beschreiben Sie auch dessen Vor- und Nachteile!

Lösung zu Aufgabe 3 a)
Leitungssysteme stellen hierarchische Gefüge dar, welche die Gestaltung der Anordnungs- bzw. Weisungsbefugnisse zwischen den einzelnen Stellen zum Inhalt haben. Dabei soll die Verteilung der Weisungsrechte eine möglichst reibungslose Abstimmung zwischen diesen Organisationseinheiten gewährleisten. Die sich ergebenden Rangverhältnisse können als Über-, Unter- oder Gleichordnungsverhältnisse charakterisiert werden. Grundsätzlich lassen sich hinsichtlich der Gestaltung des Leitungssystems das Einlinien-, Mehrlinien- und Stabliniensystem unterscheiden.

Lösung zu Aufgabe 3 b)
Das *Einliniensystem* beruht auf dem Prinzip der Einheit der Auftragserteilung und des Auftragsempfangs. Dies bedeutet, daß jede untergeordnete Stelle nur von der ihr direkt vorgesetzten Stelle Anweisungen empfangen darf, der Instanzenzug (Dienstweg) also streng einzuhalten ist. Dadurch soll verhindert werden, daß eine Stelle von verschiedener Seite sich widersprechende Anweisungen erhält.

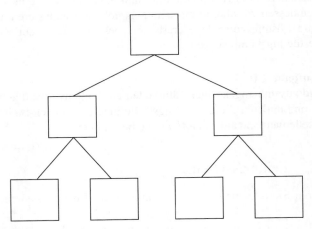

Abb. 2.34: Einliniensystem

Die *Vorteile* des Einliniensystems bestehen in der klaren Regelung der Leitungs- und Unterstellungsverhältnisse mit einer eindeutigen Abgrenzung der Kompetenz- und Verantwortungsbereiche. *Nachteilig* wirken sich die langen und oft schwerfälligen Dienstwege sowie die Tatsache aus, daß die (Zwischen-)Instanzen häufig aufgrund mangelnder Spezialisierung der Leitungsaufgaben überlastet und/oder überfordert sind. Dies hängt aber auch von der Leitungsspanne (Zahl der unterstellten Stellen) bzw. der Tiefe der Hierarchie ab.

Lösung zu Aufgabe 3 c)

Bei Gestaltung des Leitungssystems nach dem *Mehrliniensystem* wird das Prinzip der Einheit der Auftragserteilung und des Auftragsempfangs aufgegeben und durch die Möglichkeit der Mehrfachunterstellung ersetzt. Dabei erhalten die einzelnen nachgeordneten Stellen von mehreren vorgesetzten Stellen Anweisungen, wobei sich jede dieser übergeordneten Stellen auf eine Leitungsaufgabe spezialisiert hat (Prinzip der Spezialisierung (Funktionalisierung) der Leitung).

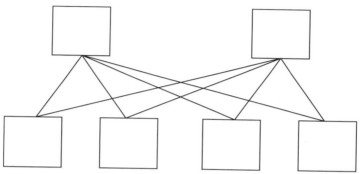

Abb. 2.35: Mehrliniensystem

Vorteile des Mehrliniensystems liegen eindeutig in der Möglichkeit der Spezialisierung von Leitungsaufgaben sowie den damit verbundenen leistungsfördernden Wirkungen und der Ausnutzung der kürzesten Wege zwischen den einzelnen Stellen im Rahmen von Leitungsbeziehungen. *Probleme* bereiten die meist unvermeidbaren Kompetenzüberschneidungen zwischen den weisungsbefugten Stellen und die daraus resultierenden potentiellen Konflikte, die Gefahr der nicht mehr eindeutigen Verantwortung für gute oder schlechte Leistungen und Fehler sowie der hohe Koordinationsaufwand.

Lösung zu Aufgabe 3 d)

Das *Stabliniensystem* versucht die Vorteile des Ein- und Mehrliniensystems zu vereinen. So wird dem Prinzip der Einheit der Auftragserteilung und des Auftragsempfangs gefolgt und zugleich einer erforderlichen Spezialisierung von Wissen über Stabsstellen Rechnung getragen.

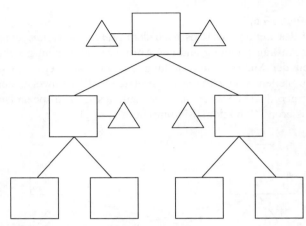

Abb. 2.36: Stabliniensystem

Die *Vorteile* des Stabliniensystems liegen in der fachlichen Entlastung und qualifizierten Unterstützung der (Zwischen-)Instanzen sowie in der strengen Einhaltung des Dienstweges. Dem steht als *Nachteil* gegenüber, daß Stäbe aufgrund ihres Informations- und Qualifikationsvorsprungs erheblichen Einfluß auf die Entscheidungen der (Zwischen-)Instanzen haben, ohne sie jedoch verantworten zu müssen. Ferner können aus Stabsperspektive wegen der fehlenden Entscheidungs- und Weisungskompetenz Spannungen und Demotivationen entstehen. Des weiteren besteht die Gefahr, daß die mit umfassenden Informationsrechten ausgestatteten Stabsstellen inoffiziell als Kontrollorgan eingesetzt werden. Dies könnte die Informationsbereitschaft der untergeordneten Stellen negativ beeinflussen, wodurch eine die (Zwischen-)Instanz sinnvoll beratende Tätigkeit der Stäbe nur noch eingeschränkt möglich wäre.

Aufgabe 4:   Formen der Aufbauorganisation

a) Unterscheiden Sie die Linien-, Sparten- und Matrixorganisation einerseits im Hinblick auf die Gestaltung des Weisungs- bzw. Leitungssystems (Einlinien-, Mehrliniensystem) und andererseits in bezug auf das Kriterium, nach dem die Zentralisation (Verrichtung, Objekt) von Aufgaben erfolgt!

b) Beschreiben Sie die Linien-, und Spartenorganisation, und stellen Sie die Vor- und Nachteile der Sparten- gegenüber der Linienorganisation dar!

c) Erläutern Sie ausführlich, wie durch die Matrixorganisation versucht wird, die Vorteile der Linien- und Spartenorganisation zu vereinen, und stellen Sie wesentliche Merkmale der Matrixorganisation zusammenfassend dar!

Lösung zu Aufgabe 4 a)

Tab. 2.11: Formen der Aufbauorganisation

Weisungsbefugnis / Zentralisation	Verrichtung	Objekt
Einliniensystem	Linienorganisation (funktionale Organisation)	Spartenorganisation (divisionale Organisation)
Mehrliniensystem	Matrixorganisation	

Lösung zu Aufgabe 4 b)

Im Rahmen der *funktionalen Organisation* oder *Linienorganisation* werden auf der zweiten Hierarchieebene gleichartige Funktionen (Verrichtungen), z.B. im Bereich der Beschaffung, der Produktion und des Absatzes, zusammengefaßt und zu deren Wahrnehmung auf organisatorische Einheiten übertragen (Verrichtungszentralisation). Geleitet wird nach dem Einliniensystem, wobei Stäbe möglich und üblich sind. Auf der dritten Hierarchieebene kann die Untergliederung dann weiterhin nach Verrichtungen, aber auch nach Objekten erfolgen.

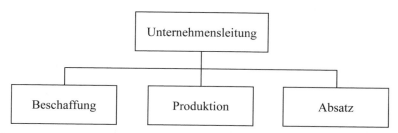

Abb. 2.37: Funktionale Organisation (Linienorganisation)

Die *divisionale Organisation* oder *Spartenorganisation* faßt auf der zweiten Hierarchieebene gleichartige oder verwandte Objekte zu organisatorischen Einheiten, den Sparten (z.B. Produkte oder Produktgruppen), zusammen, wobei es unwichtig ist, ob die an den Objekten zu vollziehenden Verrichtungen gleichartig oder ungleichartig sind (Objektzentralisation). Sie orientiert sich am Einliniensystem, wobei Stäbe

möglich und üblich sind. Auf der dritten Hierarchieebene besteht dann wieder die
Möglichkeit, nach Verrichtungen, aber auch nach Objekten zu untergliedern.

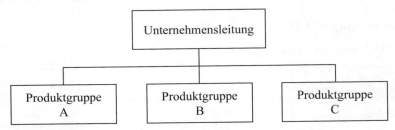

Abb. 2.38: Divisionale Organisation (Linienorganisation)

Die Frage, ob eine divisionale oder funktionale Organisation vorteilhafter ist, kann
nicht allgemeingültig beantwortet werden, da die Organisationsstruktur von den
spezifischen Merkmalen eines Unternehmens und von dessen Umwelt abhängt.
Demzufolge lassen sich hinsichtlich der *Vorteilhaftigkeit* lediglich tendenzielle Aussagen treffen.

Tab. 2.12: Vor- und Nachteile der divisionalen gegenüber der funktionalen Organisation

	Vorteile der divisionalen Struktur	Nachteile der divisionalen Struktur
Kapazi-tätsaspekt	- Entlastung der Leitungsspitze - Entlastung der Kommunikationswege (zwischen den Sparten)	- größerer Bedarf an qualifizierten Lei-tungkräften
Koordina-tionsaspekt	- geringe Interdependenz der Subsysteme - klar getrennte Verantwortungsbereiche - Transparenz der Struktur - leichte Anpassung der Subsysteme	- Erfordernis aufwendiger Koordinations-mechanismen - Notwendigkeit zusätzlicher zentraler Koordinationsstellen - Notwendigkeit getrennter Erfolgskontrol-len
Aspekt der Entschei-dungsqua-lität	- nach Produkten, Abnehmern oder Regio-nen spezifisch angepaßte Entscheidungen - gute Kenntnis der spezifischen Umwelt-bedingungen - schnellere Anpassungsentscheidungen an Marktveränderungen - mehr integrierte, problemorientierte Ent-scheidungen	- Mehrfachaufwand in bezug auf Funkti-onsbereiche - Gefahr des Verlustes einer einheitlichen Politik des Gesamtsystems - Gefahr der Suboptimierung der Subsy-steme (Eigeninteresse, kurzfristiger Er-folgsausweis)

personen-bezogener Aspekt	- bessere Entfaltungsmöglichkeiten für Nachwuchskräfte, da weniger funktional spezialisiert - ganzheitliche Leitungsaufgaben, direkte Beziehung zum eigenen Beitrag - personelle Autonomie der Subsysteme	- geringere Integration des Gesamtpersonals - geringere Beziehung zum Gesamtsystem und seinen Zielen (Spartenegoismus)

Lösung zu Aufgabe 4 c)

Die zweidimensionale *Matrixorganisation* stellt eine Mischform dar, bei der sich verrichtungs- und objektbezogene Organisationsprinzipien überlagern. Wie Abbildung 2.39 zeigt, wird nach dem Mehrliniensystem geleitet.

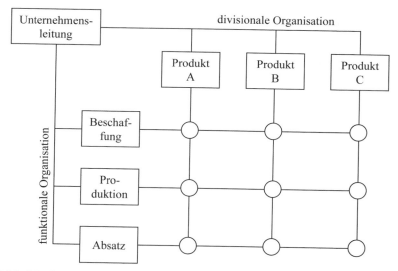

Abb. 2.39: Matrixorganisation

Jede Stelle ist bei der Ausführung ihrer Tätigkeiten einerseits einem Funktionsbereichsleiter und andererseits einem Spartenleiter verantwortlich und erhält von diesen Anweisungen. Dabei hat der Spartenleiter alle Maßnahmen zu veranlassen und zu koordinieren, welche sich beispielsweise aus einem bestimmten Produkt oder einer Produktgruppe ergeben, während die Leiter der Funktionsbereiche für die optimale Durchführung der Tätigkeiten innerhalb der ihnen zugeordneten Funktionsbereiche (z.B. Beschaffung, Produktion, Absatz) verantwortlich sind. Beide sind ihrerseits direkt der Unternehmensleitung unterstellt. Im Rahmen der Matrixorganisation wird also versucht, die Vorteile der divisionalen und funktionalen Organisation zu kombinieren. Da die Spartenleiter sich mit den Funktionsbereichsleitern die Kompetenzen teilen müssen, kann es zu Kompetenzüberschneidungen kommen, weshalb ein erhebliches Konfliktpotential bestehen könnte. Dies wiederum würde zu einer Überlastung der Unternehmensleitung bei der Auflösung der Konflikte führen. Aufgrund dessen wird in der Regel einem der beiden Dimensionsleiter die letztendliche Entscheidungskompetenz zugewiesen, so daß der andere hauptsächlich unterstützende Aufgaben wahrnimmt. Diese und andere wesentliche Merkmale der Matrixorganisation sind in nachstehender Tabelle dargestellt.

Tab. 2.13: Wesentliche Merkmale der Matrixorganisation

Grundsätze	- Spezialisierung der Leitung nach den gleichberechtigten Dimensionen - Funktion und Division/Sparte	
Eigenarten	- keine hierarchische Differenzierung zwischen den Dimensionen Funktion und Division/Sparte - systematische Regelung der Kompetenzkreuzungen - Zusammenarbeit der Dimensionsleiter - Tendenz zur Gewichtung eines der Dimensionsleiter als „Primus inter pares"	
	Vorteile der Matrixorganisation	Nachteile der Matrixorganisation
Kapazitäts-aspekt	- Entlastung der Leitungsspitze - direkte Wege - keine Belastung von Zwischeninstanzen	- großer Bedarf an Leitungskräften - großer Kommunikationsbedarf
Koordina-tionsaspekt	- mehrdimensionale Koordination - übersichtliche Leitungsorganisation	- Zwang zur Regelung sämtlicher Kompetenzkreuzungen zwischen Funktionen und Divisionen/Sparten - hohes Konfliktpotential wegen unterschiedlicher Denkweisen der Funktions- und Spartenleiter
Aspekt der Entschei-dungsqua-lität	- Spezialisierung der Leitung nach Problemdimensionen - gleichwertige Berücksichtigung mehrerer Dimensionen - permanente Kooperation der Leitung	- keine Einheitlichkeit der Leitung - Gefahr falscher Kompromisse - zeitaufwendige Entscheidungsprozesse

Aufgabe 5:   Arbeitsanalyse und Arbeitssynthese

a) Was ist der Gegenstand der Arbeitsanalyse und Arbeitssynthese?
b) Beschreiben Sie personale, temporale und lokale Arbeitssynthese!

Lösung zu Aufgabe 5 a)
Die *Arbeitsanalyse* setzt an den als Elementaraufgaben bezeichneten Teilaufgaben niedrigster Ordnung an und zerlegt diese sukzessive in Arbeitsteile. Dabei werden analog zur Aufgabenanalyse die Gliederungskriterien Verrichtung, Objekt, Rang, Phase und Zweckbeziehung zugrunde gelegt. In der anschließenden *Arbeitssynthese* werden die Arbeitsprozesse gestaltet. Sie umfaßt die personale, temporale und lokale Synthese.

Lösung zu Aufgabe 5 b)
Die *personale Arbeitssynthese* vollzieht sich in zwei Teilschritten. Zunächst werden alle Arbeitsteile unter dem Gesichtspunkt, sie auf eine gedachte Person übertragen zu können, zu Arbeitsgängen zusammengefaßt. Anschließend erfolgt die Zuweisung einer bestimmten Arbeitsmenge (festgelegte Anzahl an Arbeitsgängen) auf eine tatsächliche Person als Stelleninhaber. Im Rahmen der personalen Synthese sind daher Kenntnisse über das Leistungsvermögen der arbeitenden Menschen und der einzusetzenden Betriebsmittel (Aggregate) erforderlich.

Die Teilfragen der *temporalen Arbeitssynthese* erstrecken sich auf die Zusammenfügung und Abstimmung von Arbeitsgängen in zeitlicher Hinsicht, insbesondere auf die Reihung von Arbeitsgängen zu Arbeitsgangfolgen, die Taktabstimmung innerhalb der Arbeitsgangfolgen, die Abstimmung der Arbeitsgangfolgen mehrerer Stellen und die Minimierung organisationsbedingter Lagerbestände. Insgesamt steht bei Fließfertigung die Minimierung der Durchlaufzeit für ein Arbeitsobjekt im Vordergrund.

Die *lokale Arbeitssynthese* beinhaltet die räumliche Anordnung und die zweckmäßige Ausstattung der von den Arbeitsobjekten zu passierenden Arbeitsplätze. So wird mit der räumlichen Anordnung der Arbeitsplätze die Minimierung der innerbetrieblichen Transportwege angestrebt, damit beim Durchlauf der Arbeitsobjekte die Transportzeiten möglichst gering sind. Daneben hängt die Erreichung minimaler Durchlaufzeiten auch von der Minimierung der Bearbeitungszeiten über die Ausstattung der Arbeitsplätze ab, denn nur eine zweckmäßige Ausstattung gewährleistet den Abruf des geplanten Leistungspotentials.

Aufgabe 6:   Koordination von Abläufen

a) Beschreiben Sie kurz, was im Rahmen der Arbeitssynthese unter einer Koordination von Abläufen zu verstehen ist!
b) Welche Instrumente stehen für eine Koordination von Abläufen zur Verfügung? Erläutern Sie die einzelnen Koordinationsmechanismen!

Lösung zu Aufgabe 6 a)
Koordination beinhaltet die Abstimmung der Pläne der einzelnen Teilbereiche und der damit verbundenen betrieblichen Arbeitsabläufe in Hinblick auf eine übergeordnete Unternehmenszielsetzung.

Lösung zu Aufgabe 6 b)
Eine Koordination von Abläufen kann grundsätzlich durch folgende *Instrumente* erreicht werden:

- *Koordination durch persönliche Weisung*:
  Die Koordination durch persönliche Weisung erfolgt über ein durch Über- und Unterordnungsbeziehungen gekennzeichnetes hierarchisches Leitungssystem, in welchem Instanzen (Leitungsstellen) mit Entscheidungs- und Weisungsrechten ausgestattet werden, um der Koordinationsaufgabe gerecht werden zu können. Auftretende Koordinationsprobleme werden so lange in der Hierarchie nach oben weitergeleitet, bis die für die zu koordinierenden Bereiche entscheidungsbefugte Stelle als gemeinsame Instanz erreicht ist. Diese übergeordnete Stelle löst das Koordinationsproblem dann durch persönliche Weisung auf.

- *Koordination durch Standardisierung*:
  Im Rahmen der Standardisierung werden für sich in gleicher oder ähnlicher Weise wiederholende Abläufe bestimmte Verhaltensvorschriften festgelegt, in denen der Wille der Unternehmensleitung niedergelegt ist. Standardisierungen können also persönliche Weisungen ersetzen oder zumindest verringern.

- *Koordination durch Pläne (Budgets)*:
  Die Koordination erfolgt hier bereits im Rahmen der Planung, die systematisch erarbeitete (Soll-)Vorgaben (z.B. Handlungsziele oder Budgets) für die zukünftigen Handlungen bestimmter Teilbereiche im Unternehmen festlegt. Diese Vorgaben schränken den Handlungsspielraum des betroffenen Teilbereichs ein. Beispielsweise könnte die Vorgabe eines bestimmten Budgets die Verfügungsrechte an teilbereichsübergreifend genutzten finanziellen Mitteln einschränken. Die Koordinationsinstanz hat im Rahmen der Budgetsteuerung die Aufgabe, die knappen finanziellen Mittel so auf die Teilbereiche aufzuteilen, daß die dort

erstellten Pläne zu einem zielsetzungsgerechten Gesamtplan führen. Da Budgets das Entscheidungsfeld der betroffenen Teilbereiche einschränken, lassen sie sich als restriktionssetzende Instruktionen ansehen.

- *Koordination durch Verrechnungspreise (Lenkpreise)*:
  Allgemein handelt es sich bei Verrechnungspreisen um Wertansätze für innerbetrieblich ausgetauschte Leistungen und teilbereichsübergreifend genutzte knappe Ressourcen. Sie dienen der Koordination zwischen den Teilbereichen eines Unternehmens im Hinblick auf die Erfüllung des übergeordneten Unternehmensziels. Die Idee der Koordination durch Verrechnungspreise geht auf *Eugen Schmalenbach* zurück, der dafür den Begriff der pretialen Lenkung prägte. Dabei wird versucht, das Konzept der Preisbildung auf Märkten zur Steuerung knapper Ressourcen innerhalb eines Unternehmens heranzuziehen. Im Rahmen dessen schränkt die Koordinationsinstanz die Verwendung der teilbereichsübergreifend genutzten knappen Ressourcen nicht ein, sondern sie verlangt von den betroffenen Teilbereichen die Zahlung eines Verrechnungspreises pro Einheit der genutzten knappen Ressource. Durch die Vorgabe des Verrechnungspreises soll die Zielfunktion der Teilbereiche so beeinflußt werden, daß die Maximierung der einzelnen Bereichsgewinne zugleich auch den Gesamtgewinn des Unternehmens maximiert.

- *Koordination durch Selbstabstimmung*:
  Die Koordinationsaufgaben werden bei einer Koordination durch Selbstabstimmung von den betroffenen Personen als Gruppenaufgabe wahrgenommen. Sie erfolgt als horizontale Koordination auf der Grundlage einer nichthierarchischen Kommunikation und durch eine direkte Kontaktaufnahme. Die Selbstabstimmung kann dabei völlig der Eigeninitiative der Gruppenmitglieder überlassen sein; sie kann aber auch durch organisatorische Regelungen unterstützt werden. Beispielsweise können sich die organisatorischen Regelungen auf die Vorgabe abstimmungsbedürftiger Probleme oder die formale Einrichtung von Komitees, Ausschüssen, Arbeitskreisen etc. beziehen.

3   Der finanzwirtschaftliche Prozeß

3.1   Investition und Finanzierung

3.1.1   Investition

Aufgabe 1:   Grundbegriffe

a) Wodurch ist eine Investition charakterisiert?
b) Unterscheiden Sie eine Sach- von einer Finanzinvestition!
c) Beschreiben Sie den Gegenstand der Investitionstheorie, und stellen Sie darauf aufbauend die Aufgaben der Investitionsrechnung sowie der Unternehmensbewertung dar!
d) Erläutern Sie anknüpfend an Teilaufgabe c), unter welcher Bedingung der Kauf eines Gegenstandes wirtschaftlich nicht nachteilig ist!
e) Was versteht man unter Konsumpräferenz?
f) Stellen Sie die Ziele Einkommens- und Vermögensmaximierung als Operationalisierung der Konsumentnahmezielsetzung dar!
g) Was wird unter der Zeitpräferenz des Geldes verstanden?
h) Wodurch ist ein vollkommener Kapitalmarkt gekennzeichnet?
i) Welcher Zusammenhang besteht zwischen der Konsum- und Zeitpräferenz auf einem vollkommenen Kapitalmarkt? Beschreiben Sie kurz die *Fisher*-Separation!

Lösung zu Aufgabe 1 a)

Die mit dem güterwirtschaftlichen Leistungsprozeß verbundenen Auszahlungen fallen zeitlich vor den Einzahlungen an. Ein Zahlungsstrom mit einer solchen Struktur (erst negative, dann positive Zahlungen) heißt *Investition*. Die Investitionstätigkeit bindet durch anfängliche Auszahlungen finanzielle Mittel für einen bestimmten

Zeitraum und verfolgt damit das Ziel, in Zukunft möglichst hohe Rückflüsse als
Einzahlungen herbeizuführen. Es wird also zunächst Geld ausgegeben, damit später
erheblich mehr Geld zurückfließt, welches dann von den Unternehmenseigentümern
entweder konsumiert oder erneut investiert werden kann.

Lösung zu Aufgabe 1 b)
Unter einer *Sachinvestition* versteht man eine Investition in den Leistungsprozeß, die
mit einer materiellen Gegenleistung verknüpft ist (z.b. Kauf von Vorräten, einer
Maschine oder eines Betriebsgrundstücks). Eine *Finanzinvestition* weist hingegen
keinen Bezug zum güterwirtschaftlichen Prozeß auf. Sie besteht im Erwerb von
Rechten auf künftige Zahlungen (z.b. Kauf einer Obligation oder einer Aktie, Anlegen von Geld auf dem Sparbuch).

Lösung zu Aufgabe 1 c)
Gegenstand der *Investitionstheorie* ist die wirtschaftliche Beurteilung von Zahlungsströmen, seien es nun Investitionen, Finanzierungen oder Mischungen beider Grund-
typen von Zahlungsströmen. Durch eine *Investitionsrechnung* kann festgestellt werden, ob ein Zahlungsstrom ökonomisch vorteilhaft, d.h. seine Durchführung dem
Unternehmensziel förderlich ist. Mit Hilfe einer *Unternehmensbewertung* ist zu
beurteilen, bis zu welchem *Grenzpreis (Unternehmenswert)* der Kauf einer Unternehmung eine vorteilhafte Investition darstellt.

Lösung zu Aufgabe 1 d)
Ein Kauf ist genau dann wirtschaftlich nicht nachteilig, wenn der *Wert* des erworbe-
nen Gegenstandes mindestens dem gezahlten *Preis* entspricht. Jedes Urteil über die
ökonomische Angemessenheit des Preises für die Übereignung eines ganzen Unternehmens beruht daher notwendig auf einer *Unternehmensbewertung*.

Lösung zu Aufgabe 1 e)
Sind nun ganze Zahlungsströme (z.B. Investitionen und Finanzierungen) Gegenstand der Beurteilung, so bietet es sich an, das grundsätzlich vorausgesetzte Ge-
winnmaximierungsziel der Unternehmenseigentümer in seiner zeitlichen Struktur zu
konkretisieren, was auf den Begriff der (zeitlichen) *Konsumpräferenz* führt. Konsu-
mierbar ist für die Eigentümer nur, was an sie ausgeschüttet wird (Einkommen,
Entnahme). Aber auch ein im Unternehmen angesammeltes (thesauriertes) Vermögen ist unter dem Konsumaspekt interessant, weil es prinzipiell ausschüttbar wäre –
etwa als Endvermögen bei Liquidierung der Unternehmung. Die Konsumpräferenz

legt nun fest, wie die Eigentümer Geldausschüttungen aus ihrem Unternehmen zeitpunktbezogen bewerten.

Lösung zu Aufgabe 1 f)

Streben nach Wohlstand beinhaltet den Wunsch, einerseits das (End-)Vermögen zu mehren und gleichzeitig über ein hohes (regelmäßiges) Einkommen zu verfügen. Damit existieren zwei grundsätzliche, im allgemeinen nicht äquivalente Möglichkeiten zur Operationalisierung einer Konsumentnahmezielsetzung:

1. *Vermögensmaximierung.* Unter der Nebenbedingung eines fest vorgegebenen regelmäßigen Einkommensstroms (der auch null sein kann) wird dasjenige Investitions- und Finanzierungsprogramm gesucht, welches eine maximale Geldausschüttung gemäß der zeitpunktbezogenen Konsumpräferenz ermöglicht. Für jeden Zeitpunkt ist ein Gewichtungsfaktor vorzugeben, der die subjektive Wertschätzung einer Ausschüttung (Konsumentnahme) in Relation zu den anderen möglichen Ausschüttungszeitpunkten widerspiegelt. Die Zielfunktion entspricht der Summe der gewichteten Entnahmebeträge. Als wichtigster Spezialfall der Vermögensmaximierung gilt die Endvermögens- oder Endwertmaximierung: Sie liegt vor, wenn Ausschüttungen am Ende des Planungszeitraums mit eins und zu allen übrigen Zeitpunkten mit null gewichtet werden. Umgekehrt liegt Barwertmaximierung vor, wenn die Eigentümer ausschließlich an sofortigem Konsum in maximal möglicher Höhe interessiert sind.

2. *Einkommensmaximierung.* Unter der Nebenbedingung fest vorgesehener Ausschüttungen zu einzelnen Zeitpunkten (insbesondere im Endzeitpunkt) wird das Ziel verfolgt, die Breite eines Entnahmestroms mit gegebener Struktur zu maximieren. Im einfachsten Fall eines „uniformen" Entnahmestroms steht den Eignern in jeder Periode der gleiche Betrag als Einkommen neben den fixen Entnahmen zur Verfügung.

Lösung zu Aufgabe 1 g)

Von der Konsumpräferenz abzugrenzen ist die *Zeitpräferenz* (des Geldes), die sich im *Zinssatz* ausdrückt. Sofern auf einem Kapitalmarkt Finanzmittel verzinslich angelegt werden können, hängt der Wert eines Geldbetrages auch von dem Zeitpunkt ab, in dem er zur Verfügung steht. Eine Zahlung ist um so wertvoller, je früher sie anfällt, weil sie dann um so länger Zinsen abwirft. Bei einem Habenzins von $i = 10\%$ p.a. (lat. *per annum* = pro Jahr) ist es z.B. nicht gleichgültig, ob ein Betrag von 100 € heute oder erst in einem Jahr ansteht. Die sofortige Zahlung ist vorzuziehen, weil sie in dem betrachteten Jahr um 10% Zinsen auf 100 € + 10% · 100 € = 100 € · 1,1 = 110 € anwächst. Die Alternative „110 € in einem Jahr" hat daher heute nur den niedrigeren *Barwert* 100 €.

Lösung zu Aufgabe 1 h)
Ein *vollkommener Kapitalmarkt* liegt vor, wenn zu einem einheitlichen Zinssatz i sowohl beliebig hohe Kredite aufgenommen als auch beliebig hohe Geldanlagen getätigt werden können.

Lösung zu Aufgabe 1 i)
Wird von einem *vollkommenen Kapitalmarkt* ausgegangen, ist die Zeitpräferenz des Geldes extern vorgegeben und bestimmt die Vorteilhaftigkeit eines Zahlungsstroms ganz allein. Die Konsumpräferenz der Unternehmenseigner entscheidet nur noch darüber, wann die Ausschüttungen am besten getätigt werden sollen, aber nicht mehr darüber, welche Investitionen und Finanzierungen überhaupt vorteilhaft und erforderlich sind, um die maximalen Ausschüttungen gemäß der präferierten Konsumentnahmestruktur zu erwirtschaften. Investitions-, Finanzierungs- und Konsumentscheidungen sind auf einem vollkommenen Markt voneinander trennbar (sog. *Fisher-Separation*).

Aufgabe 2:   Zins- und Zinseszinsrechnung

a) Beschreiben Sie, wie sich die Zinseszinsformel ergibt!

b) Sie legen 1.000 € zu 10% p.a. auf einem Sparbuch an. Wie groß ist Ihr Endkapital, wenn die jährlichen Guthabenzinsen thesauriert werden und nach drei Jahren das Anfangskapital zuzüglich Zinsen ausgezahlt wird?

c) Wieviel Geld muß ein Vater zum 14. Geburtstag seiner Tochter anlegen, wenn diese an ihrem 18. Geburtstag über 10.000 € verfügen soll und die Bank Zinsen in Höhe von 6% p.a. verspricht?

d) Nach wie vielen Jahren führt eine Geldanlage von 40.000 € bei einem Zins von 10% p.a. zu einem Endkapital in Höhe von 64.420,40 €? Begründen Sie Ihre Vorgehensweise durch die Herleitung der benötigten Formel!

e) Bei welchem Zinssatz werden aus 10.000 € in vier Jahren 20.736 €?

Lösung zu Aufgabe 2 a)
Bei einem Zinssatz von $i = 10\% = 10/100 = 0{,}1$ p.a. lautet der zur Verkürzung der Schreibweise eingeführte *Zinsfaktor* $q := 1 + i = 1{,}1$. Verfügt man heute über ein Kapital in Höhe von K_0, so wird daraus durch Anlage zum Zinssatz i innerhalb eines Jahres ein Betrag von $K_1 = K_0 \cdot q$. Legt man diese Summe weiter an, resultiert am Ende des zweiten Jahres ein Guthaben von $K_2 = K_1 \cdot q = K_0 \cdot q^2$. Nach drei Jahren beträgt der Kontostand $K_3 = K_2 \cdot q = K_0 \cdot q^3$ und nach n Jahren schließlich:

$$K_n = K_0 \cdot q^n \text{ mit } q = 1 + i.$$

Lösung zu Aufgabe 2 b)

$K_n = K_0 \cdot q^n$ mit $q = 1 + i$.

$K_3 = K_0 \cdot q^3 = 1.000 \cdot 1{,}1^3 = 1.331 \, €$.

Lösung zu Aufgabe 2 c)

$K_n = K_0 \cdot q^n$ mit $q = 1 + i$.

$n = 18 - 14 = 4$.

$K_0 = K_n/q^n = 10.000/1{,}06^4 = 7.920{,}936632 \approx 7.920{,}94 \, €$.

Lösung zu Aufgabe 2 d)

$K_n = K_0 \cdot q^n$ mit $q = 1 + i$.

$q^n = K_n/K_0$.

$$\ln q^n = \ln \frac{K_n}{K_0} \quad \Leftrightarrow \quad n \cdot \ln q = \ln \frac{K_n}{K_0} \quad \Leftrightarrow \quad n = \frac{\ln \dfrac{K_n}{K_0}}{\ln q}$$

$$\Leftrightarrow \quad n = \frac{\ln \dfrac{64.420,40}{40.000}}{\ln 1{,}1} = 5 \,.$$

Lösung zu Aufgabe 2 e)

$K_n = K_0 \cdot q^n$ mit $q = 1 + i$.

$K_n/K_0 = q^n$.

$$q = \sqrt[n]{\frac{K_n}{K_0}} = \sqrt[4]{\frac{20.736}{10.000}} = 1{,}2 \quad \Rightarrow \quad i = 20\%.$$

Aufgabe 3:   Kapitalwert, zusätzlicher Endwert, Endwert, Annuität

Imbißwirt Ingo betreibt in Hamburg eine sehr bekannte Grillstation. Er denkt darüber nach, sein Angebot durch den Kauf eines zusätzlichen reinen Hähnchengrills auszudehnen. Unter Mithilfe seines arbeitslosen Stammkunden Fritsche schätzt Ingo, daß diese Erweiterungsinvestition in den nächsten fünf Jahren jeweils gleichbleibende Rückflüsse in Höhe von 10.000 € pro Jahr erwarten läßt und im Entscheidungszeitpunkt t = 0 eine Investitionsauszahlung in Höhe von 30.000 € erfordert. Da Rechnen nicht Ingos und Fritsches Stärke ist, werden Sie beauftragt, bei der Entscheidungsfindung beratend zur Seite zu stehen, wobei von einem Kalkulationszins von 10% p.a. auszugehen ist.

a) Beurteilen Sie unter Verwendung der Kapitalwertmethode, ob die Investition vorteilhaft ist! Interpretieren Sie den Kapitalwert ökonomisch! Stellen Sie einen vollständigen Finanzplan (VOFI) auf, der den Kapitalwert als sofort konsumierbaren Geldbetrag zu t = 0 zeigt!

b) Berechnen Sie den zusätzlichen Endwert der Investition, und überprüfen Sie diesen mit Hilfe eines VOFIs! Zeigen Sie in allgemeinen Symbolen, daß Kapitalwert und zusätzlicher Endwert äquivalente Vorteilhaftigkeitskriterien sind, d.h. immer zur gleichen Investitionsentscheidung führen!

c) Berechnen Sie den Endwert der Investition unter der Annahme, daß eigene Mittel in Höhe von 5.000 € zur Verfügung stehen, und stellen Sie den Endwert mit Hilfe eines VOFIs als Kontostand am Ende des Planungszeitraums dar! Zeigen Sie in allgemeinen Symbolen, daß Kapitalwert, zusätzlicher Endwert und Endwert äquivalente Vorteilhaftigkeitskriterien sind!

d) Ermitteln Sie die Annuität der Investition, und interpretieren Sie sie als uniforme Entnahme in einem VOFI! Zeigen Sie in allgemeinen Symbolen, daß Kapitalwert, zusätzlicher Endwert und Annuität äquivalente Vorteilhaftigkeitskriterien sind!

e) Bestimmen Sie den Kapitalwert und die Annuität für den Fall, daß der Einzahlungsüberschuß von 10.000 € nicht fünfmal, sondern unendlich oft anfällt!

Lösung zu Aufgabe 3 a)

Das wichtigste Entscheidungsmodell zur Beurteilung einer Investition – mit dem gleichzeitig der maximale Barwert als Entnahme zu t = 0 gemessen wird – ist die *Kapitalwertmethode*. Die zukünftigen Zahlungsüberschüsse sind auf t = 0 zu verdichten und anschließend mit der Anfangsauszahlung zu vergleichen:

Abb. 3.1: Verdichtung der Zahlungsüberschüsse auf t = 0

Mit dem Zinssatz i werden die Zahlungen abgezinst, um den heute gleichwertigen Geldbetrag einer zukünftigen Zahlung zu erhalten. Übersteigt zu t = 0 die Summe der heute gleichwertigen Geldbeträge aus den zukünftigen Zahlungen (Ertragswert) die Anfangsauszahlung, ist der Kapitalwert positiv und so die Sachinvestition vorteilhaft. Der Kapitalwert C für ein beliebiges Investitionsobjekt mit der Zahlungsreihe $\mathbf{g} := (g_0, g_1, \ldots, g_t, \ldots, g_n)$ ergibt sich wie folgt:

$$C := \sum_{t=0}^{n} g_t \cdot (1 + i)^{-t}.$$

Für obige Beispielkonstruktion bedeutet dies:

$$C = -30.000 + 10.000 \cdot 1{,}1^{-1} + 10.000 \cdot 1{,}1^{-2} + 10.000 \cdot 1{,}1^{-3} + 10.000 \cdot 1{,}1^{-4}$$
$$+ 10.000 \cdot 1{,}1^{-5}$$

$$= -30.000 + 37.907{,}86769$$

$$= 7.907{,}867694 \, \text{€} > 0 \rightarrow \text{Die Investition ist vorteilhaft!}$$

Da es sich bei den zukünftigen Zahlungsüberschüssen des Zahlenbeispiels um eine endliche Folge von gleichen Zahlungen g handelt, muß nicht jede Zahlung einzeln abdiskontiert werden. Für diesen Spezialfall gilt der *Rentenbarwertfaktor* $RBF_{i,n}$, mit dessen Hilfe der gleichwertige Geldbetrag einer Rente zu t = 0 ermittelt werden kann. Zur Kapitalwertberechnung ist der Rentenbarwert mit der Anfangsauszahlung zu vergleichen:

$$C = g_0 + g \cdot RBF_{i,n} = g_0 + g \cdot \frac{(1 + i)^n - 1}{i \cdot (1 + i)^n}.$$

Für obige Erweiterungsinvestition resultiert:

$$C = -30.000 + 10.000 \cdot \frac{1,1^5 - 1}{0,1 \cdot 1,1^5} = -30.000 + 10.000 \cdot 3,790786769$$

$$= -30.000 + 37.907,86769$$

$$= 7.907,867694 \, \text{€} > 0 \rightarrow \text{Die Investition ist vorteilhaft!}$$

Interpretation des Kapitalwerts:

1. Der Kapitalwert ist interpretierbar als *heutiger Kassenüberschuß* bei Ausgleich der künftigen Rückflüsse des Sachinvestitionsobjekts durch einen Kredit zum Zinssatz i:

Tab. 3.1: Ökonomische Deutung des Kapitalwerts als sofortige Konsumentnahmemöglichkeit

	t = 0	t = 1	t = 2	t = 3	t = 4	t = 5
	−30.000	**10.000**	**10.000**	**10.000**	**10.000**	**10.000**
10%	$10.000 \cdot 1,1^{-5}$					−10.000
10%	$10.000 \cdot 1,1^{-4}$				−10.000	0
10%	$10.000 \cdot 1,1^{-3}$			−10.000	0	
10%	$10.000 \cdot 1,1^{-2}$		−10.000	0		
10%	$10.000 \cdot 1,1^{-1}$	−10.000	0			
C	**7.907,867694**	0				

Die Summe der zufließenden Kreditbeträge übersteigt die Anschaffungsauszahlung der Investition um 7.907,87 €. Dieser Betrag heißt *Kapitalwert* (Nettobarwert) der Zahlungsreihe und steht sofort zum Konsum zur Verfügung, wenn man die Investition durchführt und ihre späteren Einzahlungen durch Kredite „glattstellt", genau wie es die obige Tabelle zeigt.

2. Der Kapitalwert kann auch als *Auszahlungsminderbetrag* einer Sachinvestition im Vergleich zur alternativ möglichen einzahlungsgleichen Finanzinvestition am vollkommenen Kapitalmarkt gedeutet werden: Um nämlich die Zahlungsreihe der Erweiterungsinvestition durch 10%-Geldanlagen am Kapitalmarkt zu erzeugen, müßte ein Gesamtbetrag von 37.907,867694 € ausgegeben werden (vgl. Tabelle 3.2), während die Sachinvestition den gleichen Zahlungsstrom liefert, aber nur 30.000 € kostet:

Tab. 3.2: Ökonomische Deutung des Kapitalwerts als sofortiger Auszahlungsvorteil gegenüber einer der Sachinvestition einzahlungsgleichen Finanzinvestition

	t = 0	t = 1	t = 2	t = 3	t = 4	t = 5
	−30.000	**10.000**	**10.000**	**10.000**	**10.000**	**10.000**
10%	$-10.000 \cdot 1{,}1^{-5}$					+10.000
10%	$-10.000 \cdot 1{,}1^{-4}$				+10.000	**10.000**
10%	$-10.000 \cdot 1{,}1^{-3}$			+10.000	**10.000**	
10%	$-10.000 \cdot 1{,}1^{-2}$		+10.000	**10.000**		
10%	$-10.000 \cdot 1{,}1^{-1}$	+10.000	**10.000**			
	−37.907,867694	**10.000**				

Die Erweiterungsinvestition bietet also nach beiden Interpretationen einen Auszahlungsvorteil in Höhe ihres Kapitalwerts. Sie ist demnach genau dann vorteilhaft
gegenüber der Unterlassensalternative (nicht zu investieren), wenn dieser Kapitalwert *positiv* ist. Ein Kapitalwert von *null* bringt keine zusätzliche Konsummöglich-
keit (schadet aber auch nicht), während ein *negativer* Kapitalwert sogar auf finanziellen Zuschußbedarf seitens der Eigner hindeutet, falls diese die (dann natürlich
ökonomisch unvorteilhafte) Investition dennoch durchführen wollten.

Der für obiges Beispiel resultierende, sofort konsumierbare Geldbetrag ist in nach-
stehendem VOFI als Entnahme zu t = 0 ausgewiesen.

Tab. 3.3: Vollständiger Finanzplan: Kapitalwert

Zeitpunkt t	t = 0	t = 1	t = 2	t = 3	t = 4	t = 5
g_t	−30.000	10.000	10.000	10.000	10.000	10.000
Entnahme	**−7.907,87**					
Kredit	37.907,87					
Tilgung		−6.209,21	−6.830,13	−7.513,15	−8.264,46	−9.090,91
Anlage						
Zinsen 10%		−3.790,79	−3.169,87	−2.486,85	−1.735,54	−909,09
Schuld	−37.907,87	−31.698,65	−24.868,52	−17.355,37	−9.090,91	
Guthaben						**0**

Lösung zu Aufgabe 3 b)

Präferiert der Investor nicht die Barwertmaximierung, sondern die Endwertmaximierung, kann er die Vorteilhaftigkeitsentscheidung auch anhand des *zusätzlichen End-*

werts treffen. Die Zahlungen zu den einzelnen Zeitpunkten sind auf das Ende des Planungshorizonts aufzuzinsen:

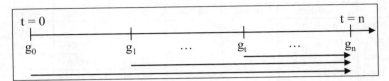

Abb. 3.2:   Verdichtung der Zahlungsüberschüsse auf $t = n$

Zunächst werden die am Planungshorizont gleichwertigen Geldbeträge der zukünftigen Zahlungen berechnet. Übersteigt deren Summe die auf das Ende des Planungshorizonts aufgezinste Anfangsauszahlung der Investition, so ist der zusätzliche Endwert positiv und die Investition vorteilhaft. Die allgemeine Formel zur Berechnung des zusätzlichen Endwerts ΔEW lautet für ein beliebiges Investitionsobjekt wie folgt:

$$\Delta EW := \sum_{t=0}^{n} g_t \cdot (1 + i)^{n-t} = g_0 \cdot (1 + i)^n + \sum_{t=1}^{n} g_t \cdot (1 + i)^{n-t} = C \cdot (1 + i)^n.$$

Die Investition in den zusätzlichen Hähnchengrill erwirtschaftet einen zusätzlichen Endwert in Höhe von:

$$\Delta EW = -30.000 \cdot 1{,}1^5 + 10.000 \cdot 1{,}1^4 + 10.000 \cdot 1{,}1^3 + 10.000 \cdot 1{,}1^2$$
$$+ 10.000 \cdot 1{,}1^1 + 10.000 \cdot 1{,}1^0$$

$$= -48.315{,}30 + 61.051 = 7.907{,}867694 \cdot 1{,}1^5 = C \cdot (1 + i)^n$$

$$= 12.735{,}70 \, € > 0 \rightarrow \text{Die Investition ist vorteilhaft!}$$

Da es sich bei den zukünftigen Zahlungsüberschüssen wie bisher um eine endliche Folge von gleichen Zahlungen g handelt, kann erleichternd auf den *Rentenendwertfaktor* $REF_{i,n}$ zurückgegriffen werden, mit dessen Hilfe der gleichwertige Geldbetrag einer Rente zum Ende des Planungshorizonts bestimmt wird. Der zusätzliche Endwert stellt sich dann wie folgt dar:

$$\Delta EW = g_0 \cdot (1 + i)^n + g \cdot REF_{i,n} = g_0 \cdot (1 + i)^n + g \cdot \frac{(1 + i)^n - 1}{i}$$

$$= C \cdot (1 + i)^n.$$

Der Kauf des Hähnchengrills führt dann zu folgendem zusätzlichen Endwert:

$$\Delta EW = -30.000 \cdot 1{,}1^5 + 10.000 \cdot \frac{1{,}1^5 - 1}{0{,}1} = -48.315{,}30 + 10.000 \cdot 6{,}1051$$

$$= 12.735{,}70 \, € > 0 \rightarrow \text{Die Investition ist vorteilhaft!}$$

Tabelle 3.4 zeigt die Ermittlung des zusätzlichen Endwerts mit Hilfe eines VOFIs:

Tab. 3.4: Vollständiger Finanzplan: zusätzlicher Endwert

Zeitpunkt t	t = 0	t = 1	t = 2	t = 3	t = 4	t = 5
g_t	−30.000	10.000	10.000	10.000	10.000	10.000
Entnahme						−12.735,70
Kredit	30.000					
Tilgung		−7.000	−7.700	−8.470	−6.830	
Anlage					−2.487	
Zinsen 10%		−3.000	−2.300	−1.530	−683	248,70
Schuld	−30.000	−23.000	−15.300	−6.830		
Guthaben					2.487	0

Aufgrund der *Fisher*-Separation ändert sich an der Vorteilhaftigkeit der Investition nichts. Lediglich die Entnahme ist höher, weil sie später stattfindet als in Tabelle 3.3. Zwischen Kapitalwert und zusätzlichem Endwert gilt folgende *Äquivalenzbeziehung*:

$$C \geq 0 \quad \Leftrightarrow \quad C \cdot (1 + i)^n \geq 0 \quad \Leftrightarrow \quad \Delta EW \geq 0.$$

Lösung zu Aufgabe 3 c)

Der *zusätzliche Endwert* ΔEW_j kann jedoch nicht nur als absoluter Vorteil (Entnahmemöglichkeit zum Ende des Planungshorizonts) interpretiert werden. Er zeigt gleichfalls einen relativen Vorteil der Sachinvestition im Vergleich zur alternativ möglichen Geldanlage vorhandener Finanzmittel zum Kalkulationszinssatz i (Opportunität) an. Falls in t = 0 eigene liquide Mittel in Höhe von EK verfügbar sind und mit dem zu beurteilenden Zahlungsstrom verrechnet werden, beträgt der *Endwert*:

$$EW := (C + EK) \cdot (1 + i)^n = \Delta EW + EK \cdot (1 + i)^n.$$

Zum Zeitpunkt t = n fällt außer den mit i verzinsten eigenen Mitteln der aufgezinste Kapitalwert als zusätzlicher Endwert an. Die Investition ist vorteilhaft, wenn ihr

Endwert mindestens so groß ist wie der Endwert der „Opportunität", d.h. der alternativ möglichen Geldanlage der eigenen liquiden Mittel. Kapitalwert, zusätzlicher Endwert und Endwert sind äquivalent, denn es gilt:

$$C \geq 0 \Leftrightarrow C + EK \geq EK \Leftrightarrow (C + EK) \cdot (1 + i)^n \geq EK \cdot (1 + i)^n$$

$$\Leftrightarrow EW \geq EK \cdot (1 + i)^n \Leftrightarrow \Delta EW + EK \cdot (1 + i)^n \geq EK \cdot (1 + i)^n \Leftrightarrow \Delta EW \geq 0.$$

Der Endwert der Investition ist genau dann größer als der Endwert der eigenen Mittel (Endwert der Opportunität bzw. Alternativanlage), wenn der Kapitalwert C positiv ist.

In obiger Beispielkonstruktion stehen dem Imbißwirt Ingo eigene Mittel in Höhe von 5.000 € zur Verfügung:

$$EW = (7.907,867694 + 5.000) \cdot 1,1^5 = 20.788,25 \ €.$$

Bei einer Geldanlage zu 10% p.a. betrüge der Kontostand der eigenen Mittel nach vier Jahren $5.000 \cdot 1,1^5 = 8.052,55 \ €$. Wird jedoch in den neuen reinen Hähnchengrill investiert, ist der Endwert um den aufgezinsten Kapitalwert (Gegenwartswert zum Zeitpunkt t = 5 bzw. zusätzlicher Endwert) höher: EW = 8.052,55 + $7.907,867694 \cdot 1,1^5 = 20.788,25 \ € > 8.052,55 \ €$. Die Investition ist also vorteilhaft.

Möchte man allerdings zur Lösung dieses Beispiels nicht auf den bereits bekannten Kapitalwert zurückgreifen, kann der Endwert alternativ auch mit einem VOFI direkt ermittelt werden:

Tab. 3.5: Vollständiger Finanzplan: Endwert

Zeitpunkt t	t = 0	t = 1	t = 2	t = 3	t = 4	t = 5
g_t	−30.000	10.000	10.000	10.000	10.000	10.000
EK	5.000					
Kredit	25.000					
Tilgung		−7.500	−8.250	−9.075	−175	
Anlage					−9.807,50	
Zinsen 10%		−2.500	−1.750	−925	−17,50	980,75
Schuld	−25.000	−17.500	−9.250	−175		
Guthaben					9.807,50	**20.788,25**

Lösung zu Aufgabe 3 d)

Wenn die Unternehmenseigner nicht ihr Geldvermögen zu einem Zeitpunkt, sondern ein konstantes Einkommen pro Periode maximieren möchten, so kann die Vorteilhaftigkeitsentscheidung bezüglich der Investition auch anhand der *Annuität* a getroffen werden. Gemäß der *Fisher*-Separation muß die Annuität a zur gleichen Beurteilung der Investition führen wie zuvor der Kapitalwert oder der (zusätzliche) Endwert. Es ist entweder der zu $t = 0$ bestimmte Vorteil mit dem Annuitätenfaktor $ANF_{i,n}$ oder der zu $t = n$ bestimmte Vorteil mit dem Rückwärtsverteilungsfaktor $RWF_{i,n}$ auf die einzelnen Perioden umzuverteilen:

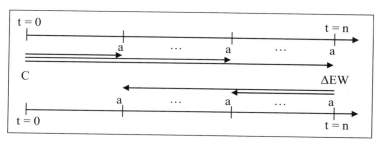

Abb. 3.3:   Gleichmäßige Verteilung der Zahlungsüberschüsse

Die Berechnungsformeln lauten:

$$a := C \cdot ANF_{i,n} = C \cdot \frac{i \cdot (1 + i)^n}{(1 + i)^n - 1} \,.$$

$$a = \Delta EW \cdot RWF_{i,n} = \Delta EW \cdot \frac{i}{(1 + i)^n - 1} \,.$$

Es zeigt sich, daß entweder der Kapitalwert oder der zusätzliche Endwert gleichmäßig auf alle n Zeitpunkte als Rente verteilt werden. Bezogen auf den Kapitalwert gilt: Der zu $t = 0$ verfügbare Kapitalwert wird am Markte so angelegt, daß er in n gleichen Raten a als Annuität jeweils am Periodenende ausgeschüttet werden kann. Da der Annuitäten- und der Rückwärtsverteilungsfaktor stets positiv sind, haben Kapitalwert, zusätzlicher Endwert und Annuität immer das gleiche Vorzeichen. Wegen

$$C \geq 0 \Leftrightarrow C \cdot ANF_{i,n} \geq 0 \Leftrightarrow a \geq 0,$$

$$\Delta EW \geq 0 \Leftrightarrow \Delta EW \cdot RWF_{i,n} \geq 0 \Leftrightarrow a \geq 0$$

sind Kapitalwert, Annuität und (zusätzlicher) Endwert äquivalent, d.h., sie liefern immer die gleiche Investitionsentscheidung. Bei positivem Kapitalwert bzw. positivem zusätzlichem Endwert ist auch die Annuität positiv, und umgekehrt.

Bei Kauf des Hähnchengrills könnte der Imbißwirt Ingo zusätzlich folgendes konstantes Einkommen pro Jahr erzielen:

$$a = 7.907{,}867694 \cdot \frac{0{,}1 \cdot 1{,}1^5}{1{,}1^5 - 1} = 7.907{,}867694 \cdot 0{,}26379748 = 2.086{,}075576 \ €.$$

$$a = 12.735{,}70 \cdot \frac{0{,}1}{1{,}1^5 - 1} = 12.735{,}70 \cdot 0{,}16379748 = 2.086{,}075576 \ €.$$

Da die Zahlungsreihe ab $t = 1$ bereits annuitätisch ist, ergibt sich als dritter Lösungsweg:

$$a = g - g_0 \cdot ANF_{i,n} = g - g_0 \cdot \frac{i \cdot (1 + i)^n}{(1 + i)^n - 1}.$$

$$a = 10.000 - 30.000 \cdot \frac{0{,}1 \cdot 1{,}1^5}{1{,}1^5 - 1} = 10.000 - 7.913{,}924424 = 2.086{,}075576 \ €.$$

Die Annuität ist nichts anderes als die *Verrentung des Kapitalwerts* und damit der finanzmathematisch exakte *durchschnittliche Einzahlungsüberschuß* der Investition. Sie gibt an, wie breit der gleichmäßige Einkommensstrom ist, der sich aus der Zahlungsreihe erzeugen läßt. Der nachstehende VOFI zeigt, daß bei Durchführung der Investition an jedem Jahresende ein Einkommen in Höhe der Annuität entnommen werden kann. Am Ende ist der Investor (Ingo) schuldenfrei und hat vier Jahre lang ein positives Einkommen bezogen. Also ist die Investition vorteilhaft, denn bei ihrer Unterlassung wäre nur ein Einkommensstrom von 0 erzielbar.

Tab. 3.6: Vollständiger Finanzplan: Annuität

Zeitpunkt t	t = 0	t = 1	t = 2	t = 3	t = 4	t = 5
g_t	−30.000	10.000	10.000	10.000	10.000	10.000
Entnahme		−2.086,08	−2.086,08	−2.086,08	−2.086,08	−2.086,08
Kredit	30.000					
Tilgung		−4.913,92	−5.405,32	−5.945,85	−6540,43	−7.194,48
Anlage						
Zinsen 10%		−3.000	−2.508,61	−1.968,08	−1.373,49	−719,45
Schuld	−30.000	−25.086,08	−19.680,76	−13.734,91	7.194,48	
Guthaben						0

Lösung zu Aufgabe 3 e)

Für eine endliche Rente ergab sich der *Kapitalwert* C in Aufgabenteil a) wie folgt:

$$C = g_0 + g \cdot RBF_{i,n}.$$

Fällt nun aber die Rente zeitlich unbegrenzt („ewig") an, strebt die Laufzeit n der Rente gegen unendlich. Als Grenzwert des Rentenbarwertfaktors resultiert wegen $i > 0$ bzw. $q > 1$:

$$RBF_{i,\infty} = \lim_{n \to \infty} \frac{q^n - 1}{i \cdot q^n} = \lim_{n \to \infty} \frac{q^n \cdot \left(1 - \dfrac{1}{q^n}\right)}{q^n \cdot i} = \lim_{n \to \infty} \frac{1 - \dfrac{1}{q^n}}{i} = \frac{1 - 0}{i} = \frac{1}{i}.$$

Der Kapitalwert C für ein Investitionsobjekt mit zeitlich unendlich anfallenden gleich hohen Einzahlungsüberschüssen ergibt sich demnach wie folgt:

$$C = g_0 + g \cdot RBF_{i,\infty} = g_0 + g \cdot \frac{1}{i}.$$

Der Kauf des Hähnchengrills weist bei Unterstellung einer unendlichen Rente nachstehenden Kapitalwert auf:

$$C = -30.000 + 10.000 \cdot \frac{1}{0,1} = -30.000 + 100.000$$

$$= 70.000 \, € > 0 \rightarrow \text{Die Investition ist vorteilhaft!}$$

Die *Annuität* a wurde für eine endliche Rente in Aufgabenteil d) wie folgt definiert:

$$a = C \cdot ANF_{i,n} = C \cdot \frac{i \cdot (1 + i)^n}{(1 + i)^n - 1} = C \cdot \frac{1}{RBF_{i,n}} .$$

Bei unendlicher Laufzeit der Rente stellt sich für den Annuitätenfaktor der nachstehende Grenzwert ein:

$$ANF_{i,\infty} = \lim_{n \to \infty} \frac{i \cdot q^n}{q^n - 1} = \lim_{n \to \infty} \frac{q^n \cdot i}{q^n \cdot \left(1 - \frac{1}{q^n}\right)} = \lim_{n \to \infty} \frac{i}{1 - \frac{1}{q^n}} = i$$

$$= \frac{1}{RBF_{i,\infty}} .$$

Für die Beispielkonstruktion des Aufgabenteils e) bedeutet dies:

$$a = C \cdot i = 70.000 \cdot 0,1 = 7.000 \; €.$$

Da die Zahlungsreihe ab t = 1 bereits annuitätisch ist, kann die Annuität auch folgendermaßen ermittelt werden:

$$a = g - g_0 \cdot ANF_{i,\infty} = g - g_0 \cdot i.$$

$$a = 10.000 - 30.000 \cdot 0,1 = 10.000 - 3.000 = 7.000 \; €.$$

Die Investition ist vorteilhaft, da a > 0 ist.

Aufgabe 4:   Kapitalwert und interner Zinsfuß

Obwohl der Kapitalwert alles entscheidungslogisch Nötige aussagt, erfreuen sich insbesondere in der Praxis nach wie vor Renditekennzahlen einer großen Beliebtheit. Eine Rendite oder Rentabilität oder Effektivverzinsung ist eine relative Kennzahl, deren Aussage nicht wie beim Kapitalwert in der absoluten Steigerung von Konsummöglichkeiten, sondern in einem Verhältnis von Zinsüberschüssen zu gebundenem Kapital besteht. Die klassische dynamische Rentabilitätskennzahl der Investitionsrechnung ist der interne Zinsfuß.

a)   Leiten Sie die interne Zinsfußmethode aus dem Kapitalwertkriterium ab, und stellen Sie die Definitionsgleichung zur Ermittlung des internen Zinsfußes auf!

b)   Welche numerischen Probleme können bei der Bestimmung des internen Zinsfußes auftreten?

c)   Was sagt der interne Zinsfuß ökonomisch aus?

Im Einperiodenfall sei eine Sachinvestition mit folgender Zahlungsreihe $g = (-10.000, 15.000)$ gegeben. Der einheitliche Kapitalmarktzins (Kalkulationszins) möge $i = 10\%$ p.a. betragen.

d)   Existiert für die Zahlungsreihe der Investition ein eindeutiger interner Zinsfuß (warum)? Bestimmen Sie den internen Zins der obigen einperiodigen Zahlungsreihe! Ist die Investition nach der internen Zinsfußmethode vorteilhaft?

e)   Skizzieren Sie grob den Verlauf der Kapitalwertfunktion in Abhängigkeit vom Kalkulationszins i! Nennen Sie dabei Achsenabschnitte und Asymptoten!

Der Zweiperiodenfall ist durch $g = (-10.000, 5.800, 7.080)$ und $i = 10\%$ p.a. gekennzeichnet.

f)   Existiert für die Zahlungsreihe der Investition ein eindeutiger interner Zinsfuß (warum)? Bestimmen Sie den internen Zins der obigen zweiperiodigen Zahlungsreihe!

g)   Skizzieren Sie grob den Verlauf der Kapitalwertfunktion in Abhängigkeit vom Kalkulationszins i! Nennen Sie dabei Achsenabschnitte und Asymptoten!

h)   Interpretieren Sie den internen Zins tabellarisch als Rendite des gebundenen Kapitals!

i)   Ist die Investition nach der internen Zinsfußmethode vorteilhaft?

Abschließend sei die folgende Zahlungsreihe einer Sachinvestition gegeben: $g = (-50.000, 15.000, 25.000, 20.000)$. Der Kalkulationszins beträgt $i = 10\%$ p.a.

j)   Beantworten Sie die Fragen f) bis i) für die obige dreiperiodige Zahlungsreihe!

Lösung zu Aufgabe 4 a)

Die *interne Zinsfußmethode* leitet sich wie folgt ab: Ein Kapitalwert von null signalisiert bekanntlich Indifferenz zwischen der Investition und ihrer Opportunität

„Geldanlage bzw. Kreditaufnahme zum Kalkulationszins i". Es ist dann gleichgültig, ob man die Investition durchführt oder z.B. Geld am Kapitalmarkt anlegt. In diesem Falle erbringt die Investition offenbar dieselbe prozentuale „Rendite" wie die Opportunität, mithin ebenfalls i. Die Rendite der Investition heißt *interner Zinsfuß* r und ist demnach derjenige gedachte Kalkulationszinsfuß, der zu einem Kapitalwert von null führt: $i = r \Rightarrow C = 0$. Als Bestimmungsgleichung für r resultiert:

$$\text{Interner Zins: } r > -1 \text{ mit } \sum_{t=0}^{n} g_t \cdot (1 + r)^{-t} = 0.$$

Lösung zu Aufgabe 4 b)

Bei der Kapitalwertmethode ist i vorgegeben und C gesucht; bei der internen Zinsfußmethode ist dagegen umgekehrt C gegeben (gleich null) und i = r gesucht. Während sich der Kapitalwert C auf einfache Weise mit Hilfe der Zinseszinsrechnung bestimmen läßt, erfordert die Ermittlung des internen Zinsfußes die Lösung einer Gleichung n-ten Grades. Dabei treten zwei Probleme auf: Zum einen ist es – abgesehen von Spezialfällen – schon für Laufzeiten von $n \geq 5$ nicht mehr möglich, die Bestimmungsgleichung durch Wurzelziehen exakt zu lösen, d.h. den internen Zins mathematisch als geschlossenen Ausdruck zu bestimmen. Zum anderen hat jede Gleichung n-ten Grades genau n reelle oder imaginäre Lösungen. Es kann also sein, daß ein Zahlungsstrom mehr als einen internen Zins besitzt! Welcher ist dann der richtige?

Lösung zu Aufgabe 4 c)

Der interne Zinsfuß läßt sich ökonomisch als Effektivverzinsung des gebundenen Kapitals interpretieren.

Lösung zu Aufgabe 4 d)

Die Zahlungsreihe weist genau einen Vorzeichenwechsel auf (Normalinvestition) und besitzt deshalb einen eindeutigen internen Zinsfuß r im ökonomisch relevanten Bereich $r > -100\%$.

Der interne Zins der Zahlungsreihe (–10.000, 15.000) ergibt sich aus:

$$C = \sum_{t=0}^{n} g_t \cdot (1 + r)^{-t} = 0.$$

$$C = -10.000 + 15.000 \cdot (1 + r)^{-1} = 0 \Leftrightarrow 1 + r = 15.000/10.000$$

$$\Leftrightarrow r = 1,5 - 1 = 0,5 = 50\%.$$

Dieses Ergebnis stimmt mit dem umgangssprachlichen Verständnis einer Rendite vollkommen überein: Wer 10.000 € anlegt und ein Jahr später 15.000 € zurückerhält, hat offenbar einen Gewinn von 5.000 €, d.h. von 50% des eingesetzten Kapitals gemacht. Wäre der Kalkulationszins $i = r = 50\%$, hätte die Investition gerade einen Kapitalwert von null. Ist der Marktzins i kleiner als 50%, hat die Investition einen positiven Kapitalwert; ist i dagegen größer als r, wird der Zahlungsstrom unvorteilhaft. Im Einperiodenfall stimmt also die Aussage, daß r der kritische Zins für die Kapitalwertmethode ist: Es gilt dann $C \geq 0 \Leftrightarrow r \geq i$, d.h.: Die Investition ist genau dann vorteilhaft, wenn ihre Rendite r nicht kleiner ist als der Kalkulationszins, welcher die Rendite der Opportunität am Kapitalmarkt darstellt.

Lösung zu Aufgabe 4 e)

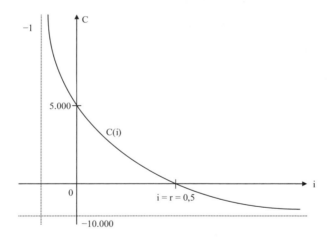

Abb. 3.4:   Kapitalwertfunktion für das Einperiodenbeispiel

Für $i \to -1$ oder $q \to 0+$ wächst der Kapitalwert über alle Grenzen ($C \to \infty$), so daß die Kapitalwertfunktion für kleine i positiv ist. Andererseits konvergiert C für $i \to \infty$ gegen -10.000. Hieraus folgt, daß die Kapitalwertfunktion für große i negativ wird. Nach dem Zwischenwertsatz für stetige Funktionen muß es dann mindestens eine Stelle geben, an der $C = 0$ ist. Bildet man die erste Ableitung der Kapitalwertfunktion nach q, erkennt man: $C'(q) < 0$. Die Kapitalwertfunktion ist streng monoton fallend und kann deshalb höchstens eine Nullstelle haben. Wenn es aber mindestens eine und zugleich höchstens eine Nullstelle gibt, folgt daraus, daß (in diesem und von der Zahlungsstruktur her analogen Fällen) genau ein interner Zins im relevanten Bereich existiert. Der interne Zins r = 0,5 gibt die Nullstelle der Kapitalwertfunktion (C = 0) an. Die Kapitalwertfunktion schneidet die Ordinate bei i = 0, woraus C = 5.000 resultiert.

Lösung zu Aufgabe 4 f)
Die Zahlungsreihe weist genau einen Vorzeichenwechsel auf (Normalinvestition) und besitzt deshalb einen eindeutigen internen Zinsfuß r im ökonomisch relevanten Bereich r > −100%.

Der interne Zins der Zahlungsreihe (−10.000, 5.800, 7.080) ergibt sich aus

$$C = -10.000 + 5.800 \cdot (1 + r)^{-1} + 7.080 \cdot (1 + r)^{-2} = 0$$

nach quadratischer Ergänzung (mal $(1 + r)^2$)

$$-10.000 \cdot (1 + r)^2 + 5.800 \cdot (1 + r)^1 + 7.080 \cdot (1 + r)^0 = 0$$

$$\Leftrightarrow -10.000 \cdot (1 + r)^2 + 5.800 \cdot (1 + r) + 7.080 = 0$$

$$\Leftrightarrow (1 + r)^2 - 0,58 \cdot (1 + r) - 0,708 = 0$$

sowie Anwendung der p,q-Formel wie folgt:

$$(1 + r)_{1,2} = -\frac{p}{2} \pm \sqrt{\left(\frac{p}{2}\right)^2 - q}$$

$$\Leftrightarrow r_{1,2} = -\frac{p}{2} \pm \sqrt{\left(\frac{p}{2}\right)^2 - q} - 1 = \frac{0,58}{2} \pm \sqrt{\left(\frac{-0,58}{2}\right)^2 + 0,708} - 1$$

$$\Leftrightarrow r_{1,2} = 0,29 \pm \sqrt{0,7921} - 1$$

$$\Leftrightarrow r_{1,2} = 0,29 \pm 0,89 - 1$$

$$r_1 = 0,29 + 0,89 - 1 = 0,18 = 18\%.$$

$$r_2 = 0,29 - 0,89 - 1 = -1,6 = -160\%.$$

Die zweite Lösung (r_2) scheidet aus, denn ökonomisch relevant sind nur interne Zinssätze größer als -1. Die Zahlungsreihe (-10.000, 5.800, 7.080) hat demnach den eindeutigen internen Zins $r = 18\%$.

Lösung zu Aufgabe 4 g)
Die Kapitalwertfunktion fällt streng monoton. Achsenabschnitte: Für $i = r = 0,18$ ist $C = 0$. Wenn $i = 0$, dann beträgt $C = 2.880$. Asymptoten: Für $i \to -1$ folgt $C \to \infty$. Für $i \to \infty$ folgt $C \to -10.000$.

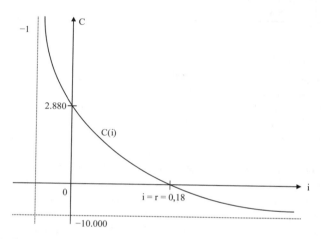

Abb. 3.5: Kapitalwertfunktion für das Zweiperiodenbeispiel

Lösung zu Aufgabe 4 h)
Im folgenden soll erläutert werden, was der interne Zins inhaltlich aussagt und warum er für Investitionsrechnungen nützlich sein kann. Der interne Zinsfuß läßt sich ökonomisch als *Effektivverzinsung des gebundenen Kapitals* interpretieren. Dazu ist die Vorstellung hilfreich, der zu beurteilende Zahlungsstrom bilde die Bewegungen auf einem in jeder Periode gleich verzinsten Konto ab. Für die Beispielzahlungsreihe (-10.000, 5.800, 7.080) bedeutet dies: Das Unternehmen eröffnet gedanklich in $t = 0$ ein Konto durch eine Einzahlung von 10.000 €. Das gebundene Kapital (Guthaben) erbringt eine Periode später 1.800 € Zinsen. Da der Investor jedoch gleichzeitig 5.800 € zum Verbrauch abhebt, sinkt das gebundene Kapital (seine Restforderung an die Investition) auf 6.000 €. Dieser Kontostand wird von der Investition wieder mit 18% verzinst und schließlich bis $t = 2$ vollständig getilgt. Die folgende Tabelle zeigt

das jeweils gebundene Kapital als „Restschuld der Investition gegenüber dem Investor".

Tab. 3.7: Verzinsung des gebundenen Kapitals für das Zweiperiodenbeispiel

t	Kapital-bindung t–1	Zinsen r = 18%	Tilgung Σ = 10.000	Summe = Rückfluß g_t	Kapital-bindung t
0					**10.000**
1	10.000	1.800	4.000	**5.800**	6.000
2	6.000	1.080	6.000	**7.080**	0

Lösung zu Aufgabe 4 i)
Es läßt sich zeigen, daß alle Zahlungsreihen mit durchweg nichtnegativem gebundenen Kapital einen eindeutigen internen Zinsfuß im ökonomisch relevanten Bereich $r > -100\%$ besitzen. In all denjenigen Fällen, in denen der interne Zins wie in vorstehender Tabelle sinnvoll als Effektivrendite interpretierbar ist, gibt es also auch keine Mehrdeutigkeitsprobleme. Der eindeutige interne Zinsfuß ist dann zugleich der *kritische Kalkulationszinsfuß*, bei dessen Überschreitung die Investition unvorteilhaft wird. Das Kriterium „Investiere, wenn der interne Zinsfuß r den Kalkulationszinsfuß i übersteigt" ist für diese Klasse von Investitionen (zu der auch die *Normalinvestitionen* mit genau einem Vorzeichenwechsel in der Zahlungsreihe gehören) uneingeschränkt anwendbar. In diesem Falle ist die interne Zinsfußmethode nicht nur sinnvoll interpretierbar (r = Verzinsung des gebundenen Kapitals), sondern darüber hinaus der Kapitalwertmethode äquivalent. Dieses Ergebnis wird durch einen allgemeinen Formelzusammenhang zwischen Kapitalwert C, internem Zins r, Kalkulationszins i und gebundenem Kapital KB_t bestätigt:

$$\text{C-r-Formel:} \quad C = (r - i) \cdot \sum_{t=1}^{n} KB_{t-1} \cdot (1 + i)^{-t}.$$

Ist die Kapitalbindung KB_t in jedem Zeitpunkt nichtnegativ, dann auch der ganze Teil der Formel hinter dem Summenzeichen. Als Konsequenz ergibt sich unter dieser Bedingung sofort die Äquivalenz von Kapitalwert- und interner Zinsfußmethode, denn es gilt dann:

$$C \geq 0 \Leftrightarrow r \geq i.$$

Der Kapitalwert des beispielhaften zweiperiodigen Investitionsobjekts, $C = -10.000 + 5.800 \cdot (1 + i)^{-1} + 7.080 \cdot (1 + i)^{-2}$, läßt sich also auch schreiben als:

$$C = (0,18 - i) \cdot \left(\frac{10.000}{1 + i} + \frac{6.000}{(1 + i)^2} \right).$$

Diese Darstellung ist für die Berechnung des Kapitalwerts natürlich unzweckmäßiger als die erste. Man erkennt an ihr aber sehr gut, daß die Klammer mit den abgezinsten Kapitalbindungen positiv ist und deshalb die Vorteilhaftigkeit der Investition nur noch vom Vorzeichen der ersten Klammer abhängt, d.h. von der Frage, ob der interne Zins $r = 18\%$ größer ist als der Kalkulationszins i (vgl. auch den Graphen der Kapitalwertfunktion $C(i)$ in der Abbildung 3.5).

Da der interne Zins $r = 18\%$ der Beispielzahlungsreihe $(-10.000, 5.800, 7.080)$ den Kalkulationszins $i = 10\%$ übersteigt, ist die Investition vorteilhaft (Harmonie von Kapitalwert- und interner Zinsfußmethode).

Nachdem ein interner Zins ermittelt wurde, sollten also – sofern es sich nicht um eine von vornherein unproblematische Normalinvestition handelt – stets als nächstes die Kapitalbindungen berechnet werden, um zu sehen, ob das Kriterium $r \geq i$ gemäß der Formel anwendbar ist. Sind alle Kapitalbindungen nichtnegativ, kann man sicher sein, daß der gefundene interne Zins der einzige im relevanten Bereich ist und als Effektivverzinsung des gebundenen Kapitals sowie als kritischer Zins der Kapitalwertmethode interpretiert werden darf. Bei negativer Kapitalbindung ist der interne Zinsfuß als Renditekennzahl unbrauchbar und nur noch in speziellen Ausnahmefällen für Investitionseinzelentscheidungen hilfreich.

Lösung zu Aufgabe 4 j)
Die Zahlungsreihe $(-50.000, 15.000, 25.000, 20.000)$ weist genau einen Vorzeichenwechsel auf (Normalinvestition) und besitzt deshalb einen eindeutigen internen Zinsfuß r im ökonomisch relevanten Bereich $r > -100\%$.

Um den internen Zinssatz numerisch zu bestimmen, eignet sich sehr gut das *Newton*-Verfahren. Es beginnt mit einem Schätzwert r_0 und ermittelt als nächsten Näherungswert für die gesuchte Nullstelle r der Kapitalwertfunktion die Nullstelle der Tangente im Punkt $(r_0, C(r_0))$. Wie man mit Hilfe des Steigungsdreiecks herleiten kann, resultiert die Nullstelle der Tangente aus der

Newton-Formel: $r_1 = r_0 - \dfrac{C(r_0)}{C'(r_0)}.$

Es bietet sich an, zur Vereinfachung der Schreibweise nicht r, sondern $q = 1 + r$ zu suchen. Hierzu wird neben der Kapitalwertfunktion

$$C(q) = -50.000 + 15.000 \cdot q^{-1} + 25.000 \cdot q^{-2} + 20.000 \cdot q^{-3}$$

nur noch ihre Ableitung

$$C'(q) = -15.000 \cdot q^{-2} - 50.000 \cdot q^{-3} - 60.000 \cdot q^{-4}$$

benötigt. Für $i = 5\%$ ist der Kapitalwert noch positiv. Startet man also z.B. mit dem willkürlich erhöhten Wert $q_0 = 1{,}08$ als erster Näherung, errechnet sich im ersten Schritt $C(1{,}08) = 1.199{,}004217$ und $C'(1{,}08) = -96.653{,}48552$. Die *Newton*-Formel liefert dann $q_1 = 1{,}08 - 1.199{,}004217/(-96.653{,}48552) = 1{,}092405183$. Dieser Wert ist Ausgangspunkt des nächsten Schritts, und man erhält durch Ermittlung der Größen $C(q_1) = 22{,}49854135$ und $C'(q_1) = -93.056{,}78458$ sowie erneutes Einsetzen in die Formel: $q_2 = 1{,}092405183 - 22{,}49854135/(-93.056{,}78458) = 1{,}092646956$. Weitere Iterationen bringen keine nennenswerten Verbesserungen mehr, da sich mit $C(q_2) = 0{,}000008257 \approx 0$ dem tatsächlichen internen Zins hinreichend genau angenähert worden ist. Der interne Zins r beträgt also circa $9{,}2646956\%$.

Die Kapitalwertfunktion fällt streng monoton. Achsenabschnitte: Für $i = r = 0{,}092646956$ ist $C \approx 0$. Für $i = 0$ beträgt $C = 10.000$. Asymptoten: Für $i \to -1$ folgt $C \to \infty$. Für $i \to \infty$ folgt $C \to -50.000$.

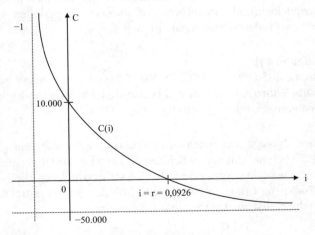

Abb. 3.6:   Kapitalwertfunktion für das Dreiperiodenbeispiel

Tabelle 3.8 zeigt das jeweils gebundene Kapital als „Restschuld der Investition gegenüber dem Investor".

Tab. 3.8: Verzinsung des gebundenen Kapitals für das Dreiperiodenbeispiel

t	Kapital-bindung t−1	Zinsen r = 9,2647%	Tilgung Σ = 50.000	Summe = Rückfluß g_t	Kapital-bindung t
0					**50.000**
1	50.000	4.632,34778	10.367,65222	**15.000**	39.632,34778
2	39.632,34778	3.671,816365	21.328,18363	**25.000**	18.304,16415
3	18.304,16415	1.695,825083	18.304,17492	**20.000**	≈ 0

Die Kapitalbindung ist immer größer oder gleich null. Es läßt sich zeigen, daß dann die Äquivalenz $C \geq 0 \Leftrightarrow r \geq i$ bzw. $C \leq 0 \Leftrightarrow r \leq i$ gilt. Da der interne Zins r = 9,2646956% der Beispielzahlungsreihe (−50.000, 15.000, 25.000, 20.000) kleiner ist als der Kalkulationszins i = 10%, ist die Investition nicht vorteilhaft (Harmonie von Kapitalwert- und interner Zinsfußmethode).

Aufgabe 5: Kapitalwert und maximaler Kaufpreis

Beurteilen Sie unter Verwendung der Kapitalwertmethode, ob die Investition mit folgender Zahlungsreihe **g** = (−50.000, 15.000, 25.000, 20.000) bei einem Marktzins von 10% p.a. vorteilhaft ist! Führen Sie zudem aus, wie hoch der zu t = 0 maximal zahlbare Kaufpreis für das Investitionsobjekt bei einem Marktzins von 10% p.a. sein darf, wenn der zu t = 0 zu zahlende Kaufpreis nicht mehr in Höhe von 50.000 GE vorgegeben wird, sondern noch verhandelbar ist!

Lösung zu Aufgabe 5
Der *Kapitalwert* C des Investitionsobjekts beträgt:

$$C = \sum_{t=0}^{n} g_t \cdot (1+i)^{-t} .$$

$$C = -50.000 + 15.000 \cdot 1{,}1^{-1} + 25.000 \cdot 1{,}1^{-2} + 20.000 \cdot 1{,}1^{-3}$$

$$= -676{,}18 < 0 \rightarrow \text{Die Investition ist nicht vorteilhaft!}$$

Im folgenden wird der zu t = 0 *maximal zahlbare Kaufpreis* für das Investitionsobjekt als Ertragswert aus dem *Kapitalwertkriterium* hergeleitet:

$$C = \sum_{t=0}^{n} g_t \cdot (1+i)^{-t} = g_0 + \sum_{t=1}^{n} g_t \cdot (1+i)^{-t}.$$

Im Falle eines Kaufs gibt der *Ertragswert* die maximale Höhe der Investitionsauszahlung an:

$$E := \sum_{t=1}^{n} g_t \cdot (1+i)^{-t}.$$

Mit dem Ertragswertsymbol E läßt sich die Kapitalwertformel auch schreiben als:

$$C = g_0 + E.$$

Die Interpretation des Ertragswertes als Entscheidungswert oder Grenzpreis bei vollkommenem Kapitalmarkt ergibt sich am schnellsten, wenn man auf den Begriff des Kapitalwerts zurückgreift. Der Kauf des Investitionsobjekts zum sofort zu entrichtenden Preis p_{K0} stellt eine vorteilhafte Investition dar, wenn der Kapitalwert C aus Sicht des Käufers (bezeichnet mit C_K) nichtnegativ ist:

$$C_K = -p_{K0} + \sum_{t=1}^{n} g_{Kt} \cdot (1+i)^{-t} = -p_{K0} + E_K \geq 0 \Leftrightarrow p_{K0} \leq E_K = -g_0 + C_K.$$

Der Ertragswert E_K ist also als *kritischer Preis* die *Preisobergrenze*, die der Käufer gerade noch akzeptieren kann, ohne daß der Kauf des Investitionsobjekts für ihn ökonomisch nachteilig wird (also mit einem negativen Kapitalwert einhergeht).

Bezogen auf die *Beispielkonstruktion* bedeutet dies:

Erster Lösungsweg: $E_K = \sum_{t=1}^{n} g_{Kt} \cdot (1+i)^{-t}$.

$$E_K = 15.000 \cdot 1{,}1^{-1} + 25.000 \cdot 1{,}1^{-2} + 20.000 \cdot 1{,}1^{-3} = 49.323{,}82 \text{ GE.}$$

$$C_K = -p_{K0} + \sum_{t=1}^{n} g_{Kt} \cdot (1+i)^{-t} = -p_{K0} + E_K \geq 0 \Leftrightarrow p_{K0} \leq E_K.$$

$$C_K = -p_{K0} + 49.323{,}82 \geq 0 \Leftrightarrow p_{K0} \leq 49.323{,}82 \text{ GE.}$$

Zweiter Weg: $C_K = -p_{K0} + \sum_{t=1}^{n} g_{Kt} \cdot (1 + i)^{-t} = -p_{K0} + E_K \geq 0 \Leftrightarrow p_{K0} \leq E_K = -g_0 + C_K$.

$\Leftrightarrow p_{K0} \leq 50.000 + (-676,18) \Leftrightarrow p_{K0} \leq 49.323,82$ GE.

Der Investor darf also zu t = 0 maximal 49.323,82 GE für den ab t = 1 fließenden Zahlungsstrom zahlen, damit der Kauf nicht ökonomisch nachteilig wird. Für 50.000 € lohnt sich das Geschäft wegen des negativen Kapitalwerts nicht mehr.

Aufgabe 6: Unternehmensbewertung

a) Nennen und erläutern Sie kurz die Hauptfunktionen der funktionalen Unternehmensbewertung! Gehen Sie dabei auch auf deren Wertarten ein!

b) Nennen Sie die Konfliktsituationen, nach denen Bewertungsfälle unterschieden werden können!

Die auf einem vollkommenen Kapitalmarkt agierende Welt AG denkt über den Kauf des zunehmend lästig werdenden Konkurrenten Lästig GmbH nach. Die Welt AG bittet Sie, ihr bei der Entscheidungsfindung beratend zur Seite zu stehen, wobei der Kalkulationszins 10% p.a. beträgt.

c) Die Welt AG geht in einer ersten groben Schätzung davon aus, daß mit dem Kauf der Lästig GmbH der Zahlungsstrom $g_K = (0, 15.000, 15.000, 15.000)$ verbunden ist. Bestimmen Sie den Ertragswert E_K, und geben Sie an, welchen Kaufpreis p_{K0}^* die Welt AG zu t = 0 maximal zahlen darf, damit der Kauf der Lästig GmbH nicht ökonomisch nachteilig wird! Verdeutlichen Sie mit Hilfe eines VOFI, daß dieser Grenzpreis die letzte Möglichkeit eines vorteilhaften oder zumindest genau zielsetzungsneutralen Geschäfts markiert!

d) Als Assistentin des Vorstands der Welt AG stolpert Jessica Schlau über die bisherigen Schätzungen, die sie für nicht zutreffend hält. Ihrer Prognose zufolge sei mit einem Zahlungsstrom zu rechnen, der eine gleichbleibende ewige Rente in Höhe von 15.000 GE erwarten läßt. Aus Zeitgründen ist Jessica Schlau nicht in der Lage, den sich gemäß ihrer Prognose ergebenden Ertragswert E_K sowie den maximalen Kaufpreis p_{K0}^* zu bestimmen, weshalb Sie sich nun der Sache annehmen müssen!

e) In Vorbereitung auf die entscheidende Sitzung erinnern Sie sich plötzlich an ein Wachstumsmodell, nach welchem die Rückflüsse im Zeitablauf mit der Rate ω zunehmen. Vereinfachend nehmen Sie an, daß mit dem Kauf der Lästig GmbH in t = 1 ein Einzahlungsüberschuß in Höhe von 15.000 GE einhergeht, welcher losgelöst von Erfolg und Konjunktur auf unabsehbare Zeit mit der Rate $\omega = 0,02$ wachsen wird. Letztendlich sind Sie nun aufgefordert, Ihre Überlegungen in die Berechnung des Ertragswertes E_K sowie des maximal zahlbaren Kaufpreises $p_{K0}{}^*$ einfließen zu lassen!

f) Bestimmen Sie den Entscheidungswert des die Lästig GmbH repräsentierenden Zahlungsstroms $g_K = (0, 15.000, 25.000, 20.000)$ für den Fall, daß die Zahlung des Kaufpreises nicht sofort zu t = 0 erfolgen muß, sondern eine nachschüssige annuitätische Kaufpreiszahlung mit $p_{Kt}{}^*$ $\forall$ t $\in \{1, 2, 3\}$ zwischen den Vertragsparteien vereinbart wurde! Verdeutlichen Sie mit Hilfe eines VOFI, daß eine Einigung zum Entscheidungswert aus Sicht der Welt AG die letzte Möglichkeit eines vorteilhaften oder zumindest genau zielsetzungsneutralen Geschäfts markiert!

Lösung zu Aufgabe 6 a)
Ob ein mit einem bestimmten Modell ermittelter Unternehmenswert brauchbar ist oder nicht, richtet sich nach dem mit der Rechnung verfolgten Zweck. Die Lehre von der funktionalen Unternehmensbewertung unterscheidet in dieser Hinsicht drei Hauptzwecke oder Hauptfunktionen, denen ein Unternehmenswert dienen kann: *Entscheidung*, *Vermittlung* und *Argumentation*.

Als wichtigste Funktion der Unternehmensbewertung erweist sich die Bereitstellung des *Entscheidungswerts*. Dieser gibt als subjektiver *Grenzpreis* die äußerste Schranke der Konzessionsbereitschaft einer Verhandlungspartei an. Der Käufer eines Unternehmens wird nicht mehr als seinen Grenzpreis zu zahlen bereit sein, weil anderenfalls der Kauf wirtschaftlich unvorteilhaft wäre. Analog akzeptiert der Verkäufer nur ein Preisangebot, das nicht unter seinem Grenzpreis liegt. Der Entscheidungswert entspricht investitionstheoretisch dem *kritischen Preis*, bei dem der zu erwerbende oder zu veräußernde Zahlungsstrom aus wirtschaftlicher Sicht gerade noch nicht nachteilig ist (im Idealfall ist die Transaktion zum Grenzpreis genau zielsetzungsneutral, also weder vorteilhaft noch unvorteilhaft).

Im Rahmen der Vermittlungsfunktion wird ein Schieds- oder *Arbitriumwert* aus dem Intervall zwischen dem Grenzpreis des Verkäufers und dem Grenzpreis des Käufers gesucht (z.B. das arithmetische Mittel beider Grenzpreise). Die Aufgabe des Vermittlers besteht darin, die wirtschaftlichen Vorteile aus der Unternehmensveräußerung möglichst gerecht auf Käufer und Verkäufer zu verteilen. Sofern das Einigungsintervall leer ist, weil der Entscheidungswert des Verkäufers den Grenzpreis des Käufers übersteigt, muß evtl. der Schiedswert diejenige Partei schützen, der die

Transaktion aufgezwungen wird (z.B. Abfindung mindestens in Höhe des Grenzpreises eines zwangsweise ausscheidenden Gesellschafters).

Als Verhandlungs- oder *Argumentationswert* bezeichnet man einen vorgeblichen Entscheidungs- oder auch Arbitriumwert, der in der Verhandlung der anderen Partei gegenüber vertreten wird, um die eigenen Preisvorstellungen zu begründen. Beide Parteien halten ihre wahren Grenzpreise natürlich geheim und streben ein Verhandlungsergebnis an, das möglichst weit von ihrem Entscheidungswert entfernt ist. Der Argumentationswert ist parteiisch und dient nur der Verhandlungstaktik.

Lösung zu Aufgabe 6 b)
Konfliktsituationen vom Typ Kauf/Verkauf, Fusion/Spaltung.
Dominierte/nicht dominierte, jungierte/nicht jungierte, eindimensionale/mehrdimensionale Konfliktsituationen.

Lösung zu Aufgabe 6 c)

$$E_K = \sum_{t=1}^{n} g_{Kt} \cdot (1+i)^{-t} .$$

$$E_K = 15.000 \cdot 1{,}1^{-1} + 15.000 \cdot 1{,}1^{-2} + 15.000 \cdot 1{,}1^{-3} = 37.302{,}78 \text{ GE.}$$

$$C_K = -p_{K0} + \sum_{t=1}^{n} g_{Kt} \cdot (1+i)^{-t} = -p_{K0} + E_K \geq 0 \Leftrightarrow p_{K0} \leq E_K.$$

$$C_K = -p_{K0} + 37.302{,}78 \geq 0 \Leftrightarrow p_{K0} \leq 37.302{,}78 \text{ GE.}$$

Die Welt AG darf also zu $t = 0$ maximal 37.302,78 GE für die Lästig GmbH zahlen, damit der Kauf nicht ökonomisch nachteilig wird.

Tab. 3.9: Vollständiger Finanzplan: zu t = 0 maximal zahlbarer Kaufpreis

Zeitpunkt t	t = 0	t = 1	t = 2	t = 3
g_{Kt}		15.000	15.000	15.000
$p_{K0}*$	**–37.302,78**			
Kredit	37.302,78			
Tilgung		–11.269,72	–12.396,69	–13.636,36
Anlage				
Zinsen 10%		–3.730,28	–2.603,31	–1.363,63
Schuld	–37.302,78	–26.033,06	–13.636,36	
Guthaben				0

Lösung zu Aufgabe 6 d)

Da Unternehmen i.d.R. kein bestimmtes, im voraus bekanntes „Verfallsdatum" haben, werden in den Modellen der Unternehmensbewertung zumindest für die späteren Jahre gerne „ewige Renten" angenommen, d.h. sich gleichförmig bis ins Unendliche erstreckende Zahlungsströme. Es wird also mangels besserer Informationen gleichsam ein finanzmathematischer Durchschnittsüberschuß als Annuität geschätzt. Unter Verwendung der sich als Grenzwert des Rentenbarwertfaktors für n → ∞ ergebenden „kaufmännischen Kapitalisierungsformel" hat ein Unternehmen, welches zu allen Zeitpunkten von t = 1, t = 2, t = 3 bis t → ∞ jeweils den konstanten Betrag g_K an die Eigentümer ausschüttet, den Ertragswert

$$E_K = \frac{g_K}{i} \, .$$

$$E_K = \frac{15.000}{0,1} = 150.000 \text{ GE.}$$

$$C_K = -p_{K0} + 150.000 \geq 0 \iff p_{K0} \leq 150.000 \text{ GE.}$$

Die Welt AG darf also zu t = 0 maximal 150.000 GE für die Lästig GmbH zahlen, damit der Kauf nicht ökonomisch nachteilig wird.

Lösung zu Aufgabe 6 e)

Eine leichte Abwandlung ergibt sich durch die (allerdings nur vordergründig) realistischer wirkende Annahme, der Ausschüttungsstrom des Unternehmens bleibe nicht ewig gleich, sondern steige von Zeitpunkt zu Zeitpunkt mit der Rate ω ($0 \leq \omega < i$). Es gilt dann nach den Gesetzen der Renten- bzw. Reihenrechnung:

$$E_K = \sum_{t=1}^{\infty} g_K \cdot \frac{(1+\omega)^{t-1}}{(1+i)^t} = \frac{g_K}{i-\omega}.$$

$$E_K = \frac{15.000}{0,1-0,02} = 187.500 \text{ GE.}$$

$p_{K0} \leq 187.500$ GE.

Die Welt AG darf also zu $t = 0$ maximal 187.500 GE für die Lästig GmbH zahlen, damit der Kauf nicht ökonomisch nachteilig wird.

Lösung zu Aufgabe 6 f)

$$p_{Kt}^* := E_K \cdot ANF_{i,n} = \sum_{t=1}^{n} g_{Kt} \cdot (1+i)^{-t} \cdot \frac{i \cdot (1+i)^n}{(1+i)^n - 1}.$$

$$E_K = 15.000 \cdot 1{,}1^{-1} + 25.000 \cdot 1{,}1^{-2} + 20.000 \cdot 1{,}1^{-3} = 49.323{,}82 \text{ GE.}$$

$$p_{Kt}^* = 49.323{,}82 \cdot \frac{0{,}1 \cdot 1{,}1^3}{1{,}1^3 - 1} = 49.323{,}82 \cdot 0{,}402114803$$

$$= 19.833{,}84 \text{ GE } \forall \, t \in \{1, 2, 3\}.$$

Die Welt AG darf also maximal eine nachschüssige annuitätische Kaufpreiszahlung in Höhe von $p_{Kt}^* = 19.833{,}84$ GE $\forall \, t \in \{1, 2, 3\}$ für die Lästig GmbH entrichten, damit der Kauf nicht ökonomisch nachteilig wird.

Tab. 3.10: Vollständiger Finanzplan: maximale annuitätische Kaufpreiszahlung

Zeitpunkt t	t = 0	t = 1	t = 2	t = 3
g_{Kt}		15.000	25.000	20.000
p_{Kt}*		**−19.833,84**	**−19.833,84**	**−19.833,84**
Kredit		4.833,84		
Tilgung			−4.682,78	−151,06
Anlage				
Zinsen 10%			−483,38	−15,11
Schuld	0	−4.833,84	−151,06	
Guthaben				**0**

3.1.2   Finanzierung

Aufgabe 1:   Grundbegriffe

a) Definieren Sie den Begriff Finanzierung!

b) Stellen Sie dar, auf welche zwei Arten der Begriff Liquidität interpretiert wird!

c) Wodurch sind Eigen- und Fremdfinanzierung gekennzeichnet?

d) Ordnen Sie die folgenden Finanzierungsarten der jeweils richtigen Form der Finanzierung zu, wenn diese nach der Rechtsstellung der Kapitalgeber unterteilt werden!
    - Beteiligungsfinanzierung,
    - Kreditfinanzierung,
    - Selbstfinanzierung,
    - Rückstellungsfinanzierung.

e) Definieren Sie die Begriffe Außen- und Innenfinanzierung, und geben Sie je zwei Beispiele an!

f) Worin unterscheiden sich Eigen- und Fremdkapital hinsichtlich des Haftungsumfangs, des Anspruchs auf künftige Zahlungen (Gewinnanteil und Vermögensanspruch), der zeitlichen Verfügbarkeit sowie der Finanzierungskapazität?

g) Beschreiben Sie kurz den Unterschied zwischen Personal- und Sachsicherheiten! Nennen Sie jeweils zwei Beispiele!

Lösung zu Aufgabe 1 a)

Zwingende Voraussetzung für das Fortbestehen eines Unternehmens ist die jederzeitige Zahlungsfähigkeit (finanzielle Flüssigkeit, Liquidität), weshalb die Investitionstätigkeit von Unternehmen eine Überbrückung der zeitlichen Spanne zwischen den vorzuleistenden Investitionsauszahlungen und den erst später folgenden Einzahlungen erfordert. Um die anfänglichen Auszahlungen jederzeit durch mindestens gleich hohe Einzahlungen zu kompensieren, sind Finanzierungsmaßnahmen erforderlich. *Finanzierung* bedeutet demnach Beschaffung von Zahlungsmitteln (Bargeld oder Sichtguthaben), d.h. die Herbeiführung von Zahlungsströmen, die zunächst durch Einzahlungen (als Zahlungsmittelzufluß) und später durch Auszahlungen (als Zahlungsmittelabfluß) gekennzeichnet sind. In einer statischen, bilanzorientierten Sichtweise werden Finanzierung und Investition im weiteren Sinne als Mittelherkunft (Kapital, bilanzielle Passiva) und Mittelverwendung (Vermögen, bilanzielle Aktiva) definiert.

Lösung zu Aufgabe 1 b)

Der Begriff der *Liquidität* wird in Theorie und Praxis vor allem in zweifacher Bedeutung verstanden:

1. als *Fähigkeit von Wirtschaftssubjekten*, ihren fälligen finanziellen Verpflichtungen zeit- und betragsgenau nachkommen zu können, wobei dann, wenn dies erreicht ist, auch vom finanziellen Gleichgewicht gesprochen wird, in dem sich ein solches Wirtschaftssubjekt befindet, oder von *Zahlungsfähigkeit*,
2. als *Eigenschaft von Wirtschaftsgütern*, als Zahlungsmittel dienen oder in Zahlungsmittel umgewandelt werden zu können, wobei in bezug auf die Geldnähe dieser Wirtschaftsgüter von der *Liquidierbarkeit* gesprochen wird.

Lösung zu Aufgabe 1 c)

Von *Eigenfinanzierung* spricht man, wenn das bilanzielle Eigenkapital (Haftungskapital) zunimmt, sei es durch Einlagen der Anteilseigner (Beteiligungsfinanzierung) oder Thesaurierung (Einbehaltung) von Gewinnen (Selbstfinanzierung). Hingegen steigt im Rahmen einer *Fremdfinanzierung* das bilanzielle Fremdkapital, d.h. das den Gläubigern des Unternehmens geschuldete Kapital (Kreditfinanzierung) oder aber das Ausmaß der ungewissen Verpflichtungen (Finanzierung aus Rückstellungen).

Lösung zu Aufgabe 1 d)

Eigenfinanzierung: Beteiligungsfinanzierung, Selbstfinanzierung.

Fremdfinanzierung: Kreditfinanzierung, Rückstellungsfinanzierung.

Lösung zu Aufgabe 1 e)
Im Rahmen der *Außenfinanzierung* erfolgt eine Zuführung finanzieller Mittel aufgrund der Außenbeziehungen des Unternehmens zu Kapitalgebern. Das dem Unternehmen von außen zugeführte Kapital kann dabei von Eigen- oder Fremdkapitalgebern stammen, so daß man zwischen Einlagen- oder Beteiligungsfinanzierung und Kreditfinanzierung unterscheidet.

Bei der *Innenfinanzierung* ergeben sich die zur Verfügung stehenden finanziellen Mittel vor allem aufgrund der Außenbeziehungen des Unternehmens zu den Absatzmärkten. Das Finanzierungsvolumen wird vom Unternehmen selbst im Umsatzprozeß („von innen heraus") aufgebracht, indem früher investierte Mittel durch Veräußerung betrieblicher Leistungen oder von Teilen des Anlagevermögens zurückgewonnen werden (Rückflußfinanzierung). Selbstverständlich ist es dabei nicht ungewöhnlich, daß die aus den Absatzmärkten der betrieblichen Leistungen zurückfließenden Mittel die ursprünglich eingesetzten Mittel übersteigen (Überschußfinanzierung). Der damit verbundene Vermögenszuwachs ermöglicht es dem Unternehmen, seinen Kapitalbedarf mit einbehaltenen Gewinnen (Selbstfinanzierung) oder in der Periode auszahlungsunwirksamen Aufwandsgegenwerten (Finanzierung aus Rückstellungen) zu decken, wobei letzteres nur denkbar ist, wenn die Aufwandsgegenwerte in liquider Form vorliegen. Ebenso führen Abschreibungen zu nicht auszahlungswirksamen Aufwandsgegenwerten, die, soweit sie in liquider Form vorliegen, zu Finanzierungszwecken genutzt werden können (Finanzierung aus Abschreibungen). Nicht zuletzt stellt der Verkauf von Vermögensteilen (Finanzierung aus Vermögensumschichtung) ebenfalls eine Quelle der Innenfinanzierung dar.

Lösung zu Aufgabe 1 f)
In Tabelle 3.11 sind die aus der Überlassung von Eigen- und Fremdkapital resultierenden Rechte und Pflichten vereinfacht dargestellt.

Tab. 3.11: Unterscheidungsmerkmale von Eigen- und Fremdkapital

Merkmale	Eigenkapital	Fremdkapital
Haftung	Mindestens in Höhe der Einlage = (Mit-)Eigentümerstellung	Keine Haftung = Gläubigerstellung
Gewinnanteil	Anteil am Erfolg (Gewinn/Verlust)	Kein Anteil am Erfolg, i.d.R. fester Zinsanspruch
Vermögensanspruch	Anteil am Liquidationsgewinn (= Liquidationserlös – Schulden)	In Höhe der Forderungen
Zeitliche Verfügbarkeit	„Unbegrenzt"	Terminiert
Finanzierungskapazität	Begrenzt, abhängig vom Vermögen des Kapitalgebers und seiner Risikobereitschaft	„Unbegrenzt", abhängig von Sicherheiten und Risiken

Lösung zu Aufgabe 1 g)

Während bei den Personalsicherheiten (z.B. Bürgschaft, Garantie, Wechselsicherung) der Kreditgeber als Sicherungsnehmer einen schuldrechtlichen Anspruch gegen den Kreditnehmer oder einen Dritten als Sicherungsgeber erhält, kann sich der Sicherungsnehmer im Rahmen von Sachsicherheiten (z.B. Verpfändung, Sicherungsübereignung, Sicherungsabtretung, Grundpfandrechte) aus einem bestimmten Vermögensgegenstand (Sache oder Recht) des Sicherungsgebers befriedigen.

Aufgabe 2: Beteiligungsfinanzierung unterschiedlicher Rechtsformen

Beurteilen Sie vergleichend die Möglichkeiten der Beteiligungsfinanzierung des Einzelkaufmanns, der offenen Handelsgesellschaft (OHG), der Kommanditgesellschaft (KG), der Gesellschaft mit beschränkter Haftung (GmbH) und der Aktiengesellschaft (AG)!

Lösung zu Aufgabe 2

Die Beschaffung von Eigenkapital von außen ist für den *Einzelkaufmann* grundsätzlich am schwierigsten. Obwohl er jederzeit durch Zuführungen aus seinem Privatvermögen und Entnahmen aus dem Unternehmen die Höhe der Eigenkapitalbasis seines Unternehmens verändern kann, findet diese Art der Zuführung von Eigenkapital ihre Begrenzung im Privatvermögen des Einzelkaufmanns. Eine darüber hinausgehende Erhöhung des Eigenkapitals im Rahmen einer Beteiligungsfinanzierung unter Beibehaltung der Rechtsform kann nur durch die Aufnahme eines stillen Gesellschafters gelingen. Das gesellschaftliche Bündnis zwischen Einzelkaufmann und stillem Gesellschafter ist nur im Innenverhältnis existent. Der stille Gesellschafter tritt nach außen nicht in Erscheinung, sondern leistet gegen eine angemessene Gewinn- und ggf. auch Verlustbeteiligung (maximal in Höhe der Einlage) eine Bar- oder Sacheinlage in das Vermögen des Einzelkaufmanns. Während der typische stille Gesellschafter mit seiner nominellen Einlage abgefunden wird, ist der atypisch stille Gesellschafter am Vermögenszuwachs zu beteiligen und als zur Geschäftsführung berechtigter Mitunternehmer anzusehen. Neben der Aufnahme eines stillen Gesellschafters bietet sich für den Einzelkaufmann zur Verbreiterung der Eigenkapitalbasis im Rahmen einer Beteiligungsfinanzierung die Möglichkeit der Umgründung in eine Personengesellschaft.

Während die *offene Handelsgesellschaft* gleichsam die Multiplikation des Einzelkaufmanns darstellt, indem sich mehrere Personen als Vollhafter (Komplementäre) zusammenschließen und gemeinsam über ein größeres Vermögen gebieten, treten bei der *Kommanditgesellschaft* zusätzlich Personen mit auf die Einlage beschränkter Haftung, sogenannte Kommanditisten, auf. Da die Vollhafter zur Geschäftsführung berechtigt sind und jeder letztlich privat für die Fehler der anderen mithaftet, dürften die Zahl der Komplementäre und damit auch das Potential zur Beteiligungsfinanzierung überschaubar bleiben. Gleiches gilt, allerdings aufgrund der schlechteren Veräußerbarkeit von Kommanditanteilen, auch für die Zahl möglicher Kommanditisten und die Höhe ihrer Einlagen.

Die Haftungsbeschränkung erleichtert der *Gesellschaft mit beschränkter Haftung* die Aufnahme von Eigenkapital. Da eine Mitarbeit eines (jeden) Eigenkapitalgebers in der jeweiligen Gesellschaft eher untypisch ist, können theoretisch unbegrenzt Gesellschafter aufgenommen werden. Allerdings leidet die GmbH-Einlagenfinanzierung (ähnlich wie die Finanzierung durch Kommanditkapital bei der KG) wegen der Nichtexistenz eines organisierten Kapitalmarktes für GmbH-Anteile unter der mangelnden Fungibilität (Handelbarkeit) dieser Geschäftsanteile. Ferner wird die Übertragung von GmbH-Anteilen durch die geforderte notarielle Form verkompliziert.

Die *Aktiengesellschaft* kann durch die Emission von Aktien auf dem anonymen Kapitalmarkt ein äußerst breites Publikum erreichen, weshalb sie am besten für die Aufbringung großer Eigenkapitalbeträge im Rahmen der Beteiligungsfinanzierung geeignet ist. Zudem stellen die an der Börse gehandelten Aktien vertretbare Wertpapiere dar, die kleinste (marginale) Unternehmensanteile verbriefen und daher auch für Kleinanleger interessant sind. Ferner wird dem Sicherheitsbedürfnis der zahlreichen Eigenkapitalgeber (Aktionäre) mit dem umfangreichen Aktiengesetz Genüge getan. Dessenungeachtet steigt und fällt die Bereitschaft der Anleger, sich in Aktien zu engagieren, mit der Börsenkonjunktur.

Aufgabe 3: Aktienemissionen

Unterscheiden Sie Erstemissionen von Kapitalerhöhungen, und erläutern Sie die nach deutschem Aktiengesetz zur Beteiligungsfinanzierung in Frage kommenden Formen der Kapitalerhöhung!

Lösung zu Aufgabe 3
Unter einer *Erstemission* (auch Börsengang genannt) versteht man die erstmalige Veräußerung von Aktien an organisierten Finanzmärkten durch bisher nicht börsennotierte Aktiengesellschaften. Der dabei erzielte Emissionserlös fließt dem ausgebenden Unternehmen zu und verbessert dessen Eigenkapitalausstattung. Spätere, von bereits börsennotierten Aktiengesellschaften, *Kapitalerhöhungen* dienen ebenfalls der Beschaffung von Eigenkapital. Das deutsche Aktiengesetz regelt die zur Beteiligungsfinanzierung in Frage kommenden *Formen*:

Eine *ordentliche Kapitalerhöhung* erfolgt durch die Ausgabe neuer („junger") Aktien gegen Bar- oder Sacheinlagen. Dabei muß der Bezugskurs (Ausgabekurs) der jungen Aktien mindestens dem (rechnerischen) Nennwert der Aktie entsprechen, weshalb Unter-pari-Emissionen (Bezugskurs der jungen Aktien < Nennwert) nicht zulässig sind. Liegt der Bezugskurs der jungen Aktien über dem Nennwert (Über-pari-Emission), so ist die als Agio (Aufgeld) bezeichnete Differenz in die Kapitalrücklage einzustellen. Das gezeichnete Kapital (Grundkapital) erhöht sich also nur um den Nennwertbetrag der Kapitalerhöhung. Grundsätzlich ist den Altaktionären entsprechend ihren Anteilen am bisherigen Grundkapital ein Bezugsrecht (Vorkaufsrecht) auf die jungen Aktien einzuräumen, um sie vor einer Kapitalverwässerung zu bewahren: Einerseits sollen die bisherigen Aktionäre die Möglichkeit erhalten, der mit einer Kapitalerhöhung einhergehenden Verschlechterung ihrer Stimmrechtsverhältnisse in der Hauptversammlung entgegenzuwirken. Andererseits drohen ihnen auch Vermögenseinbußen, denn der ursprüngliche Kurs des Wertpapiers wird durch eine Kapitalerhöhung i.d.R. in Mitleidenschaft gezogen, da die jungen Aktien aus Kaufanreizgründen zu einem Kurs unterhalb des aktuellen Börsenkurses der Altaktie ausgegeben werden. Die offenen und stillen Reserven der Aktiengesellschaft verteilen sich nach erfolgter Kapitalerhöhung auf die gleichberechtigten alten und jungen Aktien, wodurch ein Nivellierungseffekt zu Lasten der vormals höher gehandelten alten Aktien eintritt, den der Wert des Bezugsrechts gerade ausgleichen soll. Bezugsrechte besitzen i.d.R. einen monetären Wert und werden an der Börse wie eigenständige Wertpapiere gehandelt.

Eine *bedingte Kapitalerhöhung* führt nur zu einer Erhöhung des Eigenkapitals, wenn die Inhaber von Umtausch- oder Aktienbezugsrechten auch tatsächlich von ihrem Recht, neue Aktien zu beziehen, Gebrauch machen. Solche Rechte leiten sich aus Wandel- oder Optionsanleihen ab oder werden anläßlich der Ausgabe von „Belegschaftsaktien" für die Mitarbeiter sowie zur Vorbereitung von Unternehmenszusammenschlüssen begründet.

Beim *genehmigten Kapital* handelt es sich um eine durch Hauptversammlungsbeschluß gefaßte, zeitlich befristete Ermächtigung (bis zu fünf Jahre) an den Vorstand, das Grundkapital bis zu einem bestimmten Betrag (genehmigtes Kapital) durch Ausgabe neuer Aktien zu erhöhen. Der Vorstand kann dadurch bei Bedarf schnell handeln, da es keiner erneuten Einberufung der Hauptversammlung bedarf, sondern lediglich die Zustimmung des Aufsichtsrats einzuholen ist. Hinsichtlich der Eigenkapitalbeschaffung ist es mithin möglich, günstige Kapitalmarktsituationen (Zeitpunkte) für die Ausgabe neuer Aktien ohne Verzögerung zu nutzen.

Eine sogenannte *Kapitalerhöhung aus Gesellschaftsmitteln* stellt übrigens kein Instrument der Beteiligungsfinanzierung dar, weil lediglich innerhalb des Eigenkapitalkontos Rücklagen in Grundkapital umgewandelt werden (Passivtausch), ohne daß ein Zufluß frischen Eigenkapitals erfolgt.

Aufgabe 4:   Langfristige Kreditfinanzierung

a)   Nennen Sie vier Sonderformen der Industrieobligation!

b)   Wodurch ist eine Nullkuponanleihe charakterisiert? Unterscheiden Sie dabei auch Zuwachsanleihen von echten Nullkuponanleihen! Warum tragen Nullkuponanleihen ein erhebliches Kursrisiko?

c)   Eine echte Nullkuponanleihe soll eingehender untersucht werden. Dabei ist von folgenden aus Anlegersicht relevanten Daten auszugehen, mit denen das emittierende Unternehmen für das Wertpapier wirbt:

Emissionsstichtag:	01.07.2007
Laufzeit:	10 Jahre
Emissionskurs:	50%
Rückzahlungskurs:	100%
Durchschnittlicher Wertzuwachs:	10%.

Zeigen Sie, wie sich der durchschnittliche Wertzuwachs ergibt, und erläutern Sie, warum es sich beim durchschnittlichen Wertzuwachs um eine grobe Milchmädchenrechnung handelt, mit der finanzwirtschaftliche Laien werbewirksam beeindruckt werden sollen! Berechnen Sie die den Anleihekäufer eigentlich interessierende Emissionsrendite!

d) Zeigen Sie, daß der Unterschied zwischen einer durch nachstehende Daten gekennzeichneten Zuwachsanleihe und einer echten Nullkuponanleihe (vgl. Aufgabenteil c)) nur definitorischer Art ist:

Emissionsstichtag:	01.07.2007
Laufzeit:	10 Jahre
Emissionskurs:	100%
Rückzahlungskurs:	200%.

e) Ein Unternehmen, welches zur Deckung von Forschungs- und Entwicklungsausgaben einen langfristigen Bankkredit in Höhe von 50.000 € benötigt, vereinbart mit seiner Hausbank eine zehnjährige Kreditlaufzeit mit einem festgeschriebenen Zinssatz von 10% p.a. Hinsichtlich der Tilgungsmodalitäten stehen die endfällige Tilgung, Ratentilgung und Annuitätentilgung zur Auswahl. Beschreiben Sie diese Tilgungsmodalitäten kurz, und stellen Sie die jeweiligen Tilgungspläne auf!

Lösung zu Aufgabe 4 a)
Sonderformen der Industrieobligation sind Wandel-, Options- und Gewinnschuldverschreibungen, welche sich dadurch auszeichnen, daß sie dem Kreditgeber entweder das Recht einräumen, Anteilseigner zu werden, oder ihm eine an sich Anteilseignern vorbehaltene Gewinnbeteiligung zugestehen. Insofern handelt es sich hierbei um Instrumente der Kreditfinanzierung, die nicht gänzlich von der Beteiligungsfinanzierung zu trennen sind. Als *weitere Sonderformen der Industrieobligation* kommen Anleihen mit variabler Verzinsung und Nullkuponanleihen in Betracht.

Lösung zu Aufgabe 4 b)
Nullkuponanleihen zeichnen sich dadurch aus, daß sie einerseits dem Inhaber der Anleihe während der Laufzeit keinerlei Zinszahlungen gewähren und andererseits den Emittenten der Anleihe nicht zu laufenden Zinszahlungen verpflichten. Zinsen und Zinseszinsen werden thesauriert und erst bei Endfälligkeit der Anleihe zusammen mit dem zu Laufzeitbeginn hingegebenen Kapital- bzw. Anleihebetrag an den Inhaber der Anleihe (Kreditgeber) zurückgezahlt.

Bei der Ausgestaltung von Nullkuponanleihen ist zwischen Zuwachsanleihen bzw. Zinssammlern und echten Nullkuponanleihen zu unterscheiden. Während der Emissionskurs von *Zuwachsanleihen* ihrem Nennwert entspricht (Pari-Ausgabe) und die Rückzahlung zu einem Kurs erfolgt, der Tilgung, Zins und Zinseszins enthält und der höher ist als der Nennwert der Anleihe (Über-pari-Rückzahlung), werden *echte Nullkuponanleihen* unterhalb ihres Nennwertes emittiert (Unter-pari-Ausgabe) und zu einem Kurs in Höhe ihres Nennwertes getilgt (Pari-Rückzahlung). Die Rendite der Nullkuponanleihe ergibt sich demnach nur aus der Differenz zwischen dem Emissions- und Rückzahlungskurs oder dem Kauf- und Verkaufskurs und natürlich der Laufzeit.

Nullkuponanleihen tragen ein erhebliches Kursrisiko, weil sie während der Laufzeit keinerlei Zinsausschüttungen gewähren und erst im abschließenden Tilgungszeitpunkt nicht nur den zu Laufzeitbeginn hingegebenen Kapitalbetrag zurückerstatten, sondern auch die jahrelang aufgelaufenen Zinsen und Zinseszinsen in einer Summe auszahlen. Da der Anleger vor dem Ende der Anleihelaufzeit keinerlei Zahlungen erhält, die er bei geändertem Marktzins besser oder schlechter wieder anlegen könnte als zur im voraus festgelegten, unveränderlichen Rendite der Nullkuponanleihe, reagiert der Kurs der Nullkuponanleihe besonders stark auf Änderungen des Marktzinses. Steigt etwa der Marktzins auf 7%, so kann eine erst vor einem Jahr emittierte Nullkuponanleihe, die noch vierzehn Jahre läuft und lediglich 5% Rendite erbringt, nur mit einem erheblichen Abschlag auf den Nennwert verkauft werden, welcher den Renditenachteil der Nullkuponanleihe im Vergleich zu aktuell neu ausgegebenen Anleihen kompensiert.

Lösung zu Aufgabe 4 c)
Der werbewirksam angegebene *durchschnittliche Wertzuwachs* darf natürlich nicht mit der den Anleihekäufer eigentlich interessierenden und deutlich geringeren Emissionsrendite der echten Nullkuponanleihe verwechselt werden, denn es handelt sich hierbei lediglich um eine Durchschnittsgröße, die Auskunft darüber erteilt, um wie-

viel Prozent, bezogen auf die ursprünglich eingesetzten Mittel, der Kapitalbetrag des Investors pro Jahr im Durchschnitt steigt:

$$\text{durchschnittlicher Wertzuwachs} = \frac{\text{durchschnittlicher Ertrag pro Jahr}}{\text{Kapitaleinsatz}} \cdot 100\%$$

$$= \frac{(100 - 50)/10}{50} \cdot 100\% = 10\%.$$

Da bei der Bestimmung des durchschnittlichen Wertzuwachses der ursprüngliche Kapitaleinsatz die Bezugsbasis der Rechnung bildet, wird implizit unterstellt, daß sich der zu Laufzeitbeginn eingezahlte und zu verzinsende Kapitalbetrag bis zum Fälligkeitstermin der Nullkuponanleihe nicht ändert, was eine jährlich wiederkehrende Auszahlung der Zinsen erfordert, die jedoch bei der Nullkuponanleihe gerade nicht erfolgt. Insofern handelt es sich beim „durchschnittlichen Wertzuwachs" um eine grobe Milchmädchenrechnung, mit der finanzwirtschaftliche Laien beeindruckt werden sollen.

Die Berechnung der den Anleihekäufer eigentlich interessierenden *Emissionsrendite* r (Effektivverzinsung, interner Zinsfuß zum Zeitpunkt der Emission) ist wegen der charakteristischen Struktur einer Nullkuponanleihe, die sich dadurch auszeichnet, daß die Zahlungsreihe jeweils nur eine Einzahlung zu Beginn und eine Auszahlung am Ende der Laufzeit umfaßt, relativ einfach:

$$C = -50 + \frac{100}{(1+r)^{10}} = 0 \iff (1+r)^{10} = \frac{100}{50}$$

$$\iff r = \sqrt[10]{\frac{100}{50}} - 1 = 0,071773463.$$

Mit 7,18% liegt die Emissionsrendite der echten Nullkuponanleihe deutlich unter dem zuvor problematisierten durchschnittlichen Wertzuwachs, weil bei der Ermittlung der Rendite berücksichtigt wird, daß die laufenden Zinserträge eben nicht jährlich ausgezahlt, sondern bis zum Fälligkeitstermin der Nullkuponanleihe angesammelt werden. Das gebundene Kapital der Anleihe wächst also stets durch den Zinsausschüttungsverzicht.

Lösung zu Aufgabe 4 d)

Sowohl bei der echten Nullkuponanleihe aus Aufgabenteil c) als auch bei der Zuwachsanleihe aus d) steht der Rückzahlungs- zum Emissionskurs im Verhältnis 2:1 (100/50 = 200/100). Folglich ergibt sich für beide Papiere derselbe *durchschnittliche Wertzuwachs*:

$$\text{durchschnittlicher Wertzuwachs} = \frac{(200-100)/10}{100} \cdot 100\% = 10\%.$$

Auch die *Emissionsrenditen* der beiden Nullkuponanleihen sind identisch:

$$C = -100 + \frac{200}{(1+r)^{10}} = 0 \quad \Leftrightarrow \quad (1+r)^{10} = \frac{200}{100}$$

$$\Leftrightarrow \quad r = \sqrt[10]{\frac{200}{100}} - 1 = 0,071773463.$$

Letztlich ist eine Unterscheidung zwischen einer Zuwachsanleihe und einer unechten Nullkuponanleihe nur hinsichtlich des zum Investitionszeitpunkt erforderlichen Kapitalbetrages interessant: Unter der Annahme, der Nennwert der beiden Nullkuponanleihen betrage 5.000 €, müßte ein Anleger bei der echten Nullkuponanleihe lediglich über 2.500 € verfügen, um in zehn Jahren 5.000 € zurückzubekommen. Würde er hingegen die Zuwachsanleihe kaufen, bedingt dies einen Kapitaleinsatz von 5.000 €, die ihm in zehn Jahren dann allerdings einen Rückzahlungsbetrag von 10.000 € garantieren.

Lösung zu Aufgabe 4 e)

Während bei der endfälligen Tilgung die Rückzahlung der Gesamtschuld „en bloc" am Ende der Kreditlaufzeit erfolgt, zeichnet sich die Ratentilgung durch eine Rückführung des Kredits mit meist über die Kreditlaufzeit gleichbleibenden Raten aus, wobei die sich aus Tilgungsrate und Zinsanteil zusammensetzende Gesamtzahlung wegen der mit abnehmender Restschuld sinkenden Zinsbelastung im Zeitablauf abnimmt. Sind hingegen über die Kreditlaufzeit gleichbleibende Gesamtraten (Zins und Tilgung) an den Gläubiger zu leisten, so ist eine Annuitätentilgung vereinbart. Da auch in diesem Fall die Tilgungszahlungen die Restschuld mindern, sinkt im Zeitablauf der Zinsanteil der Annuität, während der Tilgungsanteil steigt.

Tab. 3.12: Tilgungsplan für die endfällige Tilgung

t	Endfällige Tilgung			Restschuld
	Zinszahlung	Tilgungszahlung	Gesamtzahlung	
0	–	–	–	50.000
1	5.000	0	5.000	50.000
2	5.000	0	5.000	50.000
3	5.000	0	5.000	50.000
4	5.000	0	5.000	50.000
5	5.000	0	5.000	50.000
6	5.000	0	5.000	50.000
7	5.000	0	5.000	50.000
8	5.000	0	5.000	50.000
9	5.000	0	5.000	50.000
10	5.000	50.000	55.000	0

Die bei der Ratentilgung jährlich zu leistende Tilgungszahlung beträgt:

50.000/10 = 5.000 €.

Als jährlich anfallende Annuität ergibt sich:

$$50.000 \cdot [(1 + 0,1)^{10} \cdot 0,1/((1 + 0,1)^{10} - 1)] = 8.137,269744 \ €.$$

Tab. 3.13: Raten- und Annuitätentilgungsplan

t	Ratentilgung				Annuitätentilgung			
	Zins-zahlung	Tilgungs-zahlung	Gesamt-zahlung	Rest-schuld	Zins-zahlung	Tilgungs-zahlung	Annui-tät	Rest-schuld
0	–	–	–	50.000	–	–	–	50.000
1	5.000	5.000	10.000	45.000	5.000	3.137,27	8.137,27	46.862,73
2	4.500	5.000	9.500	40.000	4.686,27	3.450,997	8.137,27	43.411,73
3	4.000	5.000	9.000	35.000	4.341,17	3.796,10	8.137,27	39.615,64
4	3.500	5.000	8.500	30.000	3.961,56	4.175,71	8.137,27	35.439,93
5	3.000	5.000	8.000	25.000	3.543,99	4.593,28	8.137,27	30.846,65
6	2.500	5.000	7.500	20.000	3.084,67	5.052,60	8.137,27	25.794,05
7	2.000	5.000	7.000	15.000	2.579,41	5.557,86	8.137,27	20.236,19
8	1.500	5.000	6.500	10.000	2.023,62	6.113,65	8.137,27	14.122,53
9	1.000	5.000	6.000	5.000	1.412,25	6.725,02	8.137,27	7.397,52
10	500	5.000	5.500	0	739,75	7.397,52	8.137,27	0

Aufgabe 5:   Kurzfristige Kreditfinanzierung

a) Nennen Sie vier Ausprägungsformen des kurzfristigen Bankkredits!
b) Unterscheiden Sie die Geld- von der Kreditleihe, und nennen Sie jeweils zwei Beispiele!
c) Erläutern Sie den Lieferantenkredit! Gehen Sie dabei auch auf die sich bei Inanspruchnahme des Zahlungsziels ergebende Zinsbelastung ein!
d) Imbißwirt Ingo erhält am 01.06.2009 eine Rechnung seines Lieferanten mit folgenden Angaben: Der Rechnungsbetrag lautet auf 1.000 €. Der Lieferant räumt ein Zahlungsziel von 21 Tagen ab Rechnungsdatum ein. Bei Zahlung innerhalb von sieben Tagen ab Rechnungsdatum wird ein Skonto in Höhe von 2% auf den Rechnungsbetrag gewährt. Nach Meinung seines arbeitslosen Stammkunden Fritsche sollte Ingo den Lieferantenkredit vollständig in Anspruch nehmen, da 2% ja nicht viel sei. Da Ingo Fritsche aber nicht blind vertraut, bittet er Sie um Rat. Bestimmen Sie den sich auf den tatsächlichen Kreditbetrag vor Skonto beziehenden äquivalenten Jahreszins i_T, und geben Sie Ingo eine Handlungsempfehlung!

Lösung zu Aufgabe 5 a)
Als kurzfristiger Bankkredit kommen bspw. der Kontokorrent-, Wechseldiskont-, Lombard-, Akzept- und der Avalkredit in Betracht.

Lösung zu Aufgabe 5 b)
Während Kontokorrent-, Wechseldiskont- und Lombardkredite mit einer Bereitstellung finanzieller Mittel einhergehen (*Geldleihe*), stellen Banken ihren Kunden im Rahmen der sogenannten *Kreditleihe* kein Geld, sondern ihre Kreditwürdigkeit gegen Provision zur Verfügung, d.h., die Bank verpflichtet sich durch ein Zahlungsversprechen gegenüber Dritten zugunsten ihres Kunden im Falle der Nichtleistung der vereinbarten Zahlungen für diesen einzutreten. Die Kreditleihe erleichtert die Geldleihe bei Dritten und senkt die Fremdfinanzierungskosten, wodurch dann dem Unternehmen finanzielle Mittel zufließen. Der Akzept- und Avalkredit sind die beiden wichtigsten Formen der Kreditleihe.

Lösung zu Aufgabe 5 c)
Der *Lieferantenkredit* entsteht, wenn ein Lieferant nach Auslieferung der bestellten Ware seinem Abnehmer den zu zahlenden Kaufpreis über die Einräumung eines Zahlungsziels (z.B. zwei oder drei Wochen) stundet. Er dient dem Lieferanten als wichtiges Instrument der Absatzförderung und hilft dem Abnehmer, den Zeitraum bis zur Wiedergeldwerdung der beschafften Ware zu überbrücken. Demjenigen, der

das Zahlungsziel nicht in Anspruch nimmt und sofort oder innerhalb kurzer Zeit (Skontofrist) zahlt, wird ein Abschlag auf den Rechnungsbetrag in Form eines Skontos gewährt, z.B. 3% bei Zahlung innerhalb der Skontofrist, die oft bis zu acht Tage des Zahlungsziels ausmacht. Der Skontobetrag ist also bereits im Rechnungsbetrag (Warenpreis + Skontobetrag) enthalten. Sollte der Lieferantenkredit in Anspruch genommen werden, bezahlt man dies durch den Verzicht auf die Skontoabzugsmöglichkeit. Die Zinskosten des Lieferantenkredits entsprechen demnach der entgangenen Skontoabzugsmöglichkeit. Dabei muß allerdings berücksichtigt werden, daß der Skontosatz lediglich die Zinskosten für die Zeit zwischen dem Skontofristablauf und dem Zahlungszielablauf (Skontobezugsspanne), bezogen auf den Rechnungsbetrag, angibt, weshalb der sich auf den tatsächlichen Kreditbetrag vor Skonto beziehende äquivalente Jahreszins als eigentlich interessierende Zinsbelastung wesentlich höher liegt. Für den Lieferantenkredit spricht lediglich die flexible und unkomplizierte Inanspruchnahme. Um ihn nicht zu benötigen und dafür lieber Skonto ziehen zu können, lohnen sich i.d.R. kurzfristige sonstige Finanzierungsmaßnahmen (z.B. Kontokorrentkredit, wenn die Kreditlinie noch nicht ausgeschöpft ist).

Lösung zu Aufgabe 5 d)
Zunächst seien die Daten kurz aufbereitet:

Rechnungsdatum:	01.06.2009	
Skontofristablauf:	08.06.2009	
Zahlungszielablauf:	22.06.2009	
Skontosatz:	2%	vom Rechnungsbetrag
Rechnungsbetrag:	1.000 €	
Skontobetrag:	20 €	2,0408% vom Kreditbetrag
Kreditbetrag:	980 €	98% vom Rechnungsbetrag

Die Situation stellt sich graphisch wie folgt dar:

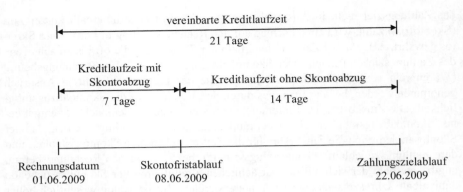

Abb. 3.7:   Kreditlaufzeiten beim Lieferantenkredit

Räumt also der Lieferant ein Zahlungsziel von 21 Tagen bei einem Skontosatz von 2% und einer Skontofrist von 7 Tagen ein, dann bedeutet dies, daß der Lieferantenkredit 7 Tage zinslos gewährt wird und der Skontosatz die Zinskosten für die Kreditlaufzeit ohne Skontoabzug (Skontobezugsspanne) von 21 Tagen anzeigt. Der sich auf den tatsächlichen Kreditbetrag vor Skonto beziehende äquivalente Jahreszinssatz i_T ist nun wie folgt zu berechnen:

$$i_T = \left(1 + \frac{\text{Skontosatz in \% des Rechnungsbetrages}}{\text{Kreditbetrag in \% des Rechnungsbetrages}} \right)^{\frac{\text{Jahreszinstage}}{\text{Zahlungsziel} - \text{Skontofrist}}} - 1 .$$

$$i_T = \left(1 + \frac{S}{100\% - S} \right)^{\frac{365}{z-s}} - 1 = \left(1 + \frac{2\%}{100\% - 2\%} \right)^{\frac{365}{21-7}} - 1 = 0,693357832 .$$

Der Term S/(100% – S) trägt dabei dem Umstand Rechnung, daß der sich auf den Rechnungsbetrag beziehende Skontosatz auf den tatsächlich kreditierten Betrag vor Skonto umzurechnen ist.

Wegen der auf das Jahr bezogenen hohen Zinsbelastung von 69,34% sollte daher stets versucht werden, die Skontoabzugsmöglichkeit zu nutzen. Falls die eigene Liquiditätslage dies nicht erlaubt, ist es daher grundsätzlich vorteilhaft, sich anderweitig kurzfristig, z.B. durch einen Kontokorrentkredit zu verschulden, um auf diese Weise innerhalb der Skontofrist seinen Verpflichtungen nachkommen und den Skontoabzug in Anspruch nehmen zu können, denn die Kosten eines kurzfristigen

Bankkredits sind i.d.R. erheblich geringer, so daß sich auch bei einem kreditfinanzierten Skontoabzug ein Rentabilitätsgewinn ergibt.

Aufgabe 6:   Kreditsubstitute

a) Nennen Sie drei Kreditsubstitute als Instrumente zur Vermeidung zusätzlicher Kredite!

b) Erläutern Sie das Geschäftsmodell Contracting, und würdigen Sie dieses kritisch aus der Sicht des öffentlichen Sektors!

c) Die Wärmeversorgung des Heimatmuseums der Stadt Ueckermünde kostete bisher 50.000 € im Jahr. Ein spezialisiertes Energieunternehmen (Kontraktor) bietet dem Kämmerer an, eine moderne Heizungsanlage im Investitionsumfang von 60.000 € auf eigene Kosten zu finanzieren und zu installieren. Dadurch sinken die Energiekosten im Jahr um 20.000 €. Während der Vertragslaufzeit von zehn Jahren fließen dem Kontraktor 80% dieser Ersparnisse zu, der Stadt Ueckermünde hingegen 20%. Ohne die geringste Haushaltsbelastung erhält die Gemeinde Ueckermünde für ihr kommunales Museum somit eine moderne Heizungsanlage und spart zusätzlich in den ersten zehn Jahren 4.000 € pro Jahr und danach 20.000 € pro Jahr im Vergleich zur Ausgangssituation. Die Kostensenkung wird übrigens nicht nur versprochen, sondern vom Kontraktor als Betreiber der Heizungsanlage vertraglich garantiert. Auch der Betreiber kommt auf seine Kosten, denn seine Investition von 60.000 € liefert ihm zehn Jahre lang Überschüsse in Höhe von jeweils 16.000 €. Der interne Zinsfuß dieser Zahlungsreihe beträgt immerhin 23,4131% p.a. Überprüfen Sie mit den Mitteln der Investitionsrechnung, ob es für die Gemeinde Ueckermünde nicht besser wäre, die Investition selbst zu tätigen und auf die Finanzierungskomponente der Gesamtdienstleistung zu verzichten! Unterstellen Sie hierzu einen Kalkulationszinssatz in Höhe von 4% p.a. und eine 20-jährige Nutzungsdauer der neuen Heizungsanlage!

Lösung zu Aufgabe 6 a)

Als Alternative zur Kreditfinanzierung bieten sich vor allem Factoring, Forfaitierung, Leasing und Contracting an.

Lösung zu Aufgabe 6 b)

Hinter dem Finanzierungsmodell „*Contracting*" verbirgt sich eine Form der Finanzierung von Investitionen im Energiebereich, welche im wesentlichen beinhaltet,

private Dritte, d.h. spezialisierte Energieunternehmen, nach Möglichkeiten suchen
zu lassen, durch Modernisierungsmaßnahmen im Bereich der Strom- und Wärmeversorgung von Gebäuden Betriebskosten zu sparen und über diese Ersparnisse
direkt oder indirekt auch die für die Modernisierungsmaßnahmen notwendigen anfänglichen Investitionsauszahlungen zu finanzieren. Das Geschäftsmodell beruht
also auf leistungswirtschaftlichen Verbesserungen der Betriebsabläufe durch das
Tätigwerden eines spezialisierten privaten Vertragspartners. Dieser installiert beispielsweise mit Computern verbundene Sensoren, welche geringste Temperaturun-
terschiede erfassen und das Raumklima innerhalb der für Wochentag und Tageszeit
individuell vorgegebenen Toleranzen steuern, wodurch der weit verbreiteten Ener-
gieverschwendung beim Heizen Einhalt geboten wird. Im Rahmen der Stromversor-
gung schlägt sich etwa die Installation moderner Blockheizkraftwerke und Gasturbi-
nen direkt in niedrigeren Energieausgaben nieder. Sofern der spezialisierte private
Vertragspartner (Kontraktor) allein aus den späteren Kostenersparnissen bezahlt
wird, ergibt sich das sehr werbewirksame Modell, daß die Modernisierung und Optimierung der Energieversorgung ohne eigenen Kapitaleinsatz vorgenommen und
zusätzlich vom ersten Tage an von niedrigeren Betriebskosten profitiert werden
kann. Allerdings ist eine derartige, für den Laien möglicherweise per se vorteilhaft
wirkende Vertragsgestaltung nicht zwangsläufig wirtschaftlich. Es könnte sein, daß
die Gesamteinsparung bei einer herkömmlichen Kreditfinanzierung der Modernisierungsmaßnahmen noch größer wäre. Ob es vorteilhaft ist, vom Kontraktor nicht nur
die technischen Arbeiten, sondern auch die Finanzierungsfunktion übernehmen zu
lassen, ist mit den Mitteln der Investitionsrechnung zu beurteilen.

Lösung zu Aufgabe 6 c)
Im obigen Beispiel vereinnahmt der Kontraktor als Betreiber der Heizungsanlage
eine Bruttorendite von circa 23,4131% p.a., welche bei Eigenerstellung auch der
Gemeinde Ueckermünde zuflösse. Damit besteht aber auch hinreichend Spielraum
für ein alternatives Modell: Die Gemeinde beauftragt das auf Heizungstechnik spezialisierte Energieunternehmen mit der Durchführung der Modernisierung auf eigene Rechnung, zahlt also dem nicht mehr als Betreiber anzusehenden privaten Unternehmen den Preis p für die Installation der Heizungsanlage und kommt dafür vom
ersten Tage an in den Genuß der vollen Kostenersparnis in Höhe von 20.000 € pro
Jahr. Seitens der Stadt Ueckermünde ist demnach zwischen den folgenden Zahlungsreihen zu wählen:

Contracting: $(0, 4, 4, 4, 4, 4, 4, 4, 4, 4, 4, 20, 20, 20, \ldots)$,
Eigenerstellung: $(-p, 20, 20, 20, 20, 20, 20, 20, 20, 20, 20, \ldots)$.

Unterstellt man als Kalkulationszins für die Gemeinde Ueckermünde die Rendite von Staatspapieren, z.B. 4% p.a., liefert das Finanzierungsmodell „Contracting" – bei einer angenommenen Nutzungsdauer von 20 Jahren – einen Kapitalwert von:

$$4.000 \cdot \frac{1,04^{10} - 1}{0,04 \cdot 1,04^{10}} + 20.000 \cdot \frac{1,04^{10} - 1}{0,04 \cdot 1,04^{10}} \cdot \frac{1}{1,04^{10}} = 142.032,1944 \, \text{€}.$$

Der Kapitalwert bei Eigenerstellung (zu einem Preis von p) beläuft sich dagegen auf:

$$-p + 20.000 \cdot \frac{1,04^{20} - 1}{0,04 \cdot 1,04^{20}} = 271.806,5269 \, \text{€} - p.$$

Damit die Eigenerstellung günstiger ist als das Betreibermodell des Kontraktors, muß gelten:

$$271.806,5269 \, \text{€} - p \geq 142.032,1944 \, \text{€} \quad \Leftrightarrow \quad p \leq 129.774,3325 \, \text{€}.$$

Sofern der Kämmerer von Ueckermünde ein privates Unternehmen findet, welches eine ähnlich effektive Modernisierung der Heizungsanlage für einen Komplettpreis von höchstens 129.774,33 € bereitstellt, ist das Contracting-Angebot in der Variante des Betreibermodells unvorteilhaft. Da die vom Kontraktor angebotene Anlage lediglich 60.000 € kostet, besteht ein ausreichender Verhandlungsspielraum (69.774,33 €), der es u.U. erlaubt, den Gewinnanteil des Kontraktors zugunsten des kommunalen Haushalts zu reduzieren. In der Regel bieten die privaten Contracting-Unternehmen ihre technischen Dienstleistungen auch ohne eine für den Kunden u.U. unwirtschaftliche Finanzierungsübernahme an. Wie obiges Zahlenbeispiel unterstreicht, mag durchaus eine klassische Kreditfinanzierung der Modernisierung der Heizungsanlage vorteilhaft sein, d.h. einen höheren Kapitalwert besitzen. Der in betriebswirtschaftlichem Denken nicht Geschulte gibt sich leicht vorschnell mit einem ersichtlichen Gewinn zufrieden, ohne zu erkennen, daß die vom Kontraktor so überzeugend vorgerechnete Ersparnis zwar beachtlich ist, aber noch nicht der bei optimierter Finanzierung erzielbaren maximalen Ersparnis entspricht, deren Barwert 271.806,5269 € – 60.000 € = 211.806,5269 € = 142.032,1944 € + 69.774,3325 € beträgt, wenn die Gemeinde Ueckermünde die moderne Heizungsanlage ebenfalls zu 60.000 € erstellen lassen kann.

Aufgabe 7:   Finanzierung aus Abschreibungen und Rückstellungen

a) Was versteht man unter Abschreibungen, und wozu werden Rückstellungen gebildet?

b) Wovon hängt es ab, daß aus Abschreibungen und Rückstellungen ein Finanzierungseffekt erwächst?

c) Betrachtet seien folgende Daten der Usdau AG: Neben einzahlungswirksamen Umsatzerlösen von 10.000 € gibt es auszahlungswirksame Produktions-, Verwaltungs- und Vertriebsaufwendungen in Höhe von 2.500 €. Die Abschreibungen aufgrund der Wertminderung des Anlagevermögens belaufen sich auf 2.000 €, und die als Personalaufwand zu verbuchenden Zuführungen zu den Pensionsrückstellungen betragen 1.500 €. Beschreiben Sie die buchhalterische Verrechnung der Abschreibungen und Rückstellungen, und ermitteln Sie den Gewinn nach Steuern sowie den Innenfinanzierungsüberschuß (indirekte und direkte Berechnung)! Nehmen Sie hierzu einen Gewinnsteuersatz in Höhe von 50% an!

d) Erläutern Sie den Kapitalfreisetzungs- und den Kapazitätserweiterungseffekt!

e) Angenommen, ein Unternehmen beschafft in drei aufeinanderfolgenden Jahren je eine Maschine im Wert von 6.000 €, wobei jede dieser Maschinen eine Nutzungsdauer von drei Jahren aufweist. Daneben soll gelten, daß jede Maschine linear abzuschreiben und am Ende ihrer Nutzungsdauer durch eine identische Maschine zu ersetzen ist. Die Finanzierung des Kapazitätsaufbaus sei durch den Aufwandsgegenwerten mindestens entsprechende Umsatzerlöse gewährleistet. Von Zinsen, Restverkaufserlösen und Verschrottungskosten am Ende der Nutzungsdauer wird abstrahiert. Bestimmen Sie die Höhe der über den Kapitalfreisetzungseffekt bereitgestellten finanziellen Mittel und die über den Kapazitätserweiterungseffekt langfristig erreichbare Anzahl funktionsgleicher Maschinen! Unterstellen Sie hierzu, daß die Abschreibungen jährlich am Jahresende erfolgen und nur „ganze" Anlagen beschafft werden können!

Lösung zu Aufgabe 7 a)

Unter *Abschreibungen* versteht man den rechnerischen Ausdruck für die Wertminderung eines Vermögensgegenstandes, wobei im Mittelpunkt Vermögensgegenstände des Anlagevermögens (z.B. Gebäude, maschinelle Anlagen, Fahrzeuge) mit einer mehrjährigen Nutzungsdauer stehen. *Rückstellungen* werden gebildet, um künftige am Bilanzstichtag dem Grunde und/oder ihrer Höhe nach ungewisse Auszahlungs-/Leistungsverpflichtungen aufgrund eines Werteverzehrs, dessen Ursache (tatsächlich

oder berechtigt vermutet) in der Abrechnungsperiode liegt, in dieser Verursachungsperiode schon als Aufwand zu erfassen.

Lösung zu Aufgabe 7 b)

Ein *Finanzierungseffekt* aus der Verrechnung von Abschreibungen und Rückstellungen ergibt sich nur dann, wenn die nicht auszahlungswirksamen Aufwandsgegenwerte über die Absatzerfolge am Markt „verdient" worden sind, d.h., wenn über den
Umsatzprozeß genügend liquide Mittel in die Unternehmung geflossen sind und die
Aufwandsbuchung der Abschreibung oder Rückstellung verhindert, daß liquide
Mittel in dieser Höhe versteuert oder ausgeschüttet werden müssen (wenn das Unternehmen bereits in der Verlustzone ist, hat es u.U. finanziell nichts von weiteren
zahlungsunwirksamen Verlusterhöhungen). Sollte diese Voraussetzung erfüllt sein,
führt die Verrechnung nicht zahlungswirksamer Aufwendungen zu einer buchmäßi-
gen Gewinnminderung, die dann mögliche Ansprüche von Fiskus (Gewinnsteuern)
und Eignern an das Unternehmen reduziert und die Aufwandsgegenwerte in annahmegemäß liquider Form an das Unternehmen bindet, wodurch die Liquidität ge-
schont wird. Zeitlich hängt die Finanzierungswirkung verdienter Abschreibungs-
und Rückstellungsgegenwerte davon ab, wie lange es dauert, bis Ersatzinvestitionen
vorzunehmen sind, oder wann es zu Auszahlungs-/Leistungsverpflichtungen aus den
Rückstellungen kommt, denn bis zu diesen Zeitpunkten stehen die aufgelaufenen
nicht zahlungswirksamen Aufwandsgegenwerte grundsätzlich zur freien Disposition.

Lösung zu Aufgabe 7 c)

Abschreibungen und Rückstellungszuführungen sind Aufwand, mindern also den
Gewinn, aber diesen Aufwendungen stehen keine Auszahlungen gegenüber: Durch
die Abschreibungen sinken nur die Bilanzwerte des Anlagevermögens, und auf der
anderen Seite der Bilanz steigt die Fremdkapitalposition „Pensionsrückstellungen"
durch die getätigten Zuführungen. Beides geht zu Lasten des Gewinns und damit des
Eigenkapitals, aber nicht zu Lasten des zahlungswirksamen Kontos „liquide Mittel".
Es errechnet sich nach Abzug aller Aufwandspositionen von den Umsatzerträgen ein
Gewinn vor Steuern von 4.000 € sowie nach Anwendung des Gewinnsteuersatzes
von 50% ein Gewinn nach Steuern in Höhe von 2.000 €.

Tab. 3.14: Gewinn- und Verlustrechnung

Umsatzerlöse	(**zahlungswirksam**)	10.000
– Abschreibungen	(*zahlungsunwirksam*)	–2.000
– Rückstellungszuführungen	(*zahlungsunwirksam*)	–1.500
– sonstiger Aufwand	(**zahlungswirksam**)	–2.500
= Gewinn vor Steuern	(Erfolgsgröße)	4.000
– Ertragsteuern (50%)	(**zahlungswirksam**)	–2.000
= Gewinn nach Steuern	(Erfolgsgröße)	2.000

Der Gewinn ist eine Erfolgs- und keine Zahlungsgröße; gleichwohl enthält er natürlich, wie obiges Schema zeigt, zahlungswirksame Komponenten.

Um nun den gesamten *Innenfinanzierungsüberschuß* (auch erfolgswirtschaftlicher „Cash-flow" genannt) zu bestimmen, müssen zur Selbstfinanzierung, also zum Gewinn nach Steuern, noch die Gegenwerte der Abschreibungs- und Rückstellungsbuchungen hinzuaddiert werden, weil diese zwar den Gewinn, aber mitnichten den zugeflossenen Zahlungsmittelbetrag gemindert haben. Erst diese „Korrektur" bereinigt den möglichen „Interpretationsfehler" der Selbstfinanzierung, welche eben noch nicht alle für die Innenfinanzierung verfügbaren Einzahlungsüberschüsse enthält. Auf diese Weise erklärt sich die zunächst verblüffende Tatsache, daß zahlungsunwirksame Abschreibungs- und Rückstellungsaufwendungen etwas mit Finanzierung zu tun haben. Sie haben es deshalb, weil die Selbstfinanzierung um eben diese Positionen korrigiert werden muß, die zahlungsunwirksamen Aufwendungen also aus der Erfolgsrechnung wieder herauszunehmen sind (sog. *indirekte Berechnung* des Umsatzüberschusses aus Innenfinanzierung). Im Beispiel gilt (vgl. Tabelle 3.15):

Tab. 3.15: Innenfinanzierungsüberschuß (indirekte Berechnung)

Selbstfinanzierung (Gewinn nach Steuern)	(Erfolgsgröße)	2.000
+ Finanzierung aus Abschreibungen	(*zahlungsunwirksam*)	+ 2.000
+ Finanzierung aus Rückstellungen	(*zahlungsunwirksam*)	+ 1.500
= Innenfinanzierung	(**zahlungswirksam**)	5.500

Der Usdau AG stand also im vergangenen Geschäftsjahr ein Umsatzüberschuß aus Innenfinanzierung in Höhe von 5.500 € zur Verfügung, den sie beispielsweise zur Investitionsfinanzierung nutzen konnte. Wem diese sich aus der Logik der Gewinnabgrenzung ergebende Rechnung noch nicht ganz geheuer ist, der wird sich über eine Möglichkeit zur Probe freuen. Der Innenfinanzierungsüberschuß kann nämlich ebensogut direkt aus den unmittelbar zahlungswirksamen Komponenten berechnet werden, vgl. Tabelle 3.16.

Tab. 3.16: Innenfinanzierungsüberschuß (direkte Berechnung)

Umsatzerlöse	(zahlungswirksam)	10.000
– sonstiger Aufwand	(zahlungswirksam)	–2.500
– Ertragsteuern	(zahlungswirksam)	–2.000
= Innenfinanzierung	(zahlungswirksam)	5.500

Erneut zeigt es sich, daß die Kassen der Usdau AG im Geschäftsjahr einen Betrag von 5.500 € vereinnahmt haben, und zwar rein aus Innenfinanzierung. Das Beispiel illustriert recht deutlich, worauf es bei der „Finanzierung aus Abschreibungen und Rückstellungen" ankommt: Durch die Buchung zahlungsunwirksamen Aufwands werden vereinnahmte liquide Mittel an die Unternehmung gebunden, d.h. durch die Gewinnminderung einerseits vor der Besteuerung und andererseits vor Gewinnausschüttungsansprüchen der Eigentümer abgeschirmt.

Lösung zu Aufgabe 7 d)

Im Rahmen des *Kapitalfreisetzungseffekts* wird das im Anlagevermögen gebundene Kapital über Abschreibungsgegenwerte in disponibles (verfügbares) Kapital umgewandelt. Diese sukzessive Desinvestition zeigt sich in der Bilanz als Vermögensumschichtung, wobei das Anlagevermögen sinkt, während das Umlaufvermögen in Gestalt von Zahlungsmitteln zunimmt. Das durch den Kapitalfreisetzungseffekt während der Nutzungsdauer der Betriebsmittel freigewordene Kapital (sog. „verdiente Abschreibungsgegenwerte") kann bis zur erforderlichen Wiederbeschaffung der abgeschriebenen Anlagegüter (Ersatzinvestitionen) in der Unternehmung zur Finanzierung beliebiger anderer Vorhaben verwendet werden. Nutzt man hingegen die zur Ersatzinvestition noch nicht erforderlichen finanziellen Mittel dazu, jeweils so bald wie möglich zusätzliche gleichartige Maschinen zu erwerben, so erhöht sich die Anzahl funktionsgleicher Betriebsmittel und damit gleichzeitig auf Dauer die pro Periode verfügbare Fertigungskapazität (*Kapazitätserweiterungseffekt* bzw. *Lohmann-Ruchti-Effekt*).

Lösung zu Aufgabe 7 e)

Die Jahresabschreibung ergibt sich bei der linearen Zeitabschreibung als Quotient von Abschreibungsbetrag (Anschaffungskosten – Restverkaufserlös) und Nutzungsdauer. Für das Beispiel beträgt die Jahresabschreibung mithin 6.000/3 = 2.000 €.

Tab. 3.17: Kapitalfreisetzungseffekt (Geldangaben in Tausend)

	Kapazitätsaufbau				Reinvestitionsphase			
Ende des Jahres (t)	0	1	2	3	4	5	6	usw.
Abschreibung Maschine 1		2	2	2				
Abschreibung Maschine 2			2	2	2			
Abschreibung Maschine 3				2	2	2		
Abschreibung Maschine 4 (Ersatz 1)					2	2	2	usw.
Abschreibung Maschine 5 (Ersatz 2)						2	2	
Abschreibung Maschine 6 (Ersatz 3)							2	
usw.								
Gesamte Jahresabschreibung	0	2	4	6	6	6	6	usw.
Aufgelaufene liquide Mittel	0	2	6	12	12	12	12	usw.
Ersatzinvestitionen	–	–	–	6	6	6	6	
Kapitalfreisetzung	0	2	6	6	6	6	6	usw.
Anzahl an Maschinen	1	2	3	3	3	3	3	usw.

Aufgrund der Datensituation ergibt sich die in obiger Tabelle ausgewiesene dauerhafte Kapitalfreisetzung von 6.000 € pro Jahr (33,33% der anfänglichen Investition). Diese freigesetzten finanziellen Mittel stehen langfristig für beliebige Finanzierungszwecke bzw. Investitionsvorhaben zur Verfügung. Bereits am Ende des zweiten Jahres sind liquide Mittel in Höhe von 6.000 € aufgelaufen, die dem Maschinenpark dauerhaft entzogen und anderen Verwendungen zugeführt werden können, ohne die Kapazität von 3 Maschinen zu mindern.

Sollen nun die über den Kapitalfreisetzungseffekt bereitgestellten liquiden Mittel möglichst sofort wieder zur Beschaffung zusätzlicher gleichartiger Betriebsmittel eingesetzt werden, dann erhöht sich deren Anzahl und damit die mit ihnen langfristig erreichbare Periodenkapazität (vgl. Tabelle 3.18). Da bereits am Ende des zweiten Jahres liquide Mittel in Höhe von 6.000 € aufgelaufen sind, ergibt sich durch den Zukauf der vierten Maschine eine dauerhafte Erhöhung der Maschinenanzahl und der Periodenkapazität (Kapazitätserweiterung). Darüber hinaus können die sich zwischenzeitlich aufgrund von Unteilbarkeiten der Maschinen einer Kapazitätserweiterung entziehenden zusätzlich frei werdenden finanziellen Mittel bis zur erforderlichen Wiederbeschaffung der abgeschriebenen Anlagegüter (Ersatzinvestitionen) in der Unternehmung zur Finanzierung beliebiger Investitionsprojekte verwendet werden.

Tab. 3.18: Kapazitätserweiterungseffekt (Geldangaben in Tausend)

Ende des Jahres (t)	Kapazitätsaufbau				Reinvestitionsphase			
	0	1	2	3	4	5	6	usw.
Abschreibung Maschine 1		2	2	2				
Abschreibung Maschine 2			2	2	2			
Abschreibung Maschine 3				2	2	2		
Abschreibung Maschine 4 (Zusatz)				2	2	2		
Abschreibung Maschine 5 (Ersatz 1)					2	2	2	usw.
Abschreibung Maschine 6 (Ersatz 2)						2	2	
Abschreibung Maschine 7 (Ersatz 3)							2	
Abschreibung Maschine 8 (Ersatz 4)							2	
usw.								
Gesamte Jahresabschreibung	0	2	4	8	8	8	8	usw.
Aufgelaufene liquide Mittel	0	2	6	8	10	12	8	usw.
Ersatzinvestitionen	–	–	–	6	6	12	6	
Investition	–	–	6	–	–	–	–	usw.
Kapitalfreisetzung	0	2	0	2	4	0	2	usw.
Anzahl an Maschinen	1	2	4	4	4	4	4	usw.

3.2 Internes und externes Rechnungswesen

3.2.1 Grundbegriffe des Rechnungswesens

Aufgabe 1: Der Zweck bestimmt die Rechnung

Nennen Sie je zwei Zwecke sowie das Leitmotiv des internen und externen Rechnungswesens!

Lösung zu Aufgabe 1

Im internen Rechnungswesen dominieren die folgenden Zwecke:

1. *Dokumentation.* Festhalten der im Betrieb tatsächlich entstandenen Istgrößen (Mengen, Preise).

2. *Wirtschaftlichkeitskontrolle.* Vergleich der Istgrößen mit den geplanten Sollgrößen (hilfsweise auch Vergleiche von Istgrößen im Zeitablauf oder von Istgrößen ähnlicher Betriebe).

3. *Entscheidungsunterstützung.* Vorbereitung optimaler Entscheidungen durch zukunftsorientierte Kalkulation von Plangrößen.

Leitmotiv des internen Rechnungswesens ist die *Entscheidungsrelevanz* der Daten, für Kontrollzwecke auch die *Vergleichbarkeit.*

Im externen Rechnungswesen dominieren die Zwecke:

1. *Dokumentation.* Nach gesetzlichen Vorschriften, insbes. Handelsgesetzbuch (HGB) und Aktiengesetz (AktG).

2. *Rechenschaft.* Information verschiedener, oftmals außenstehender Adressaten: Eigentümer und Mitarbeiter, Gläubiger, Lieferanten und Kunden, breite Öffentlichkeit und potentielle Geschäftspartner.

3. *Kapitalerhaltung.* Vorsichtige Gewinnermittlung zur Bemessung von Ausschüttungsbegrenzungen im Interesse des Erhalts der Unternehmenssubstanz.

Leitmotiv des externen Rechnungswesens nach HGB ist der *Gläubigerschutz;* die über das EU-Recht zunehmend vordringende „internationale" Rechnungslegung rückt demgegenüber das Informationsinteresse der Eigenkapitalgeber (z.B. Aktionäre einer börsennotierten AG) in den Vordergrund.

Aufgabe 2:   Zahlungs- und Erfolgsgrößen

a) Definieren Sie die Begriffe Zahlungsmittel, Geldvermögen und Reinvermögen! Wie heißen die Erhöhungen und Verminderungen der jeweiligen Bestandsgrößen im internen und externen Rechnungswesen?

b) Nennen Sie je ein Beispiel für
   - eine Einzahlung, die keine Einnahme, eine Einzahlung, die zugleich Einnahme und eine Einnahme, die keine Einzahlung ist,
   - eine Auszahlung, die keine Ausgabe, eine Auszahlung, die zugleich Ausgabe und eine Ausgabe, die keine Auszahlung ist,
   - eine Einzahlung, die kein Ertrag, eine Einzahlung, die zugleich Ertrag und ein Ertrag, der keine Einzahlung ist,
   - eine Auszahlung, die kein Aufwand, eine Auszahlung, die zugleich Aufwand und ein Aufwand, der keine Auszahlung ist,

- eine Einnahme, die kein Ertrag, eine Einnahme, die zugleich Ertrag und ein Ertrag, der keine Einnahme ist,
- eine Ausgabe, die kein Aufwand, eine Ausgabe, die zugleich Aufwand und ein Aufwand, der keine Ausgabe ist!

Lösung zu Aufgabe 2 a)

Zahlungsmittel sind Kassenbestände und täglich fällige Bankguthaben. Eine Erhöhung des Zahlungsmittelbestands heißt *Einzahlung*, eine Verminderung *Auszahlung*. Wenn das Vorzeichen der Bestandsveränderung unwichtig ist, spricht man einfach vom *Zahlungsüberschuß*. Ein positiver Zahlungsüberschuß ist demnach eine Einzahlung (oder die Differenz aus Einzahlungen und Auszahlungen, wobei erstere größer sind als letztere), und ein negativer Zahlungsüberschuß resultiert daraus, daß zum Betrachtungszeitpunkt die Auszahlungen größer sind als die Einzahlungen.

Erhöht man den Zahlungsmittelbestand um die Forderungen (rechtliche Zahlungsansprüche an Dritte) und vermindert ihn um die Verbindlichkeiten (Schulden), so gelangt man zum *Geldvermögen* des Unternehmens. Eine Erhöhung dieser Bestandsgröße heißt *Einnahme*, eine Verminderung *Ausgabe*.

Wird schließlich das Geldvermögen um das Sachvermögen erhöht, so erhält man die dritte Bestandsgröße, das *Reinvermögen*. Im externen Rechnungswesen führen *Erträge* zu Erhöhungen des Reinvermögens und *Aufwendungen* zu Verminderungen des Reinvermögens. Die Differenz von Erträgen und Aufwendungen ist der (in der sog. Gewinn- und Verlustrechnung ermittelte) *Gewinn*. Im internen Rechnungswesen nennen wir den Gewinn *Betriebsergebnis* (Betriebsgewinn, Betriebserfolg) sowie betriebsbedingte Zunahmen des Reinvermögens *Leistungen* (neuerdings oft: Erlöse) und betriebsbedingte Abnahmen des Reinvermögens *Kosten*. Ein negativer Gewinn heißt *Verlust*, ein negatives Betriebsergebnis *Betriebsverlust*.

Lösung zu Aufgabe 2 b)

Einzahlung, nicht Einnahme: Aufnahme eines Bankkredits mit Barauszahlung oder Kundenanzahlung für Erzeugnisse, die erst im Folgejahr geliefert werden sollen, Rückzahlung eines Kredites durch den Schuldner.

Einzahlung = Einnahme: Verkauf von fertigen Erzeugnissen oder Waren gegen Barzahlung, Bareinlage eines Unternehmenseigners.

Einnahme, nicht Einzahlung: Verkauf von fertigen Erzeugnissen oder Waren auf Ziel, Lieferung von Erzeugnissen an einen Kunden, der diese bereits in der Vorperiode bezahlt hat.

Auszahlung, nicht Ausgabe: Tilgung eines Kredits durch sofortige Überweisung vom Bankkonto oder Bezahlung einer bereits in der Vorperiode erhaltenen Rohstofflieferung, Vergabe eines Kredites in Bar oder Anzahlung für Rohstoffe, die erst im nächsten Geschäftsjahr geliefert werden.

Auszahlung = Ausgabe: Kauf von Waren oder Rohstoffen gegen Barzahlung, Barentnahme eines Unternehmenseigners, Löhne und Gehälter werden per Banküberweisung gezahlt.

Ausgabe, nicht Auszahlung: Kauf von Waren oder Rohstoffen auf Ziel, Lieferung von bereits im Vorjahr bezahlten Rohstoffen.

Einzahlung, nicht Ertrag: Barverkauf eines Grundstücks oder von Betriebs- und Geschäftsausstattung zum Buchwert.

Einzahlung = Ertrag: Steuerrückerstattungen, Zinseinnahmen oder Barverkauf von in der Periode erstellten Erzeugnissen.

Ertrag, nicht Einzahlung: Produktion von Fertigerzeugnissen auf Lager, Produktion von Fertigerzeugnissen, die bereits in der Vorperiode vom Kunden bezahlt wurden.

Auszahlung, nicht Aufwand: Tilgung eines Kredits durch Überweisung vom Bankkonto, Kauf eines Grundstücks oder einer Maschine gegen Banküberweisung.

Auszahlung = Aufwand: sofortiger Verbrauch von in der Periode beschafften, bar bezahlten Rohstoffen, Spenden-, Steuerzahlungen sowie Zahlung von Zinsen an die Hausbank.

Aufwand, nicht Auszahlung: Abschreibung einer im Vorjahr bar bezahlten Maschine, Rückstellungsbildung, Abschreibung von im Wert dauerhaft gefallenen Wertpapieren des Anlagevermögens auf den niedrigeren Wert.

Einnahme, nicht Ertrag: Zielverkauf einer Maschine oder einer Immobilie zum Buchwert.

Einnahme = Ertrag: Zinseinnahmen, Verkauf von in der Periode erstellten Erzeugnissen auf Ziel.

Ertrag, nicht Einnahme: Zuschreibung von Vermögensgegenständen auf den höheren Wert unter Beachtung des Niederstwertprinzips.

Ausgabe, nicht Aufwand: Kauf eines Firmenwagens auf Ziel, Verwendung von im Vorjahr gebildeten Rückstellungen.

Ausgabe = Aufwand: sofortiger Verbrauch von Betriebsstoffen zur Aufrechterhaltung des kontinuierlichen Fertigungsprozesses, Spenden-, Steuerzahlungen sowie Zahlung von Zinsen an die Hausbank.

Aufwand, nicht Ausgabe: Abschreibung von Gebäuden oder des Fuhrparks, Bildung von Steuerrückstellungen für das nächste Geschäftsjahr, Abschreibung von im Wert voraussichtlich nur vorübergehend gefallenen Wertpapieren des Umlaufvermögens auf den niedrigeren Wert, Aufwandsverrechnung durch Zuschreibung von im Wert gestiegenen Verbindlichkeiten.

Aufgabe 3:   Interne und externe Erfolgsgrößen

a) Was unterscheidet Aufwand und Kosten sowie Ertrag und Leistung?

b) Nennen sie je ein Beispiel für
   - Aufwendungen, denen Kosten in gleicher Höhe gegenüberstehen,
   - Aufwendungen, denen keine Kosten gegenüberstehen,
   - Kosten, denen keine Aufwendungen gegenüberstehen,
   - Erträge, denen Leistungen in gleicher Höhe gegenüberstehen,
   - Erträge, denen keine Leistungen gegenüberstehen,
   - Leistungen, denen keine Erträge gegenüberstehen!

Lösung zu Aufgabe 3 a)
Kosten sind definiert als bewerteter Güterverzehr zur Erstellung betrieblicher Leistungen, während *Aufwendungen* nach handelsrechtlichen Vorschriften bestimmte Reinvermögensverluste auf Unternehmensebene darstellen. *Erträge* führen hingegen zu einer Reinvermögensmehrung, und *Leistungen* geben den Wert des Zugangs an

Gütern, Dienstleistungen und Geld aufgrund der betrieblichen Tätigkeit während einer Periode an.

Lösung zu Aufgabe 3 b)

Aufwand = *Kosten*: Wird etwa für eine Anlage in der Finanzbuchführung dieselbe Abschreibungsmethode angewendet wie in der Kostenrechnung, so entsprechen sich insoweit Aufwand und Kosten. Kostengleicher Aufwand heißt *Zweckaufwand*, aufwandsgleiche Kosten heißen *Grundkosten*. Weitere Beispiele sind der Verbrauch von Rohstoffen zur Herstellung fertiger Erzeugnisse in einer Periode und die Überweisung von Löhnen und Gehältern für die laufende Periode.

Aufwand, nicht Kosten: Häufiger dürfte der Fall sein, daß aus steuerlichen Gründen im handelsrechtlichen Jahresabschluß andere Abschreibungsverläufe auftreten als im internen Rechnungswesen, welches aufgrund des Vergleichbarkeitsgrundsatzes eher konstante Abschreibungsraten bevorzugt. Aufwand, dem keine entsprechenden Kosten gegenüberstehen, heißt neutral. *Neutraler Aufwand* entsteht aber nicht allein durch *Bewertungsunterschiede*, sondern auch durch sachliche oder zeitliche Abgrenzung. *Betriebsfremde* Aufwendungen wie z.b. Spenden finden in der Kostenrechnung keine Entsprechung, ebenso *außerordentliche* Aufwendungen, welche die Vergleichbarkeit der Betriebsergebnisse beeinträchtigen würden, weil sie entweder *außergewöhnlich* (z.b. Explosion einer Fertigungshalle, Feuer-, Sturmschäden) oder *periodenfremd* (z.b. Nachzahlung einer betrieblichen Steuerschuld, die mit der betrachteten Periode nichts zu tun hat) sind.

Kosten, nicht Aufwand: Stellt etwa der Eigentümer seinem Betrieb nicht nur seine Arbeitskraft, sondern auch sein Grundstück unentgeltlich zur Verfügung (er lebt von den Gewinnentnahmen), so wird der im externen Rechnungswesen auszuweisende Gewinn weder durch ein Geschäftsführergehalt noch durch Miete oder Pacht für das Gelände geschmälert. Gleichwohl bedeutet der Einsatz von Arbeitskraft sowie Grund und Boden selbstverständlich betriebswirtschaftlich einen Wertverzehr, der im Interesse eines korrekten Wirtschaftlichkeitsvergleichs mit anderen Betrieben angesetzt werden muß. In der Kostenrechnung tauchen daher sog. „kalkulatorische Kosten" auch dann auf, wenn sie in der Finanzbuchhaltung in anderer Höhe (sog. Anderskosten wie kalkulatorische Abschreibungen und Zinsen) oder gar nicht (sog. Zusatzkosten wie kalkulatorische Miete und kalkulatorischer Unternehmerlohn) enthalten sind. Dahinter steht der für Entscheidungszwecke wichtige *Opportunitätsgedanke*: Es ist ja nicht so, daß der Eigentümer-Betriebsleiter „kostenlos" arbeitet, denn er könnte alternativ in einem anderen Betrieb sein Geld verdienen, auf das er aber verzichtet, wenn er in seinem eigenen Unternehmen bleibt.

Ertrag = Leistung: Betriebliche Umsatzerlöse aus dem Verkauf von in der Periode hergestellten Erzeugnissen oder die Erhöhung des Bestandes an fertigen Erzeugnissen.

Ertrag, nicht Leistung: *Betriebsfremde* Erträge wie z.b. der Verkauf einer nichtbetriebsnotwendigen Beteiligung mit Gewinn oder Mieterträge aus der Vermietung nicht betrieblich genutzter Gebäude. *Außerordentliche* Erträge, welche die Vergleichbarkeit der Betriebsergebnisse beeinträchtigen würden, weil sie entweder *außergewöhnlich* (z.b. Verkauf einer betrieblich genutzten Maschine weit über dem Buchwert, Währungskursgewinne aus Exportgeschäften) oder *periodenfremd* (z.b. Unternehmenssteuerrückerstattung) sind.

Leistung, nicht Ertrag: An eine wohltätige Organisation abgesetzte Produkte, auf deren Bezahlung die Unternehmensleitung verzichtet (Spende), stellen eine betriebliche Leistung dar, führen aber nicht zu einem Ertrag im externen Rechnungswesen. Ebenso verhält sich dies mit der Vergabe kostenloser Produktproben an die Kunden des Unternehmens.

Aufgabe 4: Das Lücke-Theorem

Für einen Betrieb möge folgendes gelten: Im Zeitpunkt t = 0 (Beginn des ersten Jahres) wird eine Fertigungsanlage beschafft, die zu einer Auszahlung in Höhe von 10.000 € führt. Da die wertvolle neue Anlage zugleich betriebliches Sachvermögen von 10.000 € entstehen läßt, ist ihr Zugang erfolgsneutral, also ohne Auswirkung auf das Betriebsergebnis (den kostenrechnerischen „Gewinn"). Zwei Jahre lang werden Produkte hergestellt und verkauft; dann ist die Anlage verbraucht und keine Nachfrage nach dem Produkt mehr vorhanden. Bare Umsatzerlöse von 9.000 € sowie auszahlungsgleiche Fertigungskosten (Lohn- und Materialkosten) von 2.000 € mögen jeweils in beiden Jahren der Nutzungsdauer anfallen und der Einfachheit halber am Jahresende gezahlt und verbucht werden, so daß die beiden Zahlungszeitpunkte t = 1 (Ende des ersten Jahres) und t = 2 (Ende des zweiten Jahres) zugleich die Abschlußstichtage für die Betriebsergebnisse beider Jahre darstellen. Der Betrieb agiert auf einem vollkommenen Kapitalmarkt mit einem Kalkulationszins von i = 10% p.a.

a) Erläutern Sie kurz die grundlegenden Aussagen des *Lücke*-Theorems!

b) Ermitteln Sie die Zahlungsreihe **g** des Betriebes mit Hilfe einer Zahlungsrechnung, und berechnen Sie den Kapitalwert auf Basis der Zahlungsgrößen!

c) Ermitteln Sie die Betriebsergebnisse G_t^{kalk} mit Hilfe einer Erfolgsrechnung, und berechnen Sie den Kapitalwert auf Basis der Erfolgsgrößen unter Beachtung des *Lücke*-Theorems! Unterstellen Sie hierzu eine lineare Abschreibung der Fertigungsanlage über zwei Jahre!

d) Berechnen Sie erneut unter Beachtung des *Lücke*-Theorems den Kapitalwert auf Basis der Erfolgsgrößen für den Fall, daß die Investitionsauszahlung annuitätisch auf die beiden Jahre zu verteilen ist! Ermitteln Sie hierzu erneut die Betriebsergebnisse G_t^{kalk} mit Hilfe einer Erfolgsrechnung, und zeigen Sie dabei die Höhe des annuitätischen Kapitaldienstes!

Lösung zu Aufgabe 4 a)
Wer beispielsweise einmalige Zahlungen ohne Berücksichtigung von Zins und Zinseszins in periodenbezogene Kosten umrechnet, begeht einen methodischen Fehler. Es läßt sich zeigen, daß es bei korrekter Berechnung der kalkulatorischen Zinsen keinen Unterschied ausmacht, ob der Kapitalwert auf Basis der Zahlungen oder auf Basis der Betriebsergebnisse ermittelt wird. Diese Erkenntnis zur Überführbarkeit von Zahlungs- und Erfolgsrechnungen ist unter dem Namen *Lücke*-Theorem bekannt. Das *Lücke*-Theorem besagt, daß bei korrektem Ansatz von kalkulatorischen Zinsen der Barwert der Differenz von Leistungen und Kosten dem Barwert der Zahlungsüberschüsse entspricht, so daß die Wahl der Rechengröße nur noch eine Frage der Zweckmäßigkeit ist.

Lösung zu Aufgabe 4 b)
Zunächst ist aus den gegebenen Daten der Zahlungsstrom abzuleiten:

Tab. 3.19: Zahlungsrechnung

Zahlungsrechnung	Rechengrößen	t = 0	t = 1	t = 2
Einzahlungen	+ Umsatzerlöse	0	9.000	9.000
– Auszahlungen	– Löhne, Material	0	–2.000	–2.000
=	– Kaufpreis Anlage	–10.000	0	0
Zahlungen	Summe	**–10.000**	**7.000**	**7.000**

Der Kapitalwert auf Basis von Zahlungsgrößen berechnet sich für ein beliebiges Investitionsobjekt mit der Zahlungsreihe $\mathbf{g} := (g_0, g_1, \ldots, g_t, \ldots, g_n)$ wie folgt:

$$C = \sum_{t=0}^{n} g_t \cdot (1 + i)^{-t}.$$

Für obige Beispielkonstruktion mit der Zahlungsreihe $(-10.000, 7.000, 7.000)$ bedeutet dies:

$$C = -10.000 + 7.000 \cdot 1{,}1^{-1} + 7.000 \cdot 1{,}1^{-2}$$

$$= 2.148{,}760331 \, € > 0 \rightarrow \text{Die Investition ist vorteilhaft!}$$

Lösung zu Aufgabe 4 c)
Die Betriebsergebnisrechnung interessiert sich nicht für Zahlungen, sondern für den Erfolgsbeitrag der einzelnen Jahre. Da die Anlage ihr Nutzungspotential über zwei Jahre verbraucht, wird der Wertverzehr als Abschreibung über beide Jahre verteilt. In der Kostenrechnung ist man frei, in welcher Weise die Investitionssumme von 10.000 € abgeschrieben werden soll. Weil die Anlagennutzung annahmegemäß gleichmäßig verläuft (Erlöse von 9.000 € und Kosten von 2.000 € in beiden Jahren), bietet es sich an, jedem Jahr genau die Hälfte der Anschaffungsauszahlung, also einen Abschreibungsbetrag von 10.000/2 = 5.000 € zuzurechnen. Diese zeitanteilige Zuschlüsselung heißt *lineare Abschreibung*. Nun darf man nicht den Fehler machen, die kalkulatorischen Zinsen zu vergessen oder unbedacht anzusetzen. Solange die Anlage mit ihrem Anschaffungspreis von 10.000 € in der Bilanz steht, ist in ihr ein Kapital in gleicher Höhe gebunden, welches gemäß dem *Lücke*-Theorem auch entsprechend dem Abschreibungsverlauf verzinst werden muß. Bei i = 10% p.a. fallen also im ersten Jahr kalkulatorische Zinsen von 10.000 · 0,1 = 1.000 € an. Am Ende des ersten Jahres sinkt die kalkulatorische Kapitalbindung um den Abschreibungsbetrag von 5.000 € auf nur noch 10.000 – 5.000 = 5.000 €, so daß die kalkulatorischen Zinsen am Ende des zweiten Jahres nur noch 5.000 · 0,1 = 500 € ausmachen. Damit ergibt sich für das erste Jahr ein Betriebsergebnis von 1.000 € und für das zweite Jahr eines von 1.500 € (siehe folgende Tabelle).

Tab. 3.20: Erfolgsrechnung bei linearer Abschreibung

Erfolgsrechnung	Rechengrößen	t = 0	t = 1	t = 2
Leistungen	+ Umsatzerlöse		9.000	9.000
– Kosten	– Fertigungskosten		–2.000	–2.000
	– Abschreibungen		–5.000	–5.000
=	– Kalk. Zinsen 10%		–1.000	–500
Betriebsergebnisse	Summe		**1.000**	**1.500**

Der Kapitalwert auf Basis von Erfolgsgrößen ergibt sich für ein beliebiges Investitionsobjekt wie folgt:

$$C = \sum_{t=0}^{n} G_t^{kalk} \cdot (1 + i)^{-t} \, .$$

Da die kalkulatorischen Zinsen auf die Kapitalbindung penibel beachtet wurden, finden wir zugleich die Aussage des *Lücke*-Theorems bestätigt:

$$C = 1.000/1,1 + 1.500/1,1^2$$

$$= 2.148,760331 \, € > 0 \rightarrow \text{Die Investition ist vorteilhaft!}$$

Dies ist derselbe Kapitalwert, der sich aus der Zahlungsrechnung ergab. Es ist demnach gleichgültig, ob der Kapitalwert der *Zahlungsreihe* (–10.000, 7.000, 7.000) oder eben der *Betriebsergebnis-* bzw. *Gewinnreihe* (0, 1.000, 1.500) berechnet wird. *Bei korrekt ermitteltem Gewinn* müssen beide gleich sein. Investitions- und Kostenrechnung sind unter dieser wichtigen, in der Praxis oft nicht erfüllten Voraussetzung ineinander überführbar und unterscheiden sich nicht in ihrer prinzipiellen Eignung für Entscheidungszwecke. Welches Rechenwerk man anwendet, sollte vom Zweck der Rechnung und den verfügbaren Daten abhängig gemacht werden.

Lösung zu Aufgabe 4 d)
Die mit linearer Abschreibung berechnete Betriebsergebnisreihe (0, 1.000, 1.500) bildet die in beiden Jahren gleich hohen Erlöse und Fertigungskosten viel schlechter ab als die Zahlungsreihe (–10.000, 7.000, 7.000), bei der man sich nur die Anschaffungsauszahlung „wegdenken" muß, um zu erkennen, daß in beiden Perioden der gleiche Zahlungsüberschuß erarbeitet wird. Steht bei der Kostenrechnung das *Vergleichbarkeitsinteresse* im Vordergrund, so kann es wünschenswert sein, die beiden Jahren gleichermaßen anzulastende, im nachhinein nicht mehr veränderbare Investi-

tionsauszahlung wegzulassen oder aber *annuitätisch* zu verteilen. Denn daß die erste Periode bei linearer Abschreibung höhere kalkulatorische Zinsen „abbekommt" als die zweite, kann man ihr unter dem Gesichtspunkt des Leistungsvergleichs beider Perioden nicht negativ anrechnen. Aus Sicht der ersten wie auch der zweiten Periode ist an den Gesamtabschreibungen von 10.000 € und den dafür anfallenden Zinsen nichts mehr zu ändern; es handelt sich in der Rückbetrachtung um „*versunkene Kosten*", die nicht mehr entscheidungsrelevant sind, wenn man nur noch über ihre Verteilung, aber nicht mehr über ihre Vermeidung entscheiden kann.

Betrachtet man mit dieser Begründung den Kapitaldienst, also die Summe aus Abschreibungen und Zinsen, im ganzen als versunkene Kosten, so dient es der Vergleichbarkeit, den beiden Jahren jeweils denselben Kapitaldienst zuzurechnen. Um das *Lücke*-Theorem zu beachten, müssen wir dabei die *Annuität der Investitionsauszahlung* berechnen. Es gilt:

$$a = g_0 \cdot ANF_{i,n} = 10.000 \cdot \frac{0{,}1 \cdot 1{,}1^2}{1{,}1^2 - 1} = 5.761{,}904762 \ \text{€}.$$

Die Betriebsergebnisrechnung liest sich damit so:

Tab. 3.21: Erfolgsrechnung bei annuitätischem Kapitaldienst

Erfolgsrechnung	Rechengrößen	t = 0	t = 1	t = 2
Leistungen	+ Umsatzerlöse		9.000	9.000
– Kosten	– Fertigungskosten		–2.000	–2.000
=	– Kapitaldienst		–5.761,90	–5.761,90
Betriebsergebnisse	Summe		**1.238,0952**	**1.238,0952**

Man erhält nunmehr für die beiden Jahre gleiche Betriebsergebnisse, nämlich jeweils einen Betriebsgewinn von 1.238,095238 €. Auch damit läßt sich der Kapitalwert nach dem *Lücke*-Theorem korrekt berechnen:

$$C = 1.238{,}095238/1{,}1 + 1.238{,}095238/1{,}1^2$$

$$= 2.148{,}760331 \ \text{€} > 0 \rightarrow \text{Die Investition ist vorteilhaft!}$$

Das Beispiel zeigt trefflich, daß es keinen allein zwingenden Weg gibt, Abschreibungen zu berechnen und als fixe Kosten auf Perioden oder Produkte umzulegen. Man spricht daher scherzhaft auch eher vom „Umlügen" solcher Kostenblöcke. Im externen Rechnungswesen wird diejenige Abschreibungsmethode präferiert, die einerseits vom Finanzamt anerkannt ist und andererseits für das bilanzierende Unternehmen den Kapitalwert der Investition „nach Steuern" maximiert. Im internen Rechnungswesen stehen hingegen die Vergleichbarkeit und die Entscheidungsrelevanz der Kosten- oder Zahlungsgrößen im Vordergrund, und im Zweifelsfalle wird man der weniger fehlerträchtigen zahlungsstromorientierten Betrachtung (also der Investitionsrechnung = Wirtschaftlichkeitsrechnung) den Vorrang einräumen. Über das *Lücke*-Theorem lassen sich alle Rechnungskreise miteinander versöhnen, was aber nur gelingt, wenn die Zinsen auf die Kapitalbindung konsistent erfaßt werden.

3.2.2   Kostenrechnung

Aufgabe 1:   Grundelemente

a) Nennen und erläutern Sie die Systeme der Kostenrechnung!
b) Erläutern Sie kurz die Aufgaben der Kostenarten-, Kostenstellen- und Kostenträgerrechnung!
c) Grenzen Sie Einzel- von Gemeinkosten ab! Erläutern Sie dabei auch, was unter Sondereinzelkosten und unechten Gemeinkosten zu verstehen ist!

Lösung zu Aufgabe 1 a)
Man unterscheidet drei *Systeme der Kostenrechnung*, nämlich die Ist-, Normal- und Plankostenrechnung.

Die *Istkostenrechnung* dient der Verrechnung aller tatsächlich angefallenen Kosten, d.h., sie bewertet die wirklich verbrauchten Mengen der Produktionsfaktoren mit den tatsächlich geltenden Faktorpreisen. Die Istkosten eines Materialverbrauchs ergeben sich also aus dem Produkt von Istmenge und Istpreis, also festgestellte Verbrauchsmenge mal Einstandspreis. Zwecke der Istkostenrechnung sind einerseits die *Nachkalkulation* für Soll-Ist-Vergleiche und andererseits die *Dokumentation* (z.B. für Bewertung von Lagerbeständen in der Bilanz). Probleme der Istkostenrechnung liegen darin, daß sie durch Preisschwankungen auf den Faktormärkten beeinflußt wird, mithin ein Istkostenanstieg bei gleicher Ausbringung nicht unbedingt auf höhere Verbrauchsmengen an Produktionsfaktoren hindeutet. Vergleiche von Istkosten im Zeitablauf oder zwischen ähnlichen Betrieben sagen wenig über die Wirtschaftlichkeit aus, da oftmals nur „Schlendrian mit Schlendrian" (*Schmalenbach*) verglichen wird. Schließlich sind vergangenheitsbezogene Istdaten immer nur von begrenzter Aussagekraft für Entscheidungsrechnungen, die auf zukunftsgerichtete Planungsdaten angewiesen sind: „Für das Gewesene gibt der Kaufmann nichts." (Dieses geflügelte Wort wird ebenfalls *Eugen Schmalenbach* zugeschrieben.)

Eine *Normalkostenrechnung* verrechnet Kosten auf Basis von Durchschnittswerten für Preise und/oder Mengen, um Schwankungen zu glätten und Wirtschaftlichkeitskontrollen sowie Vergleiche im Zeitablauf zu erleichtern: Bei festem Verrechnungspreis deutet ein Normalkostenanstieg tatsächlich auf mengenmäßig gestiegenen Verbrauch und nicht etwa auf Istpreissteigerungen hin. Diese Stärke der Normalkostenrechnung definiert jedoch zugleich ihr Problem: Normalkosten sind fiktiv und bedeuten einen Informationsverlust im Vergleich zu den Istkosten. Abgesehen von der besseren Erkennbarkeit geänderter Verbrauchsmengen helfen Normalkosten trotzdem nur wenig bei Wirtschaftlichkeitskontrollen, denn sie stellen keine Sollkosteninformationen zur Verfügung.

Die betriebswirtschaftlichen Erkenntnisse der Produktions- und Kostentheorie finden ihre Anwendung in der *Plankostenrechnung*, deren Aufgabe in der Ermittlung der Sollkosten bei wirtschaftlichem Einsatz der Produktionsfaktoren liegt. Mengen und Preise der Plankostenrechnung sind für die Zukunft geplante Größen; die *Kostenvorgaben* (Budgets) der Plankostenrechnung fließen in *Entscheidungsrechnungen* über optimale Produktionsprogramme und die optimale Produktionsdurchführung ein. Schließlich erlaubt erst die Kenntnis der Plankosten den *Wirtschaftlichkeitsvergleich* mit den Istkosten. Die Analyse der Abweichungen zwischen Plan- (oder Soll-) und Istkosten gehört zu den wichtigsten Aufgaben des Kostenrechners, welcher Unwirtschaftlichkeit aufzudecken und die Ursachen abzustellen hat.

Lösung zu Aufgabe 1 b)
Jedes Kostenrechnungssystem kennt die Teilgebiete Kostenarten, -stellen- und -trägerrechnung (vgl. Abbildung 3.8).

In der *Kostenartenrechnung* werden die gesamten Kosten, gegliedert nach Produktionsfaktoren, erfaßt. Dabei erfolgt eine Trennung zwischen Kostenträgereinzelkosten, die sich einem Bezugsobjekt (Kostenträger, z.B. Produkt) direkt zurechnen lassen, und Kostenträgergemeinkosten, die von mehreren Bezugsobjekten gemeinsam verursacht werden.

Nur die Kostenträgergemeinkosten gelangen in die *Kostenstellenrechnung*, deren Aufgabe darin besteht, diese Gemeinkosten nach dem Ort ihrer Entstehung aufzuschlüsseln. Kostenstellen sind z.B. einzelne Werkstätten oder auch die Verwaltung und der Vertrieb. Die nach Kostenarten gegliederten, sog. primären Gemeinkosten werden durch Umlagen zwischen den einzelnen Kostenstellen über einen *Betriebs- abrechnungsbogen* (BAB) in sekundäre Gemeinkosten überführt, das Resultat der innerbetrieblichen Leistungsverrechnung. Daraus lassen sich dann Kostenverrech- nungssätze ableiten, welche die sekundären Gemeinkosten von den Kostenstellen auf die Kostenträger zuschlüsseln.

Die *Kostenträgerrechnung* ermittelt mit Hilfe der Einzelkosten sowie der aus der Kostenstellenrechnung zugeschlüsselten Gemeinkosten einerseits die Stückkosten der Produkte (Kostenträgerstückrechnung = Kalkulation) und andererseits die kurz- fristigen Betriebsergebnisse der einzelnen Perioden (Kostenträgerzeitrechnung = kurzfristige Betriebsergebnisrechnung, z.B. auf Monatsbasis).

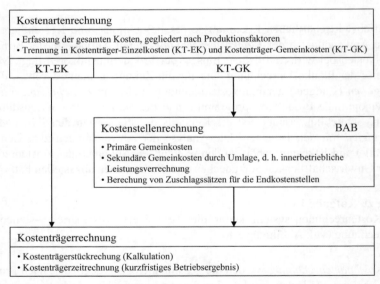

Abb. 3.8:   Teilgebiete der Kostenrechnung

Lösung zu Aufgabe 1 c)
Einzelkosten lassen sich einem Bezugsobjekt (sei dies nun eine Einheit der Ausbrin- gungsmenge oder auch eine Kostenstelle) nach dem Verursachungsprinzip direkt zuordnen, während *Gemeinkosten* von mehreren Objekten gemeinsam verursacht

werden. *Sondereinzelkosten* sind zwar einem Kalkulationsobjekt zuordenbar, aber nicht jedem einzelnen Exemplar, wenn mehr als eines in identischer Weise gefertigt wird. Beispiel: Ein Modell oder die Gußform zu einer Serienfertigung stellt Gemeinkosten in bezug auf die einzelnen Stücke dar, aber Sondereinzelkosten in bezug auf das als Oberbegriff aller gefertigten Exemplare verstandene Produkt. *Unechte Gemeinkosten* sind Einzelkosten, die nur aus wirtschaftlichen Gründen nicht einzeln zugeordnet, sondern wie Gemeinkosten behandelt werden. Beispiel: geringwertige Teile wie Nägel und Schrauben. Höherwertige Rohmaterialien werden als Einzelkosten erfaßt.

Aufgabe 2:   Produktionsprogrammplanung mit wertmäßigen Deckungsspannen

Ein Unternehmen kann die Produkte 1 und 2 herstellen und benötigt dazu die potentiell knappen Rohstoffe A und B. Sie werden von der Unternehmensführung mit der Planung des optimalen Produktionsprogramms beauftragt. Dazu erhalten Sie die in nachstehender Tabelle wiedergegebenen Daten über die Produktionskoeffizienten PK_{ij}, welche den Verbrauch an Rohstoffeinheiten des Rohstoffes i zur Produktion einer Mengeneinheit des Produktes j angeben, über die Absatzpreise p_j und Absatzhöchstmengen x_j^{max} der Produkte j sowie über die Beschaffungspreise q_i und maximal verfügbaren Mengen y_i^{max} der Rohstoffe i. Die fixen Kosten K_f der Periode betragen 6.000 Geldeinheiten.

Tab. 3.22: Ausgangsdaten zur Produktionsprogrammplanung

Produkt \ Rohstoff	A	B	Absatzhöchst- menge [ME]	Absatzpreis [GE/ME]
1	6	4	200	120
2	3	8	100	150
verfügbare Menge [FE]	1.800	1.400		
Beschaffungspreis [GE/FE]	8	11		

Daneben erhalten Sie folgende hilfreiche Informationen:

Deckungsspannen: $DS_1 = 28$, $DS_2 = 38$.

Kapazitätsbeanspruchungen der Rohstoffe: $y_A = 1.500$, $y_B = 1.600$.

a) Unterscheiden Sie die im Rahmen einer Produktionsprogrammplanung anwendbaren total- oder partialanalytischen Entscheidungsmodelle hinsichtlich der benötigten Kosteninformationen!

b) Wie hoch sind die pagatorischen und wertmäßigen Kosten der Rohstoffe A und B?

c) Berechnen Sie die wertmäßigen Deckungsspannen für die Produkte 1 und 2!

d) Geben Sie unter Verwendung des Entscheidungskriteriums der wertmäßigen Deckungsspanne das deckungsbeitragsmaximale Produktionsprogramm an! Wie hoch sind der zugehörige maximale Gesamtdeckungsbeitrag und der Gewinn?

e) Was versteht man unter dem Dilemma der wertmäßigen Kosten?

Lösung zu Aufgabe 2 a)

Je nachdem, welches Entscheidungsmodell angewendet werden soll, unterscheiden sich die benötigten Kosteninformationen. *Pagatorische Kosten* basieren auf Anschaffungspreisen der Faktoren am Markt und nehmen darum keinen Bezug auf irgendwelche innerbetrieblichen Knappheitsrelationen. Sie eignen sich direkt für ein Totalmodell, in dem das subjektive Ziel der Eigentümer (z.B. Gewinn, Deckungsbeitrag, Umsatz, Kosten) und alle betriebsspezifischen Beschränkungen explizit abgebildet werden. So ein Totalmodell mit individuellen Engpaßrestriktionen ist beispielsweise die operative Produktionsprogrammplanung mittels linearer Optimierung, die Sie bereits aus Teilaufgabe 14 d) des Unterkapitels 2.2 kennen. In den Stückdeckungsbeiträgen der Produkte, den sogenannten Deckungsspannen, sind die pagatorischen Kosten der bezogenen Faktoren (Rohstoffe, Arbeitsstunden) enthalten, also die für die Beschaffung dieser Faktoren zu tätigenden Auszahlungen am Markte. Der pagatorische Kostenbegriff ist recht einfach. Dafür hat man aber in Kauf zu nehmen, daß Totalmodelle auf Basis pagatorischer Kosten rechnerisch verhältnismäßig aufwendig sind, weil die Interdependenzen zwischen den Variablen über Gleichungssysteme erfaßt werden müssen und sich die optimale betriebliche Entscheidung erst aus einer simultanen, also gleichzeitigen Optimierung aller Variablen unter Berücksichtigung aller Nebenbedingungen sowie der Zielfunktion ergibt.

Die Alternative zum pagatorischen ist der *wertmäßige Kostenbegriff.* Er orientiert sich nicht an dem Preis, den der Betrieb auf dem Markt für ein Gut zahlen muß, sondern an dem Grenznutzen, welchen dieses Gut im Betrieb stiftet. Gemäß der subjektiven Wertlehre leitet sich der Wert aus der individuellen Zielsetzung und dem individuellen Entscheidungsfeld des Betriebs ab. Dies ist auch plausibel, denn der Produktionsfaktor Hafer hat für ein Gestüt einen höheren Wert als für eine Autowerkstatt. Was der Automobilbetrieb nicht einmal geschenkt nähme, dafür würde der Pferdezüchter im Knappheitsfall sogar deutlich mehr zahlen als den bisherigen Marktpreis. Bei Kenntnis der wertmäßigen Kosten läßt sich die Planung stark vereinfachen; man benötigt dann kein Totalmodell mehr, welches alle Variablen simultan optimiert, sondern es genügt ein viel einfacheres Partialmodell, in dem die Vorteilhaftigkeitsentscheidung in bezug auf jede einzelne Variable isoliert voneinander bestimmt werden kann. Dies wird möglich, weil die Faktorverbräuche nunmehr zu wertmäßigen Kosten angesetzt werden, welche eine mögliche Alternativverwendung der Faktoren durch die Verrechnung innerbetrieblicher Opportunitätskosten berücksichtigen. So muß z.B. ein einzelnes Produkt nicht allein eine positive Deckungsspanne aufweisen, sondern darüber hinaus auch den Nutzenentgang mit verdienen, der daraus entsteht, daß knappe Produktionsfaktoren im Betrieb für dieses Produkt und nicht für andere Produkte Verwendung finden. Die wertmäßigen Kosten enthalten Lenkungsinformationen in kompakter, quasi verschlüsselter Form.

Lösung zu Aufgabe 2 b)

Der nicht knappe Faktor „Rohstoff A" verursacht (pro Faktoreinheit) pagatorische Kosten in Höhe von 8 GE/FE (Beschaffungspreis A). Bei Gewinnmaximierung gilt: Wertmäßige Kosten = pagatorische Kosten plus Grenzgewinn. Da der Grenzgewinn des nicht knappen Faktors „Rohstoff A" als Nichtengpaßfaktor null beträgt, entsprechen seine wertmäßigen Kosten den pagatorischen Kosten.

Der knappe Faktor „Rohstoff B" verursacht (pro Faktoreinheit) pagatorische Kosten in Höhe von 11 GE/FE (Beschaffungspreis B). (Exkurs: Aus den mit diesen pagatorischen Rohstoffkosten berechneten Deckungsspannen $DS_1 = 28$ und $DS_2 = 38$ läßt sich nicht erkennen, ob und warum Produkt 2 in der Lösung der Teilaufgabe 14 d) des Unterkapitels 2.2 Grenzprodukt ist und seine Absatzhöchstmenge 100 mit $x_2 = 75$ nicht erreicht, während Produkt 1 im maximal absetzbaren Umfang von $x_1 = 200$ gefertigt werden muß, um den Deckungsbeitrag und Gewinn zu maximieren. Die betriebswirtschaftliche Aussagekraft der isoliert betrachteten, einzelnen Deckungsspannen stellt sich erst ein, wenn man vom pagatorischen zum wertmäßigen Kostenbegriff und damit von pagatorischen zu *wertmäßigen Deckungsspannen* übergeht. Diese berücksichtigen neben den rein pagatorischen Kosten des Rohstoffeinsatzes (11 GE/FE) auch den Gewinnentgang, der dadurch entsteht, daß der Einsatz des knappen Faktors B für ein bestimmtes Produkt den *Gewinn verdrängt*, welcher bei seinem alternativ möglichen Einsatz für ein anderes Produkt erzielbar wäre.) Im Beispiel ist das Absatzpotential von Produkt 2 noch nicht ausgeschöpft, so daß der Betrieb zusätzliche Faktoreinheiten des Rohstoffs B für diese Verwendung gut gebrauchen könnte: Da Produkt 2 eine pagatorische Deckungsspanne von $DS_2 = 38$

[GE/ME] besitzt und 8 Faktoreinheiten Rohstoff B pro Mengeneinheit benötigt, könnte eine zusätzliche Faktoreinheit B also den Deckungsbeitrag um 38:8 = 4,75 Geldeinheiten pro Faktoreinheit erhöhen. Dies sind die betriebsindividuellen *Opportunitätskosten* des Faktors B, d.h. der Grenzdeckungsbeitrag bzw. *Grenzgewinn*, der mit einer Einheit des knappen Faktors erzielbar ist. Da im Grenzgewinn die pagatorischen Kosten von 11 GE/FE bereits einkalkuliert waren, stellen sich also die *wertmäßigen Kosten* des Faktors B für den hier betrachteten Betrieb auf 11 + 4,75 = 15,75 Geldeinheiten pro Faktoreinheit. Bei Gewinnmaximierung gilt: Wertmäßige Kosten = pagatorische Kosten plus Grenzgewinn.

Lösung zu Aufgabe 2 c)
Im folgenden wird gezeigt, welchen Vorteil die Kalkulation mit wertmäßigen Kosten im Entscheidungsmodell bringt. Berechnet man die Deckungsspannen der beiden Produkte nicht mit den pagatorischen Kosten von 11, sondern den wertmäßigen Kosten von 15,75 GE/FE des Engpaßfaktors B, so ergeben sich die wertmäßigen Deckungsspannen (für den nicht knappen Faktor A bleibt alles beim alten, da sein Grenzgewinn als Nichtengpaßfaktor null ist und seine wertmäßigen Kosten deshalb den pagatorischen entsprechen):

$$WDS_1 = 120 - 6 \cdot 8 - 4 \cdot 15{,}75 = 9 > 0 \rightarrow \text{vollständig vorteilhaft} \Rightarrow x_1 = 200.$$

$$WDS_2 = 150 - 3 \cdot 8 - 8 \cdot 15{,}75 = 0 \rightarrow \text{Grenzprodukt} \Rightarrow x_2 = 75 \text{ (Restmenge)}.$$

Wenn man die pagatorischen Deckungsspannen $DS_1 = 28$ und $DS_2 = 38$ bereits kennt, ergeben sich die wertmäßigen Deckungsspannen einfach durch zusätzliche Subtraktion des Grenzgewinns von 4,75 GE/FE:

$$WDS_1 = 28 - 4 \cdot 4{,}75 = 9 > 0 \rightarrow \text{vollständig vorteilhaft} \Rightarrow x_1 = 200.$$

$$WDS_2 = 38 - 8 \cdot 4{,}75 = 0 \rightarrow \text{Grenzprodukt} \Rightarrow x_2 = 75 \text{ (Restmenge)}.$$

Diese Schreibweise macht besonders deutlich, wie die Lenkungseigenschaft der wertmäßigen Kosten funktioniert: Es genügt nicht allein eine positive pagatorische Deckungsspanne, sondern jedes Produkt, das vorteilhaft sein soll, muß zusätzlich auch die Opportunitätskosten (den Grenzgewinn) für den Einsatz des wertvollen knappen Faktors mit „verdienen".

Lösung zu Aufgabe 2 d)
Allein die Vorzeichen der wertmäßigen Deckungsspannen lassen nunmehr die optimale Entscheidung erkennen: Die Produkte können *einzeln*, isoliert voneinander kalkuliert werden (daher *Partialmodell* im Gegensatz zum Totalmodell). Produkte

mit positiver wertmäßiger Deckungsspanne (WDS) sind voll im optimalen Programm enthalten, Produkte mit negativer WDS sind unvorteilhaft und gar nicht im Programm, und das Grenzobjekt gibt sich durch seine WDS von null zu erkennen (es verbraucht die von den vollständig vorteilhaften Produkten mit positiver WDS übriggelassene Faktorkapazität; die Menge des Grenzprodukts wird also residual bestimmt und ergibt sich aus der Faktorrestriktion).

Das *optimale bzw. deckungsbeitragsmaximale Produktionsprogramm* lautet also:

$$x_1 = 200 \text{ ME}, \qquad x_2 = 75 \text{ ME}.$$

Der *maximale Gesamtdeckungsbeitrag* ergibt sich aus den wertmäßigen Deckungsbeiträgen der vorteilhaften Produkte sowie aus dem Grenzgewinn der verfügbaren Menge des knappen Faktors:

$$\text{GDB} = 9 \cdot 200 + 4{,}75 \cdot 1.400 = 8.450 \text{ GE.}$$

Entsprechend ergibt sich für den *Gewinn* G:

$$\text{G} = 8.450 - 6.000 = 2.450 \text{ GE.}$$

Total- und Partialmodell kommen also zum selben Ergebnis.

Lösung zu Aufgabe 2 e)

Wertmäßige Kosten sind erst bekannt, wenn man gar keine wertmäßigen Deckungsspannen mehr berechnen muß, weil das Entscheidungsproblem schon gelöst ist. Um nämlich die wertmäßigen Kosten zu ermitteln, benötigt man die Kenntnis der Grenzobjekte und Grenzgewinne im Optimum, und genau diese Kenntnis steht und fällt doch mit der optimalen Lösung des Totalmodells. Mathematische Problemkomplexität läßt sich bekanntlich nicht überlisten. Dieser betrübliche Zusammenhang wird generell als *Dilemma der Lenkpreistheorie* und hier speziell als *Dilemma der wertmäßigen Kosten* bezeichnet. Wertmäßige Kosten wären der Königsweg zur einfachen Problemlösung im Partialmodell, aber leider setzen sie Informationen über die Höhe der Opportunitätskosten voraus, die erst zusammen mit der gesuchten optimalen Lösung anfallen.

Aufgabe 3:   Abschreibungen

a) Erläutern Sie kurz, was unter dem Begriff Abschreibung zu verstehen ist! Warum wird abgeschrieben?

b) Die Stadtwerke Hagen beschaffen für den ÖPNV einen neuen Bus zum Preis von 200.000 €. Dieser ist über eine Nutzungsdauer von zehn Jahren auf einen Restbuchwert von 0 € abzuschreiben. Wie groß ist der jährliche Abschreibungsbetrag bei linearer Abschreibung?

c) Im Unterschied zu b) wird jetzt davon ausgegangen, den Bus am Ende der Nutzungsdauer zu einem Restwert in Höhe von 20.000 € verkaufen zu können. Ermitteln Sie erneut die sich bei linearer Abschreibung ergebende jährliche Abschreibungsrate!

d) Für einen anderen lediglich 100.000 € kostenden und über vier Jahre auf einen Restbuchwert von 0 € abzuschreibenden Bus ist die digitale Abschreibungsmethode anzuwenden. Bitte berechnen Sie die sich gemäß dem Degressionsbetrag d (Differenz der Abschreibungsbeträge zweier benachbarter Zeitpunkte sowie letzter Abschreibungsbetrag) ergebenden einzelnen jährlichen Abschreibungsbeträge!

e) Berechnen Sie die Abschreibungsbeträge nach der geometrisch degressiven Abschreibungsmethode für einen 200.000 € teuren Bus, wenn die Nutzungsdauer auf acht Jahre geschätzt wird! Wie hoch ist der Restbuchwert nach acht Jahren? Unterstellen Sie einen Abschreibungsprozentsatz von 25% auf den Restbuchwert!

f) Innerhalb der Nutzungsdauer eines Vermögensgegenstandes darf nach § 7 EstG von der geometrisch-degressiven Abschreibung zur linearen Abschreibung gewechselt werden. Wann sollte der Wechsel für den Bus aus Teilaufgabe e) stattfinden und warum?

Lösung zu Aufgabe 3 a)

Abschreibungen sind Kosten, die den durch die allmähliche Abnutzung von Potentialfaktoren (z.B. Gebäude, maschinelle Anlagen, Fahrzeuge) bewirkten Wertverzehr des Anlagevermögens auf die einzelnen Perioden der Nutzung verteilen. Daß der einmalig gezahlte Anschaffungspreis eines Anlagegutes i.d.R. nicht unverändert für immer als Bilanzwert dienen kann, sondern zu Lasten des Reinvermögens abgeschrieben werden muß, kann sowohl verbrauchsbedingte als auch wirtschaftliche *Ursachen* haben: Im ersten Fall tritt entweder ein Gebrauchsverschleiß (z.B. gefahrene Kilometer eines Autos), ein Zeitverschleiß (physisch: Alterung, rechtlich: Lizenzablauf) oder eine nutzungsinhärente Substanzverringerung (z.B. Abbau einer Kies-, Kali-, Ton- oder Kohlengrube) ein. Im zweiten Fall können eine Bedarfsverschiebung oder der technische Fortschritt eine physisch noch einwandfreie Anlage wirtschaftlich entwerten, weil mit ihr keine Erlöse mehr oder doch nur geringere als geplant erzielt werden können.

Lösung zu Aufgabe 3 b)

Bei *linearer Abschreibung* wird einfach der Abschreibungsausgangsbetrag gleichmäßig auf die Nutzungsdauer verteilt. Als Abschreibungsausgangsbetrag dienen der Anschaffungspreis a_0 oder, falls selbst erstellt, die Herstellungskosten des Objekts (z.B. Anlage, Gebäude, Fahrzeug). Sofern noch ein Restwert am Ende der Nutzungsdauer erwartet wird, zu dem sich das Objekt liquidieren läßt, zieht man diesen von a_0 ab. Mit $a(t)$ als Abschreibungsrate am Ende der Periode t und RBW(t) als Restbuchwert am Ende der Periode t gilt, wenn kein Liquidationserlös am Ende der Nutzungsdauer anfällt:

$$a(t) = \frac{a_0}{n} = 200.000/10 = 20.000 \text{ €.}$$

$$RBW(t) = a_0 - t \cdot \frac{a_0}{n} \text{ ; z.B. } RBW(10) = 200.000 - 10 \cdot \frac{200.000}{10} = 0 \text{ €.}$$

Es zeigt sich die folgende Entwicklung des Anlagenwerts (Restbuchwert):

Tab. 3.23: Lineare Abschreibung (Angaben in Tausend)

t	0	1	2	3	4	5	6	7	8	9	10
a(t)		20	20	20	20	20	20	20	20	20	20
RBW(t)	200	180	160	140	120	100	80	60	40	20	0

Lösung zu Aufgabe 3 c)

$$a(t) = \frac{a_0}{n} = (200.000 - 20.000)/10 = 18.000 \text{ €.}$$

$$RBW(10) = 200.000 - 10 \cdot \frac{200.000 - 20.000}{10} = 20.000 \text{ €.}$$

Es zeigt sich die folgende Entwicklung des Anlagenwerts in der Betriebsbilanz:

Tab. 3.24: Lineare Abschreibung auf einen positiven Restbuchwert (Angaben in Tausend)

t	0	1	2	3	4	5	6	7	8	9	10
a(t)		18	18	18	18	18	18	18	18	18	18
RBW(t)	200	182	164	146	128	110	92	74	56	38	20

Lösung zu Aufgabe 3 d)

Sofern die Differenz der Abschreibungsbeträge d zweier benachbarter Zeitpunkte so berechnet ist, daß sie zugleich der allerletzten Abschreibungsrate a(n) entspricht, liegt der besonders einfache Fall *digitaler Abschreibung* vor. Man kann dann quasi „an den Fingern" abzählen (1 + 2 + 3 + 4), wie hoch die Abschreibungsdifferenz sein muß. Im Beispiel gilt:

$$d = \frac{100.000}{1+2+3+4} = \frac{100.000}{10} = 10.000 \text{ GE,}$$

und wir erhalten:

Tab. 3.25: Digitale Abschreibung (Angaben in Tausend)

t	0	1	2	3	4
a(t)		40	30	20	10
RBW(t)	100	60	30	10	0

Lösung zu Aufgabe 3 e)

In der Praxis sehr gebräuchlich ist die *geometrisch-degressive Abschreibung*, bei der die Abschreibungsbeträge a(t) und auch die Restbuchwerte RBW(t) mathematisch eine geometrische Folge bilden, sich also stets um denselben Prozentsatz reduzieren. Die Entwicklung des Anlagenwerts sähe wie folgt aus:

Tab. 3.26: Geometrisch-degressive Abschreibung (Angaben in Tausend)

t	0	1	2	3	4	5	6	7	8
a(t)		50	37,5	28,125	21,09375	15,82031	11,86524	8,89893	6,67419
RBW(t)	200	150	112,5	84,375	63,28125	47,46094	35,5957	26,69677	20,02258

Natürlich gelangt man damit nie auf einen Restbuchwert von null, sondern muß irgendwann die Abschreibungsmethode wechseln.

Lösung zu Aufgabe 3 f)

Die *geometrisch-degressive Abschreibung* generiert in den ersten Jahren sehr hohe Abschreibungsbeträge, die diejenigen der linearen Abschreibung übersteigen. Nach einigen Jahren kehrt sich dies jedoch um. Deshalb ist für den Einzelfall zu prüfen, wann der Wechsel von der geometrisch-degressiven zur linearen Abschreibungsmethode angezeigt ist, um auf einen Restwert von null zu kommen:

Tab. 3.27: Entwicklung des Anlagenwerts in der Betriebsbilanz (Angaben in Tausend)

t	0	1	2	3	4	5	6	7	8
a(t)		50	37,5	28,125	21,09375	15,82031	15,82031	15,82031	15,82031
RBW(t)	200	150	112,5	84,375	63,28125	47,46094	31,64063	15,82031	0

Bis zum fünften Jahr übersteigen die Abschreibungsbeträge bei geometrisch-degressiver Abschreibung diejenigen bei linearer Abschreibung. Im fünften Jahr unterscheiden sie sich nicht. Der Abschreibungsbetrag bei geometrisch-degressiver Abschreibung ist im sechsten Jahr zum ersten Mal geringer als derjenige bei linearer Abschreibung, weshalb der Wechsel frühestens im fünften und spätestens im sechsten Jahr zu vollziehen ist.

Aufgabe 4:   Betriebsabrechnungsbogen

a)   Was ist ein Betriebsabrechnungsbogen (BAB), und wozu dient er?

b)   Ermitteln Sie die Zuschlagssätze der vier Hauptkostenstellen mit Hilfe der im nachstehenden BAB angegebenen Daten! Im Beispiel gibt es eine Allgemeine Kostenstelle (Kraftwerk) und vier Hauptkostenstellen (Material, Schlosserei, Montage, Verwaltung).

Tab. 3.28: Kostenstellenrechnung im Betriebsabrechnungsbogen

Kostenarten \ Kostenstellen	Summe	Kraft-werk	Materi-alstelle	Schlos-serei	Mon-tage	Verwal-tung
Einzelkosten						
Materialeinzelkosten	10.000					
Fertigungseinzelkosten	16.000			9.000	7.000	
Primäre Gemeinkosten						
Hilfsstoffe	2.800	175	375	340	410	1.500
Betriebsstoffe	1.500	1.100	50	150	80	120
Gehälter	13.000	6.500	2.000	0	0	4.500
Kalk. Abschreibungen	1.160	540	140	80	40	360
Kalk. Zinsen	40	17	8	2	2	11
Summe	18.500	8.332	2.573	572	532	6.491
Sekundäre Gemeinkosten						
Umlage Kraftwerk	8.332	→	130	3.650	2.952	1.600
Summe Gemeinkosten	18.500		2.703	4.222	3.484	8.091
Zuschlagsbasis			10.000	9.000	7.000	36.409
Zuschlagssatz			???	???	???	???

c) Ein eingehender Auftrag verursacht Materialeinzelkosten von 200 und Fertigungseinzelkosten in Höhe von 160 in der Schlosserei und 140 in der Montage. Berechnen Sie mit Hilfe der Zuschlagssätze aus Teilaufgabe b) sowohl die Herstellkosten als auch die Selbstkosten des Auftrags!

Lösung zu Aufgabe 4 a)

Der *Betriebsabrechnungsbogen* (BAB) ist eine Tabelle, in der die zeilenweise nach Kostenarten erfaßten Gemeinkosten (sog. primäre Gemeinkosten) spaltenweise auf Kostenstellen umverteilt werden. Durch diese *innerbetriebliche Leistungsverrechnung* entstehen die sekundären, kostenstellenbezogenen Gemeinkosten. Dabei werden zunächst die Gemeinkosten der Allgemeinen Kostenstellen auf die Hilfs- und Hauptkostenstellen verteilt und anschließend die Gemeinkosten der Hilfskostenstellen auf die Haupt- oder Endkostenstellen.

Lösung zu Aufgabe 4 b)

Im Rahmen der *differenzierten Zuschlagskalkulation* geht man einfach davon aus, daß die sekundären Gemeinkosten der Material- und Fertigungshauptkostenstellen in einem proportionalen Verhältnis zu den in diesen Hauptkostenstellen jeweils angefallenen Einzelkosten stehen. Aus diesem Grunde finden sich die Material- und Fertigungseinzelkosten nachrichtlich auch im Betriebsabrechnungsbogen nach Kostenstellen erfaßt. Im obigen Beispiel-BAB errechnet sich z.b. für die *Materialstelle* aus dem Verhältnis von Gemein- zu Einzelkosten ein Materialgemeinkostenzuschlagssatz von $2.703/10.000 = 0,2703 = 27,03\%$. Für die zwei Fertigungshauptkostenstellen wird analog verfahren; dabei verteilen sich die Fertigungseinzelkosten von 16.000 gemäß der vorletzten Zeile im BAB als Zuschlagsbasis für die Gemeinkosten. Der Zuschlagssatz für die Hauptkostenstelle *Schlosserei* beträgt $4.222/9.000 = 0,469111111 = 46,9111\%$. Für die *Montagestelle* zeigt sich ein Zuschlagssatz in Höhe von $3.484/7.000 = 0,497714285 = 49,7714\%$. Als Zuschlagsbasis für die Hauptkostenstelle *Verwaltung* dienen die sogenannten Herstellkosten, also die Summe aus allen Material- und Fertigungseinzel- und -gemeinkosten, im Beispiel $10.000 + 16.000 + 2.703 + 4.222 + 3.484 = 36.409$. Als Zuschlagssatz für die Hauptkostenstelle Verwaltung resultiert dann $8.091/36.409 = 0,222225274 = 22,2225\%$.

Lösung zu Aufgabe 4 c)

Die Herstell- und Selbstkosten lassen sich gemäß der nach Kostenstellen differenzierten Zuschlagskalkulation wie folgt berechnen:

Tab. 3.29: Herstell- und Selbstkostenermittlung

Materialeinzelkosten	200,--
+ Materialgemeinkosten 27,03%	54,06
+ Fertigungseinzelkosten Schlosserei	160,--
+ Fertigungsgemeinkosten Schlosserei 46,9111%	75,06
+ Fertigungseinzelkosten Montage	140,--
+ Fertigungsgemeinkosten Montage 49,7714%	69,68
HERSTELLKOSTEN	698,80
+ Gemeinkosten Verwaltung 22,2225%	155,29
SELBSTKOSTEN	854,09

Aufgabe 5:   Äquivalenzziffernrechnung

Ein Unternehmen stellt Bleche verschiedener Stärken in folgenden Stückzahlen her:

Tab. 3.30: Daten zur Äquivalenzziffernrechnung

Blechsorte	Menge	Äquivalenzziffer
Dünn	16.000	0,8
Normal	20.000	1
Dick	9.000	1,2

Bestimmen Sie die Stückkosten der jeweiligen Blechsorten mit Hilfe der Äquivalenzziffernmethode, wenn die Gesamtkosten der Abrechnungsperiode 305.200 € betragen!

Lösung zu Aufgabe 5

Falls sich die gefertigten Produktvarianten so ähnlich sind, daß ihre Kostenverursachung als proportional angenommen werden kann (z.B. Biersorten, Bleche verschiedener Stärke), so erübrigt sich die differenzierte Zuschlagskalkulation. Statt dessen bildet man einfach Äquivalenzziffern der Kostenverursachung. Erhält etwa die „normale" Blechsorte die Äquivalenzziffer 1, die dickere Sorte die Ziffer 1,2 und die dünne Blechsorte 0,8 zugewiesen, so heißt das, daß ein Stück der dünnen Sorte annahmegemäß nur 80% der Kosten eines Normalblechs verursacht, während das dickere Blech pro Stück 20% teurer ist als das normale Blech. Werden nun vom normalen Blech 20.000 Stück, vom dicken 9.000 und vom dünnen Blech 16.000 Stück bei Gesamtkosten von 305.200 € gefertigt, so kalkulieren sich die Stückkosten der Normalsorte einfach wie folgt:

$$k_{normal} = \frac{305.200}{1 \cdot 20.000 + 1,2 \cdot 9.000 + 0,8 \cdot 16.000} = \frac{305.200}{43.600} = 7 \text{ € pro Stück.}$$

Die dicke Sorte kostet dann pro Stück $1,2 \cdot 7 = 8,40$ € und die dünne Blechsorte $0,8 \cdot 7 = 5,60$ €.

Aufgabe 6:   Gewinnschwellenanalyse

Der in Zschopau ansässige Motorradhersteller MZ muß zur Produktion seiner in liebevoller Detailarbeit entstehenden Motorräder neben beschäftigungsunabhängigen Fixkosten in Höhe von 1.000.000 € auch pro Motorrad anfallende variable Kosten von 5.000 € aufwenden. Wie viele Motorräder müssen mindestens abgesetzt werden, damit bei einem Verkaufspreis in Höhe von 10.000 € pro Stück die Gewinnschwelle erreicht wird?

Lösung zu Aufgabe 6

Bis zur Gewinnschwelle M_{krit} erwirtschaftet der Betrieb Verlust, und für $M > M_{krit}$ erzielt er Gewinn. M_{krit} ergibt sich wie folgt:

$$G = U - K = 0 \quad \Leftrightarrow \quad U = K.$$

Aus dem Gleichsetzen von Umsatz- und Kostenfunktion erhalten wir die Stelle, an der der Gewinn genau gleich null ist, und ersehen durch Auflösen nach M:

$$U \quad = \quad K$$

$$\Leftrightarrow \quad p \cdot M \quad = \quad K_{fix} + k_v \cdot M$$

$$\Leftrightarrow \quad (p - k_v) \cdot M \quad = \quad K_{fix}$$

$$\Leftrightarrow \quad M_{krit} \quad = \quad \frac{K_{fix}}{p - k_v}.$$

Bezogen auf das Beispiel ergibt sich:

$$M_{krit} = \frac{K_{fix}}{p - k_v} = \frac{1.000.000}{10.000 - 5.000} = 200 \text{ Stück.}$$

Es müssen 200 Motorräder verkauft werden, um die Gewinnschwelle zu erreichen. Werden mehr als 200 Motorräder abgesetzt, so erzielt der Motorradhersteller Gewinn.

Aufgabe 7:   Auftragskalkulation mit Voll- und Grenzkosten

Imbißwirt Ingo erhält die Anfrage, ob er für den Tag der offenen Tür eines Hamburger Sportvereins kurzfristig 500 Hähnchen zu einem Stückpreis von 7 € liefern könne. Ein bislang wegen seiner enormen Ausmaße ungenutzter Hähnchengrill ist vorhanden und kann eingesetzt werden. Er verursacht in jeder Planperiode Fixkosten in Höhe von 3.500 € und ist in der Lage, die nachgefragten Mahlzeiten mit variablen Stückkosten von 2 € zu fertigen. Ermitteln Sie die Vollkosten und die Grenzkosten der Hähnchen! Soll der Zusatzauftrag angenommen werden?

Lösung zu Aufgabe 7
Die Vollkosten einschließlich der „versunkenen" Fixkosten betragen pro Stück

$$\frac{3.500 + 2 \cdot 500}{500} = 9 \text{ €.}$$

Die Grenzkosten (Teilkosten) entsprechen nur den variablen Stückkosten von

$$\frac{2 \cdot 500}{500} = 2 \text{ €.}$$

Der Angebotspreis von 7 € deckt die Grenzkosten, aber nicht die Vollkosten. Die kurzfristige Preisuntergrenze entspricht den Grenzkosten. Da mit jedem Hähnchen eine Deckungsspanne von 7 − 2 = 5 € verdient werden kann, ist der Auftrag vorteilhaft. Er erbringt bei 500 Stück einen Deckungsbeitrag von 2.500 €. Dieser ist zwar geringer als die abzudeckenden Fixkosten von 3.500 €; letztere entstehen aber auch dann unweigerlich, wenn Ingo den Auftrag ablehnt, nur daß in diesem Falle ein Deckungsbeitrag von 0 € erzielt würde. Selbstverständlich ist es besser, einen Deckungsbeitrag von 2.500 € zu erwirtschaften als einen von 0 €.

3.2.3   Buchführung und Jahresabschluß

Aufgabe 1:   Grundbegriffe

a) Was wird unter Buchführung verstanden?

b) Beschreiben Sie unter Definition der Begriffe Inventur, Inventar und Bilanz den Weg von der Inventur zur Aufstellung der Bilanz!

c) Nennen Sie vier der wichtigsten Grundsätze ordnungsgemäßer Buchführung!

d) Erläutern Sie das Realisations- und Imparitätsprinzip sowie das Niederstwert- und Höchstwertprinzip!

e) Nennen Sie die Bestandteile des handelsrechtlichen Jahresabschlusses einer Kapitalgesellschaft! Welche Funktionen kommen dabei dem Anhang zu?

f) Nach welchen beiden Verfahren können Kapitalgesellschaften die Gewinn- und Verlustrechnung aufstellen?

Lösung zu Aufgabe 1 a)
Unter *Buchführung* versteht man die planmäßige und lückenlose Aufzeichnung aller Geschäftsvorfälle, die in einem Unternehmen mit Werten verbunden sind, und zwar in zeitlichem Ablauf mit inhalts- und zahlenmäßiger Wertangabe. Die Buchführung sammelt, ordnet und gruppiert dieses Zahlenwerk und entwickelt daraus in regelmäßigen Abständen einen Abschluß, jährlich den Jahresabschluß. Sie erbringt damit einen vollständigen Nachweis über Vermögens- und Kapitaländerungen.

Lösung zu Aufgabe 1 b)
Die Buchführung setzt an der Bilanz an, welche ihrerseits aus dem durch Inventur gebildeten Inventar hervorgeht. Unter *Inventur* versteht man die körperliche und

teils auch buchmäßige Bestandsaufnahme der Vermögensgegenstände und Schulden eines Unternehmens zu einem gegebenen Zeitpunkt durch Messen, Wiegen, Zählen und Heranziehen von Aufzeichnungen. Diese Bestandsaufnahme findet ihren Niederschlag im *Inventar*, welches ein in Staffelform aufgestelltes mengen- und wertmäßiges Verzeichnis aller Vermögensgegenstände und Schulden darstellt. Aus dem Inventar wird durch systematische Gegenüberstellung von Vermögen (Aktiva) und Schulden (Passiva) in Kontoform schließlich die *Bilanz* gebildet. Während sie auf ihrer Aktivseite die Vermögensgegenstände (Anlage- und Umlaufvermögen) aufnimmt und damit die Mittelverwendung zeigt, gibt die Passivseite Aufschluß über die Höhe der Schulden (Fremdkapital) und die als residualer Ausgleichsposten übrigbleibenden eigenen Mittel (Eigenkapital). Die Passivseite zeigt somit die Herkunft des zur Finanzierung der Vermögenswerte notwendigen Kapitals. In diesem Sinn ist die Bilanz als zeitpunktbezogene Gegenüberstellung von Vermögen (Aktiva) und Kapital (Passiva) anzusehen.

Aktivseite (Aktiva)	Passivseite (Passiva)
Anlagevermögen	Eigenkapital
Umlaufvermögen	Fremdkapital

Abb. 3.9:   Grundsätzlicher Aufbau einer Bilanz

Lösung zu Aufgabe 1 c)

Die wichtigsten Grundsätze ordnungsgemäßer Buchführung lauten Richtigkeit und Willkürfreiheit, Klarheit und Übersichtlichkeit, Vollständigkeit, Stetigkeit, Vorsicht.

Lösung zu Aufgabe 1 d)

Während nach dem *Realisationsprinzip* Gewinne nur dann im Jahresabschluß ausgewiesen werden dürfen, wenn sie am Abschlußstichtag tatsächlich schon eingetreten sind, verlangt das *Imparitätsprinzip*, alle vorhersehbaren Risiken und Verluste, die bis zum Abschlußstichtag noch nicht entstanden sind, im Jahresabschluß zu berücksichtigen. Imparität bedeutet Ungleichheit der Behandlung von am Abschlußstichtag noch nicht realisierten, aber für die Zukunft absehbaren Gewinnen und Verlusten. Gemäß Imparitätsprinzip sind also im abzuschließenden Geschäftsjahr verursachte, aber noch unrealisierte zukünftige negative Erfolgsbeiträge bereits in der abzuschließenden Periode zu antizipieren, und zwar, indem sie als Aufwand in die Gewinn- und Verlustrechnung eingestellt werden.

Dabei schreibt das in § 253 HGB kodifizierte *Niederstwertprinzip* vor, daß Vermögensgegenstände maximal mit ihren Anschaffungs- oder Herstellungskosten in der Bilanz anzusetzen sind, d.h., über die Anschaffungs- oder Herstellungskosten hinausgehende Werterhöhungen dürfen nicht ausgewiesen werden. Daneben müssen vorübergehende oder dauerhafte Wertminderungen bei Vermögensgegenständen des Umlaufvermögens sowie dauerhafte Wertminderungen bei Vermögensgegenständen des Anlagevermögens berücksichtigt werden (strenges Niederstwertprinzip). Bezüglich des Ansatzes vorübergehender Wertminderungen bei Vermögensgegenständen des Anlagevermögens besteht mithin ein Wahlrecht (gemildertes Niederstwertprinzip). Nach Maßgabe des *Höchstwertprinzips* sind Schulden, die im Wert gestiegen sind, stets mit dem höheren Wert in der Bilanz auszuweisen (§ 253 Abs. 1 Satz 2 HGB).

Lösung zu Aufgabe 1 e)
Der handelsrechtliche Jahresabschluß soll die wirtschaftliche Lage des rechnungslegenden Unternehmens gegenüber unternehmensexternen Adressaten (z.B. Gläubigern) und unternehmensinternen Adressaten (z.B. Geschäftsleitung) abbilden. Gemäß § 242 Abs. 1 und 2 HGB ist jeder Kaufmann verpflichtet, einen handelsrechtlichen Jahresabschluß aufzustellen, der nach § 242 Abs. 3 HGB aus der *Bilanz* sowie der *Gewinn- und Verlustrechnung* besteht. Darüber hinaus ist der Jahresabschluß einer Kapitalgesellschaft oder einer haftungsbeschränkten Personenhandelsgesellschaft (z.B. GmbH & Co KG) gemäß der §§ 264 Abs. 1 und 264 a HGB um einen *Anhang* zu erweitern, der mit der Bilanz und der Gewinn- und Verlustrechnung eine Einheit bildet. Der Anhang übernimmt die *Erläuterungs-, Korrektur-, Entlastungs-* und *Ergänzungsfunktion*. Ferner sind mittelgroße und große Kapitalgesellschaften sowie haftungsbeschränkte Personenhandelsgesellschaften grundsätzlich zur Erstellung eines Lageberichtes verpflichtet, welcher jedoch als eigenständiges Informationsinstrument anzusehen ist und deshalb auch neben den Jahresabschluß tritt. Der Lagebericht ist mithin kein Bestandteil des Jahresabschlusses.

Lösung zu Aufgabe 1 f)
Gemäß § 275 Abs. 1 HGB ist die Gewinn- und Verlustrechnung für Kapitalgesellschaften in Staffelform entweder nach dem Gesamtkostenverfahren (§ 275 Abs. 2 HGB) oder dem Umsatzkostenverfahren (§ 275 Abs. 3 HGB) aufzustellen.

Aufgabe 2: Doppelte Buchführung

a) Welches Ziel verfolgt die doppelte Buchführung? Erläutern Sie das kennzeichnende Merkmal der doppelten Buchführung, und formulieren Sie den allgemeinen Buchungssatz!

b) Für folgende Geschäftsvorfälle sind die Buchungssätze zu bilden, wobei die Eröffnungs- und Abschlußbuchungen unberücksichtigt bleiben!

   1) Barkauf einer Büroeinrichtung zum Preis von 2.500 €,

   2) Umwandlung einer Lieferantenverbindlichkeit in Höhe von 3.000 € in einen Bankkredit,

   3) Kauf eines Firmenwagens im Wert von 80.000 € auf Ziel,

   4) Verkauf eines Grundstücks zum Buchwert von 100.000 € und Gutschrift auf dem Bankkonto,

   5) Honorareingang aus einem Beratungsauftrag in Höhe von 50.000 € auf dem Bankkonto,

   6) Tilgung eines Kredits in Höhe von 10.000 € durch Überweisung vom Bankkonto

   7) Banküberweisung der Jahresmiete für die Geschäftsräume in Höhe von 30.000 €.

Lösung zu Aufgabe 2 a)

Die doppelte Buchführung verfolgt das *Ziel*, ausgehend von dem systembildenden Leitgedanken einer zweifachen Erfolgsermittlung eine Vermögens- (Bilanz) und eine Erfolgsübersicht (Gewinn- und Verlustrechnung) zu entwickeln, in denen jeweils die Reinvermögensänderung als Erfolg ausgewiesen wird. Der Weg zu diesem Ziel führt über Konten (Bestands- und Erfolgskonten) und das geschlossene Kontensystem der doppelten Buchführung. *Kennzeichnendes Merkmal* des Systems der doppelten Buchführung ist die Tatsache, daß die Aufzeichnung jedes Geschäftsvorfalls als *Doppelbuchung* (im Soll und Haben) erfolgt, und zwar auf den entgegengesetzten Seiten mindestens zweier Konten (Buchung und Gegenbuchung), wobei die Summe der im Soll gebuchten Beträge jener im Haben gebuchten Summe entspricht. Die Geschäftsvorfälle werden dabei mit Hilfe eines *Buchungssatzes* (Kontenbenennung, Kontenanruf) formuliert, d.h., die von einem Geschäftsvorfall berührten Konten werden „angerufen", und zwar in der Reihenfolge, daß zunächst das Konto, dessen Sollseite betroffen ist, und anschließend das Konto, dessen Habenseite betroffen ist, benannt wird. Es gilt also die Regel

   „(von) Konto Soll x an Konto Haben x",

wobei x den Buchungsbetrag in Geldeinheiten bezeichnet. Man sagt auch „Per Soll an Haben".

Lösung zu Aufgabe 2 b)

1)	BGA	2.500 an	Kasse	2.500
2)	Lieferantenverbindlichkeiten	3.000 an	Kreditverbindlichkeiten	3.000
3)	BGA	80.000 an	Lieferantenverbindlichkeiten	80.000
4)	Bank	100.000 an	Grundstücke	100.000
5)	Bank	50.000 an	Umsatzerlöse	50.000
6)	Kreditverbindlichkeiten	10.000 an	Bank	10.000
7)	Mietaufwand	30.000 an	Bank	30.000

Aufgabe 3:   Bilanzierung

a) Stellen Sie die Bilanzgleichung auf!

b) Führen Sie aus, was allgemein unter einem Aktiv-/Passivtausch und einer Bilanzverlängerung/-verkürzung zu verstehen ist!

c) Unterscheiden Sie die folgenden Geschäftsvorfälle hinsichtlich ihrer buchungstechnischen Auswirkungen in Geschäfte, die einen Aktivtausch, Passivtausch, eine Bilanzverlängerung oder eine Bilanzverkürzung auslösen!
   - Es werden Waren auf Ziel eingekauft.
   - Es wird Bargeld bei der Bank abgehoben.
   - Ein Darlehen wird durch Banküberweisung getilgt.
   - Eine Lieferantenverbindlichkeit wird in ein Darlehen umgewandelt.

d) Ordnen Sie die folgenden Positionen der/n jeweiligen Bilanzseite/n zu!

   Geleistete Anzahlungen, Verbindlichkeiten aus Lieferungen und Leistungen, satzungsmäßige Rücklagen, Grundstücke, Rechnungsabgrenzungsposten, Betriebs- und Geschäftsausstattung, Beteiligungen, Rücklage für eigene Anteile, eigene Anteile, Roh-, Hilfs- und Betriebsstoffe, Steuerrückstellungen.

e) Was unterscheidet Verbindlichkeiten von Rückstellungen? Nennen Sie zwei Arten von Rückstellungen!

Lösung zu Aufgabe 3 a)

Da sich in der Bilanz alle in einem Unternehmen eingesetzten Werte sowohl auf der Aktiv- als auch auf der Passivseite niederschlagen, gilt folgende *Bilanzgleichung*:

   Summe aller Aktiva = Summe aller Passiva.

Lösung zu Aufgabe 3 b)
Jeder neu hinzutretende Geschäftsvorfall ändert einzelne Bilanzpositionen, wodurch
sich auch die Bilanzsumme verändern kann; die Bilanzgleichung (Aktiva = Passiva)
jedoch ist unzerstörbar. Die durch Geschäftsvorfälle hervorgerufenen Änderungen
einzelner Bilanzpositionen können sich auf eine Bilanzseite beschränken (Aktiv-/
Passivtausch) oder auf beide Seiten der Bilanz erstrecken (Bilanzverlängerung/
-verkürzung). Während man von einem *Aktivtausch* (*Passivtausch*) spricht, wenn bei
unveränderter Bilanzsumme Umschichtungen innerhalb des Vermögens (Kapitals)
stattfinden, zeichnet sich die *Bilanzverlängerung (Bilanzverkürzung)* dadurch aus,
daß sich durch eine betragsmäßig gleich hohe Zunahme (Abnahme) von Vermö-
gens- und Kapitalpositionen die Bilanzsumme vergrößert (verkleinert).

Lösung zu Aufgabe 3 c)

Aktivtausch: Es wird Bargeld bei der Bank abgehoben.

Passivtausch: Eine Lieferantenverbindlichkeit wird in ein Darlehen umge-
                          wandelt.

Bilanzverlängerung: Es werden Waren auf Ziel eingekauft.

Bilanzverkürzung: Ein Darlehen wird durch Banküberweisung getilgt.

Lösung zu Aufgabe 3 d)

Aktivseite: geleistete Anzahlungen, Grundstücke, Rechnungsabgrenzungsposten,
                          Betriebs- und Geschäftsausstattung, Beteiligungen, eigene Anteile,
                          Roh-, Hilfs- und Betriebsstoffe.

Passivseite: Verbindlichkeiten aus Lieferungen und Leistungen, satzungsmäßige
                          Rücklagen, Rechnungsabgrenzungsposten, Rücklage für eigene An-
                          teile, Steuerrückstellungen.

Lösung zu Aufgabe 3 e)
Unter *Verbindlichkeiten* versteht man juristisch erzwingbare Verpflichtungen eines
Unternehmens zur Erbringung einer vermögensmindernden Leistung gegenüber
einem Dritten, die am Bilanzstichtag dem Grunde und der Höhe nach gewiß sind.
Bei der zu erbringenden Leistung kann es sich um eine Geld-, Dienst- oder Sachlei-
stung handeln. Sollte z.B. die Leistungsverpflichtung zweifelhaft oder deren Wert
nicht eindeutig feststellbar sein, dann liegt eine ungewisse Verbindlichkeit vor, die
nur als Verbindlichkeitsrückstellung berücksichtigt werden kann. *Rückstellungen*
unterscheiden sich von Verbindlichkeiten also dadurch, daß die Auszahlungs- bzw.
Leistungsverpflichtungen dem Grunde und/oder der Höhe nach ungewiß sind. Sofern sie nicht einem Dritten geschuldet werden, spricht man von *Aufwandsrückstel-*

lungen (ungewisse Verpflichtungen gegenüber sich selbst, z.B. Aufwand aufgrund von unterlassener Instandhaltung). Rückstellungen werden gebildet, um künftige Auszahlungs-/Leistungsverpflichtungen aufgrund eines Werteverzehrs, dessen Ursache (tatsächlich oder berechtigt vermutet) in der Abrechnungsperiode liegt, in dieser Verursachungsperiode schon als Aufwand zu erfassen. So können beispielsweise für *drohende Verluste aus schwebenden Geschäften*, für *Gewährleistungsverpflichtungen* (Garantierückstellungen) und für *Gewährleistungen ohne rechtliche Verpflichtung* (Kulanzrückstellungen) Rückstellungen gebildet werden.

Aufgabe 4:   Das Jahresergebnis in der Bilanz

a) Erläutern Sie allgemein die drei Möglichkeiten des Ausweises des Jahresergebnisses in der Bilanz!

b) Verdeutlichen Sie die drei unterschiedlichen Möglichkeiten des Ausweises des Jahresergebnisses in der Bilanz anhand des folgenden Beispiels! Dazu wird angenommen, daß eine Aktiengesellschaft über

Aktiva:			600 GE
Passiva:	Eigenkapital:	Gezeichnetes Kapital	180 GE
		Kapitalrücklage	90 GE
		Gewinnrücklagen	60 GE
		Gewinnvortrag	9 GE
		Jahresüberschuß	21 GE
		Fremdkapital:	240 GE

verfügt.

Lösung zu Aufgabe 4 a)

Das Handelsgesetzbuch gewährt drei unterschiedliche Möglichkeiten des *Ausweises des Unternehmensergebnisses in der Bilanz*, da die Bilanz grundsätzlich ohne Berücksichtigung der Verwendung des Jahresergebnisses (§ 266 Abs. 3 HGB) oder unter Berücksichtigung der vollständigen oder teilweisen Verwendung des Jahresergebnisses (§ 268 Abs. 1 HGB) aufgestellt werden kann. Die schließlich zu wählende Darstellung in der Bilanz ist dabei von der tatsächlichen Situation der Ergebnisverwendung zum Zeitpunkt der Bilanzerstellung abhängig zu machen. Unter Ergebnisverwendung versteht man die Auflösung der Kapitalrücklage, die Einstellung in oder die Auflösung von Gewinnrücklagen sowie Ausschüttungen an Gesellschafter bzw. Aktionäre aufgrund von Beschlüssen der Gesellschafter- bzw. Hauptversammlung.

Das gesetzliche Gliederungsschema für die Passivseite der Bilanz von Kapitalgesellschaften geht gemäß § 266 Abs. 3 HGB davon aus, daß der Jahresabschluß *vor jeglicher Ergebnisverwendung* aufgestellt wird. In diesem Fall müssen nach den Bilanzposten „Gezeichnetes Kapital", „Kapitalrücklage" und „Gewinnrücklagen" die Posten „Gewinnvortrag/Verlustvortrag" und „Jahresüberschuß/Jahresfehlbetrag" ausgewiesen werden. Während ein Gewinn- bzw. Verlustvortrag dem Teil des Vorjahresergebnisses entspricht, der nicht vollständig verwendet bzw. ausgeglichen worden ist, entspricht der Jahresüberschuß bzw. -fehlbetrag dem Ergebnis (Saldo von Aufwendungen und Erträgen) der Gewinn- und Verlustrechnung. Die Aufstellung der Bilanz vor Ergebnisverwendung ist nur möglich, wenn keine gesetzliche oder satzungsmäßige Verpflichtung zur Einstellung oder Auflösung einer Rücklage besteht.

Wird die Bilanz hingegen unter Berücksichtigung *teilweiser Ergebnisverwendung* erstellt, dann tritt an die Stelle der Bilanzposten „Gewinnvortrag/Verlustvortrag" und „Jahresüberschuß/Jahresfehlbetrag" der Posten „Bilanzgewinn/Bilanzverlust", welcher wie folgt definiert ist:

Bilanzgewinn/Bilanzverlust = Jahresüberschuß/Jahresfehlbetrag

± Gewinnvortrag/Verlustvortrag

± Entnahme aus/Einstellung in Rücklagen

Die Höhe des im Bilanzgewinn/Bilanzverlust enthaltenen Gewinnvortrags/Verlustvortrags ist nach § 268 Abs. 1 Satz 2 HGB in der Bilanz oder im Anhang gesondert auszuweisen. Die Bilanzerstellung nach teilweiser Ergebnisverwendung stellt insbesondere für die Aktiengesellschaft den Regelfall dar, da zumeist gesetzliche oder satzungsmäßige Verpflichtungen zur Dotierung von Rücklagen existieren.

Stellt eine Kapitalgesellschaft ihre Bilanz unter Berücksichtigung der *vollständigen Ergebnisverwendung* auf, dann entfallen die Bilanzposten „Jahresüberschuß/Jahresfehlbetrag" bzw. „Bilanzgewinn/Bilanzverlust", da die jeweiligen Ergebnisbeträge den entsprechenden Bilanzposten zugeordnet werden. Diejenigen Teilbeträge, die in die Gewinnrücklagen eingestellt wurden, werden dort ausgewiesen, und jene Teilbeträge, die zur Ausschüttung an Gesellschafter bzw. Aktionäre bestimmt sind, stellen Verbindlichkeiten gegenüber diesen dar, weshalb sie in dem Posten „sonstige Verbindlichkeiten" auszuweisen sind.

Lösung zu Aufgabe 4 b)

Erfolgt die Aufstellung des Jahresabschlusses *vor Ergebnisverwendung*, ergibt sich folgendes Bild der Bilanz.

Bilanz			
Aktiva	600	Eigenkapital	
		I. Gezeichnetes Kapital	180
		II. Kapitalrücklage	90
		III. Gewinnrücklagen	60
		IV. Gewinnvortrag	9
		V. Jahresüberschuß	21
		Fremdkapital	240
	600		600

Abb. 3.10: Bilanz vor Ergebnisverwendung

Für die Erstellung der Bilanz nach *teilweiser Ergebnisverwendung* (vgl. Abbildung 3.11) wird angenommen, daß Vorstand und Aufsichtsrat 6 GE in die Gewinnrücklagen einstellen und der verbleibende Jahresüberschuß sowie der Gewinnvortrag als Bilanzgewinn der Beschlußfassung durch die Hauptversammlung unterliegen.

Bilanz			
Aktiva	600	Eigenkapital	
		I. Gezeichnetes Kapital	180
		II. Kapitalrücklage	90
		III. Gewinnrücklagen	66
		IV. Bilanzgewinn	24
		Fremdkapital	240
	600		600

Abb. 3.11: Bilanz nach teilweiser Ergebnisverwendung

Für den Fall, daß die Bilanz nach *vollständiger Ergebnisverwendung* erstellt wird, indem der gesamte Bilanzgewinn an die Aktionäre ausgeschüttet wird, ergibt sich die in Abbildung 3.12 dargestellte Bilanz.

Bilanz			
Aktiva	600	Eigenkapital	
		I. Gezeichnetes Kapital	180
		II. Kapitalrücklage	90
		III. Gewinnrücklagen	66
		Fremdkapital	264
	600		600

Abb. 3.12: Bilanz nach vollständiger Ergebnisverwendung

Um die Verwendung des Jahresüberschusses zu verdeutlichen, sind Aktiengesellschaften verpflichtet, im Anschluß an die Gewinn- und Verlustrechnung oder im Anhang eine Gewinnverwendungsrechnung aufzustellen.

Aufgabe 5: Bilanzanalyse

a) Was ist unter einer Bilanzanalyse zu verstehen, und worauf zielt sie ab?

b) Beschreiben Sie die grobe Vorgehensweise bei der kennzahlenorientierten Bilanzanalyse!

c) Unterscheiden Sie absolute von relativen Bilanzkennzahlen!

d) Erläutern Sie die goldene Finanzierungsregel und die goldene Bilanzregel! Gehen Sie dabei auch auf die Ausprägungen der goldenen Bilanzregel ein!

e) Was versteht man unter der Liquidität ersten, zweiten und dritten Grades? Würdigen Sie den Aussagegehalt statischer Liquiditätsgrade kritisch!

f) Stellen Sie dar, wie sich die Eigen- und Fremdkapitalquote sowie der Verschuldungsgrad ergeben!

Lösung zu Aufgabe 5 a)
Unter *Bilanzanalyse* sind Verfahren der gezielten Aufbereitung und Auswertung von Angaben des Jahresabschlusses und des Lageberichtes zu verstehen, welche durch die Bildung von Kennzahlen darauf abzielen, zusätzliche Informationen über die wirtschaftliche Lage eines Unternehmens zu gewinnen.

Lösung zu Aufgabe 5 b)
Im wesentlichen wird bei der Bilanzanalyse so vorgegangen, daß zunächst die zur Verfügung stehenden Daten aufbereitet, d.h. bereinigt, zerlegt, verdichtet oder saldiert werden, um anschließend Kennzahlen bilden zu können, die näheren Aufschluß über die jeweils interessierenden Sachverhalte geben.

Lösung zu Aufgabe 5 c)

Kennzahlen stellen Maßgrößen dar, die quantifizierbare betriebliche Sachverhalte in komprimierter Form wiedergeben. Sie können als absolute oder relative Kennzahlen gebildet werden. Während sich *absolute Kennzahlen* etwa als Einzelzahlen (z.B. Eigenkapital, Jahresüberschuß) oder durch deren Addition und Subtraktion ergeben, entstehen *relative Kennzahlen* dadurch, daß zwei absolute Kennzahlen zueinander ins Verhältnis gesetzt werden. Die Beurteilung dieser Kennzahlen setzt natürlich das Vorhandensein bestimmter Vergleichsmaßstäbe voraus, welche in Form von Daten früherer Perioden (Zeitvergleich), anderer Unternehmen der gleichen Branche (Betriebsvergleich) oder bestimmter Soll-Größen (Soll-Ist-Vergleich) auftreten können. Erst durch die Gegenüberstellung der ermittelten Kennzahl mit dem jeweiligen Maßstab lassen sich Aussagen über die wirtschaftliche Entwicklung eines Unternehmens treffen.

Lösung zu Aufgabe 5 d)

Die *goldene Finanzierungsregel* verlangt, daß die Dauer der Kapitalbindung im Vermögen der Dauer der Kapitalüberlassung entsprechen soll (Fristenkongruenz zwischen Investition und Finanzierung): Langfristig gebundenes Vermögen soll mit langfristig überlassenem Kapital, kurzfristig gebundenes Vermögen kann mit kurzfristig überlassenem Kapital finanziert werden.

Die *goldene Bilanzregel* überträgt nun die Forderung der Fristenkongruenz auf die Bilanz. Dabei geht sie noch einen Schritt über die goldene Finanzierungsregel hinaus, indem sie die Einhaltung bestimmter Relationen zwischen bestimmten Vermögensarten und bestimmten Kapitalarten fordert. Im Hinblick auf die Bilanz heißt das, daß die Fristigkeit der Vermögenspositionen auf der Aktivseite der Bilanz der Fristigkeit der Kapitalpositionen auf der Passivseite entsprechen soll. Von dieser Regel gibt es mehrere Ausprägungen, die sich hinsichtlich der als langfristiges Vermögen und als langfristiges Kapital anzusehenden Bilanzpositionen unterscheiden.

Die *goldene Bilanzregel i.e.S.* setzt den Begriff „langfristiges Vermögen" mit dem bilanziellen Anlagevermögen gleich. Je nachdem, ob nun „langfristiges Kapital" nur mit dem bilanziellen Eigenkapital oder auch mit dem Eigen- und langfristigen Fremdkapital gleichgesetzt wird, spricht man vom Anlagendeckungsgrad A oder B.

$$\text{Anlagendeckungsgrad A} = \frac{\text{Eigenkapital}}{\text{Anlagevermögen}} \geq 1.$$

$$\text{Anlagendeckungsgrad B} = \frac{\text{Eigenkapital} + \text{langfristiges Fremdkapital}}{\text{Anlagevermögen}} \geq 1.$$

Im ersten Fall muß also das Anlagevermögen mindestens vollständig durch Eigenkapital, im zweiten mindestens vollständig durch Eigenkapital und langfristiges Fremdkapital finanziert sein.

Da auch das Umlaufvermögen langfristige Anteile aufweisen kann (vor allem die Sicherheitsbestände, die Liquiditätsreserven sowie ständig zu haltende Bar- und Buchgeldbestände), werden diese langfristig gebundenen Bestandteile des Umlaufvermögens bei der *Goldenen Bilanzregel i.w.S.* dem langfristigen Vermögen zugerechnet, das seinerseits durch langfristiges Kapital (d.h. Eigen- und langfristiges Fremdkapital) zu decken ist.

$$\frac{\text{Eigenkapital} + \text{langfristiges Fremdkapital}}{\text{Anlagevermögen} + \text{dauernd gebundenes Umlaufvermögen}} \geq 1.$$

Lösung zu Aufgabe 5 e)

Die als weitere Klasse horizontaler Bilanzkennzahlen anzusehenden Liquiditätsgrade setzen Teile des Umlaufvermögens ins Verhältnis zum kurzfristigen Fremdkapital, um auf diese Weise eine Aussage über die Liquidität zu treffen. Dabei steht die Vorstellung von der graduell abnehmenden Liquidierbarkeit des Umlaufvermögens im Vordergrund. Die Liquiditätskennzahlen geben an, in welchem Umfang am Bilanzstichtag die kurzfristigen Verbindlichkeiten (inklusive Rückstellungen) durch entsprechend geldnahe Vermögensteile „gedeckt" sind. Dieses geschieht bei der Liquidität ersten Grades nur durch Zahlungsmittel, während bei der Liquidität zweiten und dritten Grades darüber hinaus auch andere Vermögensgegenstände, bei denen das darin gebundene Kapital in kurzer Zeit freigesetzt werden kann, zur Deckung herangezogen werden.

$$\text{Liquidität 1. Grades} = \frac{\text{Zahlungsmittel}}{\text{kurzfristiges Fremdkapital}}.$$

$$\text{Liquidität 2. Grades} = \frac{\text{monetäres Umlaufvermögen}}{\text{kurzfristiges Fremdkapital}}.$$

$$\text{Liquidität 3. Grades} = \frac{\text{Umlaufvermögen}}{\text{kurzfristiges Fremdkapital}}.$$

Für die Liquiditätsgrade 2 und 3 gibt es Liquiditätsregeln, die einen bestimmten Wert für sie fordern: größer als eins für die Liquidität 2. Grades (sog. 1:1-Regel) und größer als zwei für die Liquidität 3. Grades (sog. 2:1-Regel).

Der Aussagegehalt statischer Liquiditätsgrade sollte nicht überschätzt werden: Bilanzorientierte Kennzahlen sind vergangenheits- und stichtagsorientiert und sagen nichts über zukünftige Zahlungsverpflichtungen (z.b. neu auftretende Belastungen, Strukturveränderungen in bezug auf Umsätze und Auszahlungen) aus. Sie vernachlässigen Liquiditätspotentiale wie stille Reserven (z.b. bei börsennotierten Wertpapieren des Umlaufvermögens, wenn der aktuelle Kurs über den Anschaffungskursen liegt), nicht ausgeschöpfte Kreditlinien sowie schnell verkäufliches Anlagevermögen (z.b. Grundstücke in guter Lage, Gold, börsengängige Wertpapiere im Finanzanlagevermögen). Auf der anderen Seite sind im Umlaufvermögen unter Umständen schwer verwertbare Positionen enthalten (z.b. ungebräuchliche Rohstoffe, nicht marktgängige Zwischenprodukte und „Ladenhüter" bei den Fertigerzeugnissen). Insbesondere eine isolierte Betrachtung lediglich einzelner Kennziffern und ohne Berücksichtigung anderer Zusammenhänge ist daher nur mit Vorsicht zu genießen, da man sonst leicht zu Fehlentscheidungen gelangt.

Lösung zu Aufgabe 5 f)
Bei der Analyse der Kapitalstruktur geht es in erster Linie um Relationen zwischen Eigen- und Fremdkapital, die etwa durch folgende Kenngrößen dargestellt werden können:

$$\text{Eigenkapitalquote} = \frac{\text{Eigenkapital}}{\text{Gesamtkapital}}.$$

$$\text{Fremdkapitalquote} = \frac{\text{Fremdkapital}}{\text{Gesamtkapital}}.$$

$$\text{Verschuldungsgrad} = \frac{\text{Fremdkapital}}{\text{Eigenkapital}}.$$

Grundsätzlich ist die finanzielle Stabilität eines Unternehmens mit hohem bzw. steigendem Eigenkapitalanteil und folglich entgegengesetzt verlaufendem Fremdkapitalanteil positiv zu beurteilen, denn Eigenkapital dient als „Risikopuffer" in Verlustsituationen, steht als Finanzierungsmittel unbefristet zur Verfügung, wahrt die Unabhängigkeit gegenüber Fremdkapitalgebern und erhöht damit die Dispositionsfreiheit. Allerdings ist an dieser Stelle anzumerken, daß die Frage nach der optimalen Kapitalstruktur nicht allgemeingültig beantwortet werden kann, da beispielsweise Sicherheits- und Rentabilitätsaspekte bei der Entscheidung für eine Finanzierung mit Eigenkapital oder Fremdkapital teilweise in Konflikt zueinander stehen.

Aufgabe 6: Beispiel zur Bilanzanalyse

Ihnen wird folgende (bereits aufbereitete) Strukturbilanz zur kennzahlenorientierten Bilanzanalyse gegeben:

Aktiva		Strukturbilanz	Passiva
A. Anlagevermögen	800	A. Eigenkapital	1.000
B. Umlaufvermögen	1.000	B. Fremdkapital	800
1. Vorräte	350	1. Langfristiges Fremdkapital	400
2. Forderungen	500	2. Kurzfristiges Fremdkapital	400
3. Zahlungsmittel	150		
	1.800		1.800

Abb. 3.13: Strukturbilanz zur kennzahlenorientierten Bilanzanalyse

a) Bestimmen Sie sowohl den Anlagendeckungsgrad A als auch B!
b) Ermitteln Sie die Liquiditätsgrade 1, 2 und 3!
c) Berechnen Sie die Eigen- und Fremdkapitalquote sowie den Verschuldungsgrad!

Lösung zu Aufgabe 6 a)

$$\text{Anlagendeckungsgrad A} = \frac{1.000}{800} = 1{,}25 = 125\%.$$

$$\text{Anlagendeckungsgrad B} = \frac{1.000 + 400}{800} = 1{,}75 = 175\%.$$

Lösung zu Aufgabe 6 b)

$$\text{Liquidität 1. Grades} = \frac{150}{400} = 0,375 = 37,5\%.$$

$$\text{Liquidität 2. Grades} = \frac{150 + 500}{400} = 1,625 = 162,5\%.$$

$$\text{Liquidität 3. Grades} = \frac{150 + 500 + 350}{400} = 2,5 = 250\%.$$

Lösung zu Aufgabe 6 c)

$$\text{Eigenkapitalquote} = \frac{1.000}{1.800} = 0,\overline{5} \approx 55,55\%.$$

$$\text{Fremdkapitalquote} = \frac{800}{1.800} = 0,\overline{4} \approx 44,44\%.$$

$$\text{Verschuldungsgrad} = \frac{800}{1.000} = 0,8 = 80\%.$$

4 Literatur

Adam, D.: Produktionsdurchführungsplanung, in: Jacob, H. (Hrsg.), Industriebetriebslehre, 3. Aufl., Wiesbaden 1986, S. 655-841.

Adam, D.: Planung und Entscheidung, 4. Aufl., Wiesbaden 1996.

Adam, D.: Produktions-Management, 9. Aufl., Wiesbaden 1998.

Arens-Fischer, W., Steinkamp, Th. (Hrsg.): Betriebswirtschaftslehre, München/Wien 2000.

Ansoff, H.I.: Management-Strategie, München 1966.

Baetge, J., Kirsch, H.-J., Thiele, S.: Bilanzanalyse, 2. Aufl., Düsseldorf 2004.

Baetge, J., Kirsch, H.-J., Thiele, S.: Übungsbuch Bilanzen und Bilanzanalyse, 5. Aufl., Düsseldorf 2014.

Baetge, J., Kirsch, H.-J., Thiele, S.: Bilanzen, 13. Aufl., Düsseldorf 2014.

Bieg, H.: Buchführung, 7. Aufl., Herne 2013.

Bieg, H., Kußmaul, H., Waschbusch, G.: Investition in Übungen, 2. Aufl., München 2009.

Bieg, H., Kußmaul, H., Waschbusch, G.: Externes Rechnungswesen, 6. Aufl., München 2012.

Bieg, H., Kußmaul, H., Waschbusch, G.: Finanzierung in Übungen, 3. Aufl., München 2013.

Bitz, M., Ewert, J., Terstege, U.: Investition, 2. Aufl., Wiesbaden 2012.

Bitz, M., Ewert, J.: Übungen in Betriebswirtschaftslehre, 8. Aufl., München 2014.

Bitz, M., Schneeloch, D., Wittstock, W., Patek, G.: Der Jahresabschluß, 6. Aufl., München 2014.

Bitz, M., Stark, G.: Finanzdienstleistungen, 8. Aufl., München/Wien 2008.

Bloech, J., Bogaschewsky, R., Buscher, U., Daub, A., Götze, U., Roland, F.: Einführung in die Produktion, 6. Aufl., Berlin/Heidelberg 2008.

Breuer, W.: Investition I, 4. Aufl., Wiesbaden 2011.

Brösel, G.: Bilanzanalyse, 15. Aufl., Berlin 2014.

Bruhn, M.: Marketing, 12. Aufl., Wiesbaden 2014.

Burchert, H., Hering, Th. (Hrsg.): Betriebliche Finanzwirtschaft, München/Wien 1999.

Burchert, H., Hering, Th. (Hrsg.): Gesundheitswirtschaft, 2. Aufl., Konstanz/München 2014.

Burchert, H., Hering, Th., Keuper, F. (Hrsg.): Kostenrechnung, München/Wien 2001.

Burchert, H., Hering, Th., Pechtl, H. (Hrsg.): Absatzwirtschaft, München/Wien 2003.

Burchert, H., Vorfeld, M., Schneider, J.: Investition und Finanzierung, 2. Aufl., München 2013.

Burchert, H., Razik, S., Schneider, J., Vorfeld, M.: Externes und Internes Rechnungswesen, München 2014.

Busse von Colbe, W.: Bereitstellungsplanung, in: Jacob, H. (Hrsg.), Industriebetriebslehre, 3. Aufl., Wiesbaden 1986, S. 591-654.

Coenenberg, A.G., Haller, A., Schultze, W.: Jahresabschluss und Jahresabschlussanalyse, 23. Aufl., Stuttgart 2014.

Corsten, H.: Beschaffung, in: Corsten, H., Reiß, M. (Hrsg.), Betriebswirtschaftslehre, Band 1, 4. Aufl., München/Wien 2008, S. 347-441.

Corsten, H., Gössinger, R.: Produktionswirtschaft, 13. Aufl., München 2013.

Corsten, H., Gössinger, R.: Übungsbuch zur Produktionswirtschaft, 5. Aufl., München 2013.

Corsten, H., Reiß, M. (Hrsg.): Betriebswirtschaftslehre, Band 1 und 2, 4. Aufl., München/ Wien 2008.

Diederich, H.: Allgemeine Betriebswirtschaftslehre, 7. Aufl., Stuttgart/Berlin/Köln 1992.

Döring, U, Buchholz, R.: Buchhaltung und Jahresabschluss, 13. Aufl., Berlin 2013.

Ellinger, Th., Beuermann, G., Leisten, R.: Operations Research, 6. Aufl., Berlin/Heidelberg/ New York 2003.

Eisele, W., Knobloch, A.P.: Technik des betrieblichen Rechnungswesens, 8. Aufl., München 2011.

Esch, F.-R., Herrmann, A., Sattler, H.: Marketing, 4. Aufl., München 2013.

Fandel, G.: Produktions- und Kostentheorie, 8. Aufl., Berlin/Heidelberg 2010.

Fandel, G., Fey, A., Heuft, B., Pitz, Th.: Kostenrechnung, 3. Aufl., Berlin/Heidelberg 2009.

Fandel, G., Fistek, A., Stütz, S.: Produktionsmanagement, 2. Aufl., Berlin/Heidelberg 2010.

Götze, U.: Investitionsrechnung, 6. Aufl., Berlin/Heidelberg 2008.

Gutenberg, E.: Einführung in die Betriebswirtschaftslehre, Wiesbaden 1958.

Gutenberg, E.: Grundlagen der Betriebswirtschaftslehre, Band I: Die Produktion, 24. Aufl., Berlin/Heidelberg/New York 1983.

Gutenberg, E.: Grundlagen der Betriebswirtschaftslehre, Band II: Der Absatz, 17. Aufl., Berlin/Heidelberg/New York 1984.

Hering, Th.: Drittfinanzierungsmodelle für Krankenhäuser, in: Burchert, H., Hering, Th. (Hrsg.), Gesundheit und Ökonomie: Interdisziplinäre Lösungsvorschläge, Gesundheitsökonomische Beiträge, Hrsg. G. Gäfgen und P. Oberender, Bd. 30, Baden-Baden 1998, S. 129-139.

Hering, Th.: Dynamische Investitionsrechenverfahren, in: Burchert, H., Hering, Th. (Hrsg.), Betriebliche Finanzwirtschaft, München/Wien 1999, S. 12-15.

Hering, Th.: Bewertung von Produktionsfaktoren, in: Keuper, F. (Hrsg.), Produktion und Controlling, Festschrift für M. Layer, Wiesbaden 2002, S. 57-81.

Hering, Th.: Preispolitik im Monopol, in: Burchert, H., Hering, Th., Pechtl, H. (Hrsg.), Absatzwirtschaft, München/Wien 2003, S. 191-197.

Hering, Th.: Investitionstheorie, 3. Aufl., München 2008.

Hering, Th.: Investition und Finanzierung, in: Corsten, H., Reiß, M. (Hrsg.), Betriebswirtschaftslehre, Band 1, 4. Aufl., München/Wien 2008, S. 617-690.

Hering, Th.: Produktionsprogrammplanung bei eindeutigem Engpaß und Dilemma der wertmäßigen Kosten, in: Rollberg, R., Hering, Th., Burchert, H. (Hrsg.), Produktionswirtschaft, 2. Aufl., München 2010, S. 18-26.

Hering, Th.: Unternehmensbewertung, 3. Aufl., München 2014.

Hering, Th., Vincenti, A.J.F.: Unternehmensgründung, München/Wien 2005.

Hill, W., Fehlbaum, R., Ulrich, P.: Organisationslehre 1, 5. Aufl., Bern/Stuttgart/Wien 1994.

Hirth, H.: Grundzüge der Finanzierung und Investition, 3. Aufl., München 2012.

Kistner, K.-P., Steven, M.: Übungsbuch zur Betriebswirtschaftslehre im Grundstudium, Heidelberg 2000.

Kistner, K.-P., Steven, M.: Betriebswirtschaftslehre im Grundstudium 1, 4. Aufl., Heidelberg 2002.

Klingelhöfer, H.E.: Produktionsprogrammplanung bei mehreren Engpässen, in: Rollberg, R., Hering, Th., Burchert, H. (Hrsg.), Produktionswirtschaft, 2. Aufl., München 2010, S. 27-40.

Kosiol, E.: Aufbauorganisation, in: Grochla, E. (Hrsg.), Handwörterbuch der Organisation, Stuttgart 1969, Sp. 172-191.

Kosiol, E.: Organisation der Unternehmung, 2. Aufl., Wiesbaden 1976.

Kotler, P., Armstrong, G., Saunders, J., Wong, V.: Grundlagen des Marketing, 5. Aufl., München 2010.

Kotler, P., Keller, K.L., Bliemel, F.: Marketing-Management, 12. Aufl., München 2007.

Kruschwitz, L., Husmann, S.: Finanzierung und Investition, 7. Aufl., München 2012.

Kruschwitz, L.: Investitionsrechnung, 14. Aufl., München 2014.

Küting, K., Weber, C.-P.: Die Bilanzanalyse, 10. Aufl., Stuttgart 2012.

Kußmaul, H.: Betriebswirtschaftslehre für Existenzgründer, 7. Aufl., München 2011.

Leffson, U.: Die Grundsätze ordnungsmäßiger Buchführung, 7. Aufl., Düsseldorf 1987.

Littkemann, J., Holtrup, M., Schulte, K.: Buchführung, 6. Aufl., Wiesbaden 2013.

Matschke, M.J.: Finanzierung der Unternehmung, Herne/Berlin 1991.

Matschke, M.J.: Allgemeine Betriebswirtschaftslehre I, 12. Aufl., Clausthal-Zellerfeld 2004.

Matschke, M.J.: Allgemeine Betriebswirtschaftslehre II, 11. Aufl., Clausthal-Zellerfeld 2004.

Matschke, M.J., Brösel, G.: Unternehmensbewertung, 4. Aufl., Wiesbaden 2013.

Matschke, M.J., Hering, Th.: Kommunale Finanzierung, München/Wien 1998.

Matschke, M.J., Hering, Th., Klingelhöfer, H.E.: Finanzanalyse und Finanzplanung, München/Wien 2002.

Meffert, H., Burmann, Ch., Kirchgeorg, M.: Marketing, 12. Aufl., Wiesbaden 2015.

Mindermann, T.: BWL-Klausuren für das Bachelor-Studium, 2. Aufl., Norderstedt 2011.

Mindermann, T., Brösel, G.: Buchführung und Jahresabschlusserstellung nach HGB – Das Lehrbuch, 5. Aufl., Berlin 2014.

Mindermann, T., Brösel, G.: Buchführung und Jahresabschlusserstellung nach HGB – Klausurtraining, 4. Aufl., Berlin 2014.

Müller-Merbach, H.: Operations Research, 3. Aufl., München 1973.

Nieschlag, R., Dichtl, E., Hörschgen, H.: Marketing, 19. Aufl., Berlin 2002.

Olbrich, R.: Marketing, 2. Aufl., Berlin/Heidelberg/New York 2006.

Perridon, L., Steiner, M., Rathgeber, A.W.: Finanzwirtschaft der Unternehmung, 16. Aufl., München 2012.

Porter, M.E.: Wettbewerbsstrategie, 12. Aufl., Frankfurt am Main 2013.

Rollberg, R.: Finanzierung, in: Arens-Fischer, W., Steinkamp, Th. (Hrsg.), Betriebswirtschaftslehre, München/Wien 2000, S. 493-539.

Rollberg, R.: Operativ-taktisches Controlling, München 2012.

Rollberg, R., Hering, Th., Burchert, H. (Hrsg.): Produktionswirtschaft, 2. Aufl., München 2010.

Rollberg, R., Olbrich, M.: Finanzierung, in: Krag, J. (Hrsg.), Betriebswirtschaft, Wirtschaftsprüfer-Kompendium, Band 2, Bielefeld 2002, Kennzahlen 2600 (S. 1-72) und 2960 (S. 1).

Scherm, E., Pietsch, G.: Organisation, München/Wien 2007.

Scherm, E., Süß, S.: Personalmanagement, 2. Aufl., München 2010.

Schierenbeck, H., Wöhle, C.B.: Übungsbuch Grundzüge der Betriebswirtschaftslehre, 10. Aufl., München 2011.

Schierenbeck, H., Wöhle, C.B.: Grundzüge der Betriebswirtschaftslehre, 18. Aufl., München 2012.

Schmalen, H., Pechtl, H.: Grundlagen und Probleme der Betriebswirtschaft, 15. Aufl., Stuttgart 2013.

Schwinn, R.: Betriebswirtschaftslehre, 2. Aufl., München/Wien 1996.

Spremann, K.: Wirtschaft, Investition und Finanzierung, 6. Aufl., München 2012.

Terstege, U., Ewert, J.: Betriebliche Finanzierung, Berlin/Heidelberg 2011.

Toll, Ch.: Produktionsprogrammplanung ohne Engpaß und bei eindeutigem Engpaß, in: Rollberg, R., Hering, Th., Burchert, H. (Hrsg.), Produktionswirtschaft, 2. Aufl., München 2010, S. 13-17.

Toll, Ch.: Materialbedarfsermittlung mit graphentheoretischen Verfahren, in: Rollberg, R., Hering, Th., Burchert, H. (Hrsg.), Produktionswirtschaft, 2. Aufl., München 2010, S. 95-100.

Wagenhofer, A.: Bilanzierung und Bilanzanalyse, 11. Aufl., Wien 2013.

Weibler, J.: Personalführung, 2. Aufl., München 2012.

Witte, E.: Finanzwirtschaft der Unternehmung, in: Jacob, H. (Hrsg.), Allgemeine Betriebswirtschaftslehre, 5. Aufl., Wiesbaden 1988, S. 519-612.

Wöhe, G.: Bilanzierung und Bilanzpolitik, 9. Aufl., München 1997.

Wöhe, G., Döring, U.: Einführung in die Allgemeine Betriebswirtschaftslehre, 25. Aufl., München 2013.

Wöhe, G., Kaiser, H., Döring, U.: Übungsbuch zur Allgemeinen Betriebswirtschaftslehre, 14. Aufl., München 2013.

Wöhe, G., Kußmaul, H.: Grundzüge der Buchführung und Bilanztechnik, 8. Aufl., München 2012.